内蒙古经济普查年鉴

Inner Mongolia Economic Census Yearbook

2018

第二产业卷|上

内蒙古自治区统计局 编著

中国统计出版社
China Statistics Press

图书在版编目(CIP)数据

内蒙古经济普查年鉴. 2018. 第二产业卷. 上 / 内蒙古自治区统计局编著. -- 北京 : 中国统计出版社, 2020.6
ISBN 978-7-5037-9166-6

Ⅰ. ①内… Ⅱ. ①内… Ⅲ. ①经济-普查-内蒙古-2018-年鉴②第二产业-经济-普查-内蒙古-2018-年鉴 Ⅳ. ①F127.26-54

中国版本图书馆 CIP 数据核字(2020)第 091594 号

内蒙古经济普查年鉴-2018/第二产业卷(上)

作　　者/内蒙古自治区统计局
责任编辑/许立舫
封面设计/黄俊杰　李雪燕
出版发行/中国统计出版社
通信地址/北京市丰台区西三环南路甲 6 号　邮政编码/100073
电　　话/邮购(010)63376909　书店(010)68783171
网　　址/http://www.zgticbs.com/
印　　刷/内蒙古宏业包装印务有限公司
经　　销/新华书店
开　　本/880mm×1230mm 1/16
字　　数/616 千字
印　　张/19.25
版　　别/2020 年 6 月第 1 版
版　　次/2020 年 6 月第 1 次印刷
定　　价/680.00 元(全四册附光盘)

本书附同版本 CD-ROM 一张,光盘内容以书面文字为准。
如有印装差错,由本社发行部调换。

编辑委员会

编 者 说 明

为便于社会各界共同分享内蒙古第四次经济普查成果，更方便地开发利用普查资料，我们将经济普查资料编辑整理，汇编成《内蒙古经济普查年鉴—2018》一书。全书共三卷四册，即综合卷、第二产业卷和第三产业卷。《综合卷》分三篇：第一篇为“综合篇”，第二篇为“企业篇”，第三篇为“文化及相关产业篇”。《第二产业卷》按内容分为上、下两册。上册两篇：第一篇为“工业企业生产经营及财务状况篇”，第二篇为“主要工业产品产量篇”。下册两篇：第一篇为“规模以上工业企业科技情况篇”，第二篇为“建筑业企业生产经营及账务状况篇”。《第三产业卷》分六篇：第一篇为“批发和零售业企业基本情况及财务状况篇”，第二篇为“住宿和餐饮业企业基本情况及财务状况篇”，第三篇为“房地产开发经营业生产经营及财务状况篇”，第四篇为“服务业企业财务状况篇”，第五篇为“服务业行政事业及非企业法人单位篇”，第六篇为“企业信息化和电子商务交易情况篇”。为使读者能够更好地使用本资料，现对有关问题做如下说明：

一、内蒙古第四次经济普查的标准时点为2018年12月31日，时期资料为2018年度；

二、《综合卷》中综合篇和企业篇汇总表，单位数包含兼营二、三产业的农、林、牧、渔业法人单位，从业人员数不包含兼营二、三产业的农、林、牧、渔业法人单位，各种分组表数据中不包含从事金融和铁路部门从业人员；

三、除综合卷中综合篇和企业篇汇总表外，企业法人单位数包括机构类型为企业的法人单位，以及执行企业会计制度的事业法人单位、民办非企业法人单位和基金会，农民专业合作社，农村集体经济组织和除宗教活动场所以外的机构类型为其他组织机构的法人单位；

四、本资料建筑业按法人单位注册地，其他行业按法人单位经营地进行汇总；

五、本资料对部分数据由于计量单位取舍不同或四舍五入而产生的误差数均未作机械调整；

六、表中空格表示该项统计指标数值为零、不足最小单位、数据不详或无该项数据，“#”表示其中的主要项；

七、为了更准确地使用本年鉴，每卷后附有该卷详细的指标解释。

我们希望此书的面世，能使社会各界对内蒙古第四次经济普查有一个全面的了解，更愿本书的内容，能为社会经济研究工作者提供有价值的参考。

内蒙古第四次经济普查资料是内蒙古普查工作者共同辛勤工作的成果，也是广大普查对象积极支持配合的结果。在此，我们向内蒙古所有普查工作者、普查对象和所有参与和支持普查工作的人员致以崇高的敬意和衷心的感谢！

2020年5月

编写说明

第二产业卷（上）　目录

第一篇　工业企业生产经营及财务状况篇

A. 行业部分

B. 地区部分

第二篇　主要工业产品产量篇

附　录

第一篇

工业企业生产经营及财务状况篇

A. 行业部分

1-A-1 全部工业企业主要经济指标

行 业	企业单位数(个)	资产总计(万元)	负债合计(万元)	营业收入(万元)	从业人员(人)
总 计	**28948**	**383078586.25**	**239781660.51**	**161557384.26**	**1116355**
煤炭开采和洗选业	968	81242851.18	45175531.63	32481890.36	193852
石油和天然气开采业	64	940340.47	332145.01	289127.19	3836
黑色金属矿采选业	604	10607246.84	6235018.87	1600681.32	18323
有色金属矿采选业	414	10905469.26	5304620.07	2580322.69	21603
非金属矿采选业	1613	1995771.5	1128440.95	714204.98	16112
开采专业及辅助性活动	101	824550.98	683220.63	151440.73	3248
其他采矿业	115	91606.05	53543.34	7928.34	331
农副食品加工业	3466	7510847.94	5211843.20	4886366.63	53632
食品制造业	1164	13188709.70	5922917.48	11211768.90	55669
酒、饮料和精制茶制造业	836	3078797.81	1708232.85	734889.50	21322
烟草制品业	NA	979490.93	319338.09	1036882.49	2658
纺织业	549	1232599.24	1008051.59	646301.43	8923
纺织服装、服饰业	561	2644264.78	1670419.85	551656.28	15702
皮革、毛皮、羽毛及其制品和制鞋业	164	174330.24	75713.51	67633.00	3145
木材加工和木、竹、藤、棕、草制品业	703	802470.22	728562.00	236359.55	8141
家具制造业	212	114401.87	89171.47	43037.62	1973
造纸和纸制品业	219	586112.83	301467.82	661052.84	5443
印刷和记录媒介复制业	564	224552.80	122520.73	124967.88	4712
文教、工美、体育和娱乐用品制造业	378	262887.76	85572.08	41928.21	2296
石油、煤炭及其他燃料加工业	403	9955481.74	6818148.21	8526882.48	28013
化学原料和化学制品制造业	1582	42635134.36	27840270.05	15503455.49	97621
医药制造业	232	4482542.35	2722588.26	1644563.74	24663
化学纤维制造业	29	49001.15	22900.21	997.92	141
橡胶和塑料制品业	802	1556857.97	1021177.62	581169.48	10090
非金属矿物制品业	3986	11332833.51	8073617.43	4526510.54	63181
黑色金属冶炼和压延加工业	395	29228291.38	19338199.24	19928226.93	91678
有色金属冶炼和压延加工业	398	21757211.42	15072643.14	15685612.90	60408
金属制品业	1605	3325137.79	2419385.73	1812737.71	29083
通用设备制造业	1054	1599292.04	1043616.62	705616.84	12496
专用设备制造业	803	1075128.36	648027.10	522484.73	10608
汽车制造业	183	4493460.44	4072305.71	1679007.71	10101
铁路、船舶、航空航天和其他运输设备制造业	35	3761300.31	2093139.14	1959870.15	14064
电气机械和器材制造业	468	2356592.49	1342311.18	855171.13	8124
计算机、通信和其他电子设备制造业	201	6766496.77	3732931.25	2283498.44	15429
仪器仪表制造业	70	30102.35	14330.61	16093.06	467
其他制造业	143	123424.43	19750.41	41937.29	912
废弃资源综合利用业	263	512149.92	277397.58	270994.02	4160
金属制品、机械和设备修理业	706	489542.70	363323.17	201081.77	7566
电力、热力生产和供应业	2111	84288785.55	57213799.00	24117958.10	151813
燃气生产和供应业	228	6527448.10	4932622.23	1874804.15	12212
水的生产和供应业	553	9325068.72	4542845.47	750269.72	22604

注:1."全部工业企业"指规模以上工业企业和规模以下工业企业的总和。"规模以上工业企业"指年主营业务收入在2000万元及以上的工业企业。"规模以下工业企业"指年主营业务收入在2000万元以下的工业企业。
2.表中的合计数和部分计算数据因小数取舍而产生的误差,均未作机械调整。以下相关表均同。
3.NA表示单位数小于或等于3,下同。

1-A-2　全部大型工业企业主要经济指标

行　业	企业单位数（个）	资产总计（万元）	负债合计（万元）	营业收入（万元）	从业人员（人）
总　计	**136**	**157224526.75**	**91890243.99**	**79638021.75**	**437812**
煤炭开采和洗选业	27	35881482.21	15975849.74	15929721.24	110909
石油和天然气开采业	NA	693816.40	32870.10	227500.90	2915
黑色金属矿采选业	NA	7802781.40	4330237.60	663924.70	8365
有色金属矿采选业	NA	230647.00	16690.00	62593.20	1529
非金属矿采选业					
开采专业及辅助性活动					
其他采矿业					
农副食品加工业	4	1113046.10	624817.90	863591.40	6802
食品制造业	6	9156467.70	3939663.30	8808038.20	27821
酒、饮料和精制茶制造业	NA	292665.50	123043.90	69916.90	1602
烟草制品业	NA	693971.00	205610.00	678983.00	1778
纺织业					
纺织服装、服饰业	NA	1968557.60	1239031.10	311762.10	5459
皮革、毛皮、羽毛及其制品和制鞋业					
木材加工和木、竹、藤、棕、草制品业					
家具制造业					
造纸和纸制品业					
印刷和记录媒介复制业					
文教、工美、体育和娱乐用品制造业					
石油、煤炭及其他燃料加工业	6	3529537.14	2226929.80	3842638.03	10525
化学原料和化学制品制造业	24	19446102.30	13226852.30	7225707.90	39303
医药制造业	4	1122293.50	727333.30	693919.00	9593
化学纤维制造业					
橡胶和塑料制品业					
非金属矿物制品业					
黑色金属冶炼和压延加工业	10	24596413.30	15707646.90	13449522.70	58165
有色金属冶炼和压延加工业	15	12696344.50	8115314.90	8755811.10	30510
金属制品业	NA	1733901.70	1419746.20	848573.30	14733
通用设备制造业					
专用设备制造业					
汽车制造业	NA	1632907.10	1896891.20	732494.70	5004
铁路、船舶、航空航天和其他运输设备制造业	NA	2961626.00	1654424.70	1455427.10	10434
电气机械和器材制造业					
计算机、通信和其他电子设备制造业	NA	4537975.40	2449404.50	1595080.00	6908
仪器仪表制造业					
其他制造业					
废弃资源综合利用业					
金属制品、机械和设备修理业					
电力、热力生产和供应业	17	23735364.70	15232542.55	12939580.18	77344
燃气生产和供应业	NA	2907873.10	2385681.50	376960.00	3333
水的生产和供应业	NA	490753.10	359662.50	106276.10	4780

1-A-3 全部中型工业企业主要经济指标

行　业	企业单位数（个）	资产总计（万元）	负债合计（万元）	营业收入（万元）	从业人员（人）
总　计	**460**	**79214531.74**	**53113772.28**	**38848505.70**	**252955**
煤炭开采和洗选业	88	22531064.34	13616799.19	8000063.41	51041
石油和天然气开采业					
黑色金属矿采选业	8	1123818.90	649597.00	409562.00	4366
有色金属矿采选业	18	2786035.30	1360833.10	1763795.50	10567
非金属矿采选业	NA	30744.90	22064.10	43837.20	666
开采专业及辅助性活动	NA	652129.49	546581.59	100434.34	2058
其他采矿业					
农副食品加工业	18	1076460.36	1320733.99	1042137.74	8446
食品制造业	26	1946454.20	767895.29	1894803.88	12623
酒、饮料和精制茶制造业	16	715982.80	309213.90	403523.80	8556
烟草制品业	NA	285477.30	113725.50	357823.60	878
纺织业	5	344849.40	194390.60	168224.00	2653
纺织服装、服饰业	5	93999.19	69354.45	63421.75	2160
皮革、毛皮、羽毛及其制品和制鞋业	NA	29984.10	13981.90	34489.10	1904
木材加工和木、竹、藤、棕、草制品业					
家具制造业	NA			22160.21	400
造纸和纸制品业	4	332249.60	153195.30	498649.80	1996
印刷和记录媒介复制业	NA	17170.70	6142.40	7714.40	370
文教、工美、体育和娱乐用品制造业					
石油、煤炭及其他燃料加工业	25	3892710.00	3011678.10	3790421.40	13375
化学原料和化学制品制造业	54	13257123.73	9486905.26	5823704.30	29928
医药制造业	10	1597537.90	922008.00	423080.80	6189
化学纤维制造业					
橡胶和塑料制品业	4	645112.20	410528.90	259556.30	2298
非金属矿物制品业	22	2086701.30	1613832.49	953513.45	10139
黑色金属冶炼和压延加工业	26	2258310.14	1632667.45	3172660.45	15044
有色金属冶炼和压延加工业	28	5738064.74	4442780.91	3272221.85	17260
金属制品业	NA	65019.60	25626.70	62390.00	964
通用设备制造业	5	167684.19	158782.58	102991.23	2129
专用设备制造业	NA	41052.20	41972.00	56455.20	1055
汽车制造业	NA	300349.30	192125.50	178846.40	1274
铁路、船舶、航空航天和其他运输设备制造业	4	558035.00	275030.00	434041.60	2734
电气机械和器材制造业	4	336707.10	250648.00	225927.40	1821
计算机、通信和其他电子设备制造业	6	449654.10	237843.87	311629.83	3063
仪器仪表制造业					
其他制造业					
废弃资源综合利用业	NA	103884.90	74280.00	46505.80	1241
金属制品、机械和设备修理业	NA	55789.15	30871.89	34927.73	1979
电力、热力生产和供应业	52	14372308.95	10239339.94	4533247.44	28540
燃气生产和供应业	NA	835778.40	574480.40	290127.00	1365
水的生产和供应业	9	486288.26	347862.00	65616.79	3873

1-A-4 全部小微型工业企业主要经济指标

行业	企业单位数（个）	资产总计（万元）	负债合计（万元）	营业收入（万元）	从业人员（人）
总计	**28352**	**146639527.76**	**94777644.24**	**43070856.81**	**425588**
煤炭开采和洗选业	853	22830304.63	15582882.69	8552105.71	31902
石油和天然气开采业	63	246524.07	299274.91	61626.29	921
黑色金属矿采选业	593	1680646.54	1255184.27	527194.62	5592
有色金属矿采选业	395	7888786.96	3927096.97	753933.99	9507
非金属矿采选业	1611	1965026.60	1106376.85	670367.78	15446
开采专业及辅助性活动	99	172421.49	136639.05	51006.40	1190
其他采矿业	115	91606.05	53543.34	7928.34	331
农副食品加工业	3444	5321341.47	3266291.30	2980637.50	38384
食品制造业	1132	2085787.80	1215358.89	508926.82	15225
酒、饮料和精制茶制造业	819	2070149.51	1275975.05	261448.80	11164
烟草制品业	NA	42.63	2.59	75.89	2
纺织业	544	887749.84	813660.99	478077.43	6270
纺织服装、服饰业	554	581707.98	362034.30	176472.43	8083
皮革、毛皮、羽毛及其制品和制鞋业	162	144346.14	61731.61	33143.90	1241
木材加工和木、竹、藤、棕、草制品业	703	802470.22	728562.00	236359.55	8141
家具制造业	211	114401.87	89171.47	20877.42	1573
造纸和纸制品业	215	253863.23	148272.52	162403.04	3447
印刷和记录媒介复制业	563	207382.10	116378.33	117253.48	4342
文教、工美、体育和娱乐用品制造业	378	262887.76	85572.08	41928.21	2296
石油、煤炭及其他燃料加工业	372	2533234.60	1579540.31	893823.05	4113
化学原料和化学制品制造业	1504	9931908.33	5126512.48	2454043.29	28390
医药制造业	218	1762710.95	1073246.96	527563.94	8881
化学纤维制造业	29	49001.15	22900.21	997.92	141
橡胶和塑料制品业	798	911745.77	610648.72	321613.18	7792
非金属矿物制品业	3964	9246132.21	6459784.95	3572997.10	53042
黑色金属冶炼和压延加工业	359	2373567.95	1997884.90	3306043.78	18469
有色金属冶炼和压延加工业	355	3322802.18	2514547.33	3657579.95	12638
金属制品业	1600	1526216.49	974012.83	901774.40	13386
通用设备制造业	1049	1431607.84	884834.04	602625.61	10367
专用设备制造业	800	1034076.16	606055.10	466029.53	9553
汽车制造业	178	2560204.04	1983289.01	767666.61	3823
铁路、船舶、航空航天和其他运输设备制造业	30	241639.31	163684.44	70401.45	896
电气机械和器材制造业	464	2019885.39	1091663.18	629243.73	6303
计算机、通信和其他电子设备制造业	192	1778867.27	1045682.88	376788.61	5458
仪器仪表制造业	70	30102.35	14330.61	16093.06	467
其他制造业	143	123424.43	19750.41	41937.29	912
废弃资源综合利用业	261	408265.02	203117.58	224488.22	2919
金属制品、机械和设备修理业	703	433753.55	332451.28	166154.03	5587
电力、热力生产和供应业	2042	46181111.90	31741916.51	6645130.48	45929
燃气生产和供应业	224	2783796.60	1972460.33	1207717.15	7514
水的生产和供应业	542	8348027.37	3835320.98	578376.83	13951

1-A-5 分登记注册类型规模以上

分组	企业单位数(个)	资产总计	固定资产净额	固定资产原价	累计折旧	流动资产合计	应收账款
总计	**2696**	**303648165.5**	**116179486.1**	**197165233.1**	**72019710.8**	**106502528.8**	**19738132.5**
一、按登记注册类型分组:							
内资企业	2578	278806565.6	108638355.8	182581823.4	66489112.7	97966405.6	18438016.3
国有企业	39	12859252.0	4371941.0	8003006.7	3027381.7	5795059.5	818337.1
中央企业	17	10964893.2	3369661.5	6684305.8	2712091.7	5070661.0	738176.6
地方企业	22	1894358.8	1002279.5	1318700.9	315290.0	724398.5	80160.5
集体企业	10	79785.1	6152.0	16209.5	9538.7	67941.6	24036.0
股份合作企业	NA	2188.2	209.4	330.2	120.8	1978.8	-36.5
联营企业							
国有联营企业							
集体联营企业							
国有与集体联营企业							
其他联营企业							
有限责任公司	1446	183681924.7	82940337.0	138048818.0	49513187.6	58745814.4	11630357.1
国有独资公司	147	42644501.2	23163426.4	43676055.7	18820516.8	13056360.0	2610785.1
其他有限责任公司	1299	141037423.5	59776910.6	94372762.3	30692670.8	45689454.4	9019572.0
股份有限公司	118	43902794.6	12048876.2	22032080.4	9032099.5	15736985.2	2316616.2
私营企业	963	37183851.3	9160822.7	14287370.7	4828267.9	16872855.3	3537470.6
私营独资企业	16	435397.1	20777.6	48695.2	27680.9	242938.6	43424.7
私营合伙企业	6	101465.9	28631.9	49157.2	20525.2	61514.6	236.2
私营有限责任公司	872	32397251.5	8388513.6	12954522.7	4311592.1	15485846.1	3433072.9
私营股份有限公司	69	4249736.8	722899.6	1234995.6	468469.7	1082556.0	60736.8
其他企业	NA	1096769.7	110017.5	194007.9	78516.5	745770.8	111235.8
港、澳、台商投资企业	43	6349561.7	3252280.4	4999332.9	1687509.6	1910525.8	407541.8
合资经营企业(港或澳、台资)	20	3653294.0	1886112.2	2711620.3	769481.8	1083939.3	186100.3
合作经营企业(港或澳、台资)							
港澳台商独资经营企业	21	2640682.3	1332186.4	2230661.0	894958.1	815099.2	220890.3
港澳台商投资股份有限公司	NA	20864.9	7071.4	10351.2	3279.7	3926.1	348.7
其他港澳台商投资企业	NA	34720.5	26910.4	46700.4	19790.0	7561.2	202.5
外商投资企业	75	18492038.2	4288849.9	9584076.8	3843088.5	6625597.4	892574.4
中外合资经营企业	43	11218177.7	3224985.8	7518705.6	2894984.1	3955735.2	726156.3
中外合作经营企业	4	597672.2	117636.3	286386.9	149064.3	236382.2	42683.2
外资企业	20	862027.8	411457.3	761387.4	346922.8	387686.1	44665.1
外商投资股份有限公司	4	5547169.3	440755.0	840270.0	368805.9	1892146.1	54351.2
其他外商投资企业	4	266991.2	94015.5	177326.9	83311.4	153647.8	24718.6
二、在总计中:亏损企业	797	71201522.7	27989270.4	46568523.6	15975125.9	22598615.0	4455158.9
在总计中:国有控股企业	628	165920859.4	79339976.9	138399716.7	52407388.1	48526900.1	9040660.7
在总计中:大型企业	132	152883997.2	54730660.2	100231836.4	39783691.5	52506292.6	6683896.3
中型企业	430	75254323.0	30796855.7	49193197.5	16975359.1	25808267.5	4979070.4
小型企业	2134	75509845.3	30651970.2	47740199.2	15260660.2	28187968.7	8075165.8

注:本表统计范围为规模以上工业企业(以下各表均同)。

工业企业主要经济指标

单位：万元

存货	产成品	负债合计	流动负债合计	应付账款	所有者权益合计	实收资本	国家资本	集体资本
16941754.7	**6079498.6**	**192203828.7**	**131312768.1**	**30933256.1**	**111444310.0**	**102085769.3**	**26004958.6**	**2374186.3**
15664583.6	5597164.2	178799566.6	121428224.1	28924308.3	100006972.2	95672128.0	25391634.9	2324630.3
480777.9	112675.0	5707177.6	4094940.6	1025751.7	7152073.9	2954015.2	2083530.8	49000.0
434785.4	106136.0	4603755.0	3446034.8	876621.8	6361138.1	2644812.4	1854463.9	49000.0
45992.5	6539.0	1103422.6	648905.8	149129.9	790935.8	309202.8	229066.9	
2958.1	-31.9	50426.7	48237.7	14325.5	29358.5	5296.0		3812.4
1604.5		1621.9	1621.9	977.0	566.4	50.0		50.0
8044517.3	2690913.4	121327438.3	76527623.1	17778471.7	62354468.9	59489920.5	22467961.8	1872455.3
1140737.3	172707.9	27967887.2	15632628.6	5213592.6	14676611.7	11541147.4	9573971.2	35.5
6903780.0	2518205.5	93359551.1	60894994.5	12564879.1	47677857.2	47948773.1	12893990.6	1872419.8
4274169.6	1536117.4	25740471.5	19907244.3	5044832.9	18162321.7	13517189.5	621686.4	155787.6
2680067.5	1206940.9	24982823.0	20065814.2	4696085.8	12201020.7	19472005.7	38693.7	189636.1
8734.7	5356.6	298696.8	251221.9	63173.0	136700.6	162467.0		
3598.6	1233.3	60779.4	58628.7	3655.7	40686.3	12493.4		
2421891.2	1081638.7	22955018.2	18440833.5	4380176.4	9442226.8	17962378.8	38693.7	181704.9
245843.0	118712.3	1668328.6	1315130.1	249080.7	2581407.0	1334666.5		7931.2
180488.7	50549.4	989607.6	782742.3	363863.7	107162.1	233651.1	179762.2	53888.9
414592.2	161321.0	3516781.5	2864321.4	562176.2	2832780.9	1662643.3	104240.9	
206470.5	97627.0	2403113.7	1898644.2	282025.4	1250180.0	914565.6	96590.9	
207959.0	63690.6	1086114.8	952224.2	279583.7	1554568.6	722353.7		
73.6	3.4	10204.5	10204.5	273.7	10660.4	10724.0		
89.1		17348.5	3248.5	293.4	17371.9	15000.0	7650.0	
862578.9	321013.4	9887480.6	7020222.6	1446771.6	8604556.9	4750998.0	509082.8	49556.0
525775.8	184021.7	6268243.7	4999109.1	1053051.6	4949933.9	4001105.3	419994.2	49556.0
130403.5	976.0	285335.4	285312.5	44406.9	312336.7	73794.0	34086.0	
98808.8	49395.9	459716.7	357620.0	79677.2	402310.7	292970.0	44002.6	
96411.7	82010.4	2792712.7	1306018.0	255227.2	2754456.5	349400.7	11000.0	
11179.1	4609.4	81472.1	72163.0	14408.7	185519.1	33728.0		
3301210.4	1223576.1	61473051.0	42628403.2	8806046.8	9728469.6	26697877.9	8750183.1	194362.2
8127891.5	2192013.2	107336293.3	68651595.7	16974772.8	58584560.2	42811493.4	25579070.1	390143.5
8251220.3	2655992.3	90015062.1	62725497.8	15771409.3	62868935.2	35830483.7	14530272.7	1633642.7
4880213.7	1641659.5	49846533.1	33973222.5	7835546.7	25407785.3	16659745.7	5756557.5	380504.5
3810320.7	1781846.8	52342233.5	34614047.8	7326300.1	23167589.5	49595539.9	5718128.4	360039.1

1-A-5 续表

分组	法人资本	个人资本	港澳台资本	外商资本	营业收入	营业成本	销售费用
总　计	**57868001.2**	**13982609.8**	**878804.4**	**922005.6**	**147918671.4**	**115422293.0**	**4439893.9**
一、按登记注册类型分组:							
内资企业	54117010.0	13697978.0	37589.5	48082.1	136420169.0	106319723.1	4133651.3
国有企业	787926.7	16086.6	17471.0		5161165.9	3250917.4	117371.8
中央企业	718290.8	5586.6	17471.0		4522793.0	2906875.7	78713.5
地方企业	69635.9	10500.0			638372.9	344041.7	38658.3
集体企业	929.3	554.3			81638.9	61437.1	1830.5
股份合作企业					6529.0	6105.6	305.4
联营企业							
国有联营企业							
集体联营企业							
国有与集体联营企业							
其他联营企业							
有限责任公司	32278436.3	2749928.0	20118.5	45819.0	84542090.0	66007467.3	1510304.9
国有独资公司	1965100.5	2040.0			21370052.8	17256528.2	163107.2
其他有限责任公司	30313335.8	2747888.0	20118.5	45819.0	63172037.2	48750939.1	1347197.7
股份有限公司	5993395.8	6744586.5		1733.1	24226981.6	18657279.3	1885747.7
私营企业	15056321.9	4186822.6		530.0	21724124.2	17769875.2	607709.5
私营独资企业	3866.8	158600.0			276287.5	224303.3	7118.6
私营合伙企业	1261.1	11232.3			131927.5	105446.0	812.0
私营有限责任公司	14535657.7	3205791.4		530.0	19893137.6	16397142.8	552007.7
私营股份有限公司	515536.3	811198.9			1422771.6	1042983.1	47771.2
其他企业					677639.4	566641.2	10381.5
港、澳、台商投资企业	307526.2	144770.0	838959.5	267146.7	3021524.6	2391561.5	124720.5
合资经营企业(港或澳、台资)	296802.2	144770.0	179197.5	197205.0	1574548.5	1232607.2	90353.0
合作经营企业(港或澳、台资)							
港澳台商独资经营企业			659762.0	62591.7	1438528.7	1153128.5	34296.9
港澳台商投资股份有限公司	10724.0				3002.4	2620.3	70.6
其他港澳台商投资企业				7350.0	5445.0	3205.5	
外商投资企业	3443465.0	139861.8	2255.4	606776.8	8476977.8	6711008.4	181522.1
中外合资经营企业	3023035.7	139861.8	2255.4	366402.0	4910989.2	4031975.4	117562.6
中外合作经营企业	20537.3			19170.7	246763.2	194216.4	3357.5
外资企业	33763.3			215204.1	787257.2	582159.1	28095.4
外商投资股份有限公司	332400.7			6000.0	2440387.2	1835844.4	25915.7
其他外商投资企业	33728.0				91581.0	66813.1	6590.9
二、在总计中:亏损企业	16053057.5	1483145.1	44589.1	117339.9	21720992.4	20702160.4	378643.6
在总计中:国有控股企业	15668893.1	745084.3	38389.8	389911.7	70356072.1	55229194.4	1016334.7
在总计中:大型企业	16586206.2	2495159.2	411305.6	173897.3	78307104.0	61848010.8	2587368.2
中型企业	7822240.9	2232355.1	197647.9	270439.2	37578584.7	28289056.7	959952.0
小型企业	33459554.1	9255095.5	269850.9	477669.1	32032982.7	25285225.5	892573.7

单位:万元

管理费用	财务费用	利息收入	利息支出	投资收益（损失以“-”号记）	营业利润	利润总额	亏损企业亏损额	平均用工人数（人）
5848039.0	**4644906.6**	**397899.5**	**4452459.7**	**1727674.3**	**14343128.2**	**14406552.2**	**2742929.4**	**845002**
5325283.9	4254650.8	364785.6	4076576.0	1308289.9	13029642.9	13081525.7	2669765.1	802782
306194.7	123377.1	23224.0	123853.8	13041.7	663956.2	636544.6	172215.5	37545
253285.4	104158.9	24371.5	104625.5	12804.3	535818.1	499362.0	160027.9	28336
52909.3	19218.2	-1147.5	19228.3	237.4	128138.1	137182.6	12187.6	9209
4016.7	-63.9	-11.5	-45.6		11183.4	11803.1	0.5	1456
77.6	-0.3	-0.3			15.5	8.4		55
3381485.8	3113767.1	205566.0	3073094.7	89623.4	7989682.1	8015696.8	1871232.9	494533
645162.6	756425.7	38980.4	790906.3	-90981.4	1994774.2	1991663.5	439011.3	123795
2736323.2	2357341.4	166585.6	2282188.4	180604.8	5994907.9	6024033.3	1432221.6	370738
727787.5	529050.2	108086.5	472397.6	721588.4	2308378.7	2318254.7	226508.7	115542
850459.8	459150.2	26591.9	378743.7	483885.7	2058707.4	2092515.1	399807.5	143768
11546.2	158.9	44.2	121.3		8908.0	6766.4	10011.2	1734
3536.1	-2.7	8.8		-98.2	6555.5	6429.5	1189.9	900
737414.8	404082.5	23227.3	329907.1	128589.6	1538929.1	1594542.3	361691.1	129639
97962.7	54911.5	3311.6	48715.3	355394.3	504314.8	484776.9	26915.3	11495
55261.8	29370.4	1329.0	28531.8	150.7	-2280.4	6703.0		9883
143672.5	118393.2	804.9	119200.6	64785.8	235651.0	247230.2	29469.6	20961
80059.1	90843.9	4384.8	87987.5	18994.4	71671.0	76938.5	14891.6	8183
62327.6	26236.6	-3580.6	29942.5	45733.9	164458.5	169838.6	13487.1	12736
1285.8	472.7	0.7	471.1	5.2	-1797.1	-1090.9	1090.9	38
	840.0		799.5	52.3	1318.6	1544.0		4
379082.6	271862.6	32309.0	256683.1	354598.6	1077834.3	1077796.3	43694.7	21259
143599.9	156735.3	25968.1	135064.5	235617.9	591926.1	593811.7	33206.6	13040
12866.1	7616.6	-144.6	5115.0		21578.0	19505.3	2209.7	1052
55687.0	8430.6	-641.3	10125.5	1542.2	108476.6	108778.0	5809.6	2530
153233.3	97413.0	7468.9	103399.2	118343.5	353552.8	353067.0	1840.0	3532
13696.3	1667.1	-342.1	2978.9	-905.0	2300.8	2634.3	628.8	1105
1341110.4	1441368.6	89589.3	1370201.0	-108147.2	-2831293.3	-2742929.4	2742929.4	218819
2833530.8	2857922.8	232194.2	2880862.0	132864.1	5409455.6	5414304.3	1782854.3	419238
2998593.8	1976797.5	315511.3	2023896.9	1116424.6	7192368.8	7208444.8	1008854.7	417973
1480652.5	1295953.4	52510.4	1249806.7	536501.5	4727923.9	4713163.1	870351.3	232966
1368792.7	1372155.7	29877.8	1178756.1	74748.2	2422835.5	2484944.3	863723.4	194063

1-A-6 规模以上工业企业主要

行业	企业单位数(个)	资产总计	固定资产净额	固定资产原价	累计折旧	流动资产合计
总 计	**2696**	**303648165.5**	**116179486.1**	**197165233.1**	**72019710.8**	**106502528.8**
采矿业	**470**	**85735831.2**	**19463818.9**	**36010737.1**	**14141008.8**	**33222265.3**
煤炭开采和洗选业	306	69134516.9	15915424.4	29453647.2	11604827.8	27697616.1
烟煤和无烟煤开采洗选	260	54184316.9	12201909.9	22205829.6	8586832.1	22604905.9
褐煤开采洗选	46	14950200.0	3713514.5	7247817.6	3017995.7	5092710.2
其他煤炭采选						
石油和天然气开采业	8	871305.7	203688.8	419714.8	216025.9	108664.5
石油开采	7	871305.7	203688.8	419714.8	216025.9	108664.5
陆地石油开采	7	871305.7	203688.8	419714.8	216025.9	108664.5
海洋石油开采						
天然气开采	NA					
陆地天然气开采	NA					
海洋天然气及可燃冰开采						
黑色金属矿采选业	49	9648345.0	995558.6	2564843.4	1184636.7	3382918.6
铁矿采选	49	9648345.0	995558.6	2564843.4	1184636.7	3382918.6
锰矿、铬矿采选						
其他黑色金属矿采选						
有色金属矿采选业	62	5615719.2	2235509.7	3364160.8	1041468.7	1788946.1
常用有色金属矿采选	48	4196440.4	1754609.1	2613366.7	843185.4	1136868.1
铜矿采选	11	1224028.0	544738.4	921702.6	376963.9	239821.7
铅锌矿采选	37	2972412.4	1209870.7	1691664.1	466221.5	897046.4
镍钴矿采选						
锡矿采选						
锑矿采选						
铝矿采选						
镁矿采选						
其他常用有色金属矿采选						
贵金属矿采选	4	198182.8	36039.2	85512.0	33389.0	85692.0
金矿采选	NA	85463.6	13767.5	47290.4	17439.1	19571.0
银矿采选	NA	112719.2	22271.7	38221.6	15949.9	66121.0
稀有稀土金属矿采选	10	1221096.0	444861.4	665282.1	164894.3	566386.0
钨钼矿采选	6	780487.8	162493.5	255898.8	93405.1	229458.6
稀土金属矿采选	NA	367399.4	232786.5	269842.8	37056.3	319148.7
其他稀有金属矿采选	NA	73208.8	49581.4	139540.5	34432.9	17778.7
非金属矿采选业	45	465944.4	113637.4	208370.9	94049.7	244120.0
土砂石开采	36	336509.1	93663.8	159602.6	65264.0	175236.7
石灰石、石膏开采	10	60726.1	17124.7	27031.2	9906.5	19945.7
建筑装饰用石开采	NA	14582.7	8893.9	9432.4	538.4	4364.1
耐火土石开采	13	143172.4	37443.7	68633.6	31184.7	74951.6
粘土及其他土砂石开采	12	118027.9	30201.5	54505.4	23634.4	75975.3
化学矿开采						
采盐	NA	45678.2	7221.7	16479.8	9249.3	28249.3
石棉及其他非金属矿采选	7	83757.1	12751.9	32288.5	19536.4	40634.0
石棉、云母矿采选						
石墨、滑石采选	NA	39037.9	4944.3	9612.3	4668.0	14657.3

经济指标(大、中、小类行业)

单位:万元

应收账款	存货	产成品	负债合计	流动负债合计	应付账款	所有者权益合计	实收资本	国家资本	集体资本
19738132.5	**16941754.7**	**6079498.6**	**192203828.7**	**131312768.1**	**30933256.1**	**111444310.0**	**102085769.3**	**26004958.6**	**2374186.3**
4255827.1	**2531688.5**	**1099602.2**	**45911028.8**	**31935301.4**	**6358415.5**	**39824797.1**	**16602991.5**	**9001777.0**	**525526.1**
3641849.3	1612051.7	794077.3	36818465.3	25081947.4	5233962.1	32316049.4	13268205.5	6892147.0	432623.1
2475422.1	1272227.1	560563.5	27705126.7	18358639.2	4172213.1	26479188.5	10350077.3	4764966.5	397686.4
1166427.2	339824.6	233513.8	9113338.6	6723308.2	1061749.0	5836860.9	2918128.2	2127180.5	34936.7
14195.4	24179.4	21043.5	267597.4	252235.9	157428.0	603708.3	12114.4	8814.4	
14195.4	24179.4	21043.5	267597.4	252235.9	157428.0	603708.3	12114.4	8814.4	
14195.4	24179.4	21043.5	267597.4	252235.9	157428.0	603708.3	12114.4	8814.4	
338439.6	255865.7	88006.1	5564814.3	3905787.6	547692.1	4083529.5	2138044.8	1814483.5	45803.0
338439.6	255865.7	88006.1	5564814.3	3905787.6	547692.1	4083529.5	2138044.8	1814483.5	45803.0
171260.1	587309.4	163276.4	2948581.9	2406306.3	369024.4	2667136.1	1079596.5	278939.2	46100.0
161917.5	242347.8	132640.4	1687384.5	1387040.5	230715.3	2509054.9	842506.6	246428.7	600.0
33355.4	73845.8	59757.2	559222.4	427200.6	66250.0	664805.4	141310.0	39783.0	600.0
128562.1	168502.0	72883.2	1128162.1	959839.9	164465.3	1844249.5	701196.6	206645.7	
799.1	13888.7	870.1	112491.1	66862.0	2912.8	85691.6	58000.0	1050.0	45500.0
799.1	6883.7	86.2	44548.0	44442.9	2912.8	40915.5	8000.0	1050.0	
	7005.0	783.9	67943.1	22419.1		44776.1	50000.0		45500.0
8543.5	331072.9	29765.9	1148706.3	952403.8	135396.3	72389.6	179089.9	31460.5	
60.4	16368.3	8617.7	631305.8	521465.5	68966.9	149181.9	148839.0	6000.0	
6673.8	301919.6	11709.5	353122.7	352727.7	32243.9	14276.6	500.0		
1809.3	12785.0	9438.7	164277.8	78210.6	34185.5	-91068.9	29750.9	25460.5	
90082.7	52282.3	33198.9	311569.9	289024.2	50308.9	154373.8	105030.3	7392.9	1000.0
80262.4	37116.9	21664.3	224866.7	223838.6	43044.9	111642.1	81711.3	7007.9	1000.0
11449.4	2447.1	811.6	51424.4	51380.1	10728.0	9301.6	8700.9		
2232.0	748.8	100.2	4899.3	4899.3	4139.2	9683.4	9839.9		
31816.5	19221.6	11553.7	86762.6	86672.5	11979.7	56409.6	46958.1	5100.0	1000.0
34764.5	14699.4	9198.8	81780.4	80886.7	16198.0	36247.5	16212.4	1907.9	
3067.9	2269.5	1821.0	32405.2	22767.8	1354.2	13272.9	7000.0	385.0	
6752.4	12895.9	9713.6	54298.0	42417.8	5909.8	29458.8	16319.0		
-463.8	9569.0	8508.8	27699.1	26960.2	2851.1	11338.8	10080.0		

1-A-6 续表1

行业	企业单位数(个)	资产总计	固定资产净额	固定资产原价	累计折旧	流动资产合计
宝石、玉石采选						
其他未列明非金属矿采选	6	44719.2	7807.6	22676.2	14868.4	25976.7
开采专业及辅助性活动						
煤炭开采和洗选专业及辅助性活动						
石油和天然气开采专业及辅助性活动						
其他开采专业及辅助性活动						
其他采矿业						
制造业	**1617**	**140866490.7**	**49902538.7**	**81341442.6**	**26113631.0**	**55107493.5**
农副食品加工业	302	4816100.6	1277706.7	1885485.1	538447.1	2578272.2
谷物磨制	40	479282.6	107187.9	146978.1	38389.3	274641.6
稻谷加工	16	144332.5	46496.5	58791.1	12226.5	77004.6
小麦加工	10	167393.3	15466.3	31269.2	15802.8	113699.7
玉米加工						
杂粮加工	9	80999.6	5408.9	8493.3	1751.8	61110.9
其他谷物磨制	5	86557.2	39816.2	48424.5	8608.2	22826.4
饲料加工	43	849154.2	461267.2	597885.2	135722.0	330280.8
宠物饲料加工	NA	11115.7	6071.0	7526.6	1366.8	3940.2
其他饲料加工	41	838038.5	455196.2	590358.6	134355.2	326340.6
植物油加工	18	356015.7	52900.0	93238.1	40337.9	225616.7
食用植物油加工	17	352345.6	52204.7	92146.1	39941.3	223187.7
非食用植物油加工	NA	3670.1	695.3	1092.0	396.6	2429.0
制糖业	6	491853.1	126952.0	206990.6	39532.5	226562.1
屠宰及肉类加工	157	1893762.0	369274.3	522891.4	146993.3	1139247.5
牲畜屠宰	130	1354447.6	296624.4	381495.1	82448.7	795526.1
禽类屠宰	NA	1994.0	476.4	552.7	76.3	1517.6
肉制品及副产品加工	26	537320.4	72173.5	140843.6	64468.3	342203.8
水产品加工						
水产品冷冻加工						
鱼糜制品及水产品干腌制加工						
鱼油提取及制品制造						
其他水产品加工						
蔬菜、菌类、水果和坚果加工	17	99184.4	10401.0	22888.2	10706.8	80867.0
蔬菜加工						
食用菌加工						
水果和坚果加工	17	99184.4	10401.0	22888.2	10706.8	80867.0
其他农副食品加工	21	646848.6	149724.3	294613.5	126765.3	301056.5
淀粉及淀粉制品制造	17	574223.3	101312.7	218453.7	99017.3	278505.2
豆制品制造	NA	4776.9	1253.3	1686.5	433.0	3108.8
蛋品加工						
其他未列明农副食品加工	NA	67848.4	47158.3	74473.3	27315.0	19442.5
食品制造业	73	11508314.5	1460185.2	3399164.9	1588338.7	5287835.4
焙烤食品制造	NA	27995.5	16899.9	24743.9	7843.9	8907.3
糕点、面包制造	NA	23492.4	14719.6	22248.9	7529.3	6797.6
饼干及其他焙烤食品制造	NA	4503.1	2180.3	2495.0	314.6	2109.7
糖果、巧克力及蜜饯制造						
糖果、巧克力制造						
蜜饯制作						

单位:万元

应收账款	存货	产成品	负债合计	流动负债合计	应付账款	所有者权益合计	实收资本	国家资本	集体资本
7216.2	3326.9	1204.8	26598.9	15457.6	3058.7	18120.0	6239.0		
9943981.3	**13769874.0**	**4941010.9**	**92519327.3**	**70341542.4**	**17385152.6**	**48347148.8**	**52973621.2**	**6353220.8**	**1737085.0**
403583.6	929946.6	494241.7	3077752.3	2511826.4	631421.2	1738343.4	13498158.9	20543.3	48109.2
41003.2	111647.7	36797.0	272539.9	247116.1	23839.2	206741.9	120005.1	3740.9	10000.0
12839.9	30310.7	5015.2	51512.7	48944.1	4466.1	92819.5	44385.4	3240.9	
20531.8	68145.4	25937.6	103884.1	103225.5	11757.9	63508.8	25941.7		
6940.6	5147.3	3410.2	53598.5	48284.2	-982.9	27401.0	14678.0	500.0	10000.0
690.9	8044.3	2434.0	63544.6	46662.3	8598.1	23012.6	35000.0		
63583.1	74058.7	14086.2	541874.5	347632.8	122514.4	307278.7	178449.3		1000.0
430.3	480.6	125.2	1788.9	1788.9	438.2	9326.7	800.0		
63152.8	73578.1	13961.0	540085.6	345843.9	122076.2	297952.0	177649.3		1000.0
12846.9	110930.8	43399.4	284223.5	249795.4	23940.9	71792.1	52651.3	10051.1	2078.0
12510.7	109324.3	42385.9	282252.6	248088.2	23836.7	70092.9	51151.3	10051.1	2078.0
336.2	1606.5	1013.5	1970.9	1707.2	104.2	1699.2	1500.0		
-2037.8	133024.0	93463.5	330236.4	213312.4	125266.4	161616.5	98106.0		
206970.5	335475.3	258029.6	1022768.0	905091.0	161655.3	870992.1	11862077.3	3100.9	33231.2
185987.6	270405.6	228984.4	752413.4	658728.1	134057.9	602032.0	11782824.8	3100.9	22860.0
	35.1	35.1	198.8	198.8		1795.2	150.0		
20982.9	65034.6	29010.1	270155.8	246164.1	27597.4	267164.9	79102.5		10371.2
37441.4	21245.3	4701.1	80900.8	74425.9	30015.6	18283.3	66510.8		1800.0
37441.4	21245.3	4701.1	80900.8	74425.9	30015.6	18283.3	66510.8		1800.0
43776.3	143564.8	43764.9	545209.2	474452.8	144189.4	101638.8	1120359.1	3650.4	
48140.5	118913.0	28059.7	469826.6	399677.6	104081.6	104396.2	1085758.8		
870.3	825.5	397.5	5282.7	5282.7	617.6	-505.9	600.0		
-5234.5	23826.3	15307.7	70099.9	69492.5	39490.2	-2251.5	34000.3	3650.4	
930074.5	806213.2	359624.3	5129680.3	4962367.2	1049775.4	6378633.5	1960885.9	74103.1	1714.3
1278.9	2187.4	45.1	7336.0	7336.0	3174.4	20659.6	15737.8		
1262.3	1066.8		5490.7	5490.7	2048.6	18001.8	13080.0		
16.6	1120.6	45.1	1845.3	1845.3	1125.8	2657.8	2657.8		

1-A-6 续表2

行业	企业单位数(个)	资产总计	固定资产净额	固定资产原价	累计折旧	流动资产合计
方便食品制造	NA	117251.3	11553.1	15840.0	4286.9	14349.1
米、面制品制造						
速冻食品制造	NA	108288.4	11319.6	15502.7	4183.1	9155.8
方便面制造						
其他方便食品制造	NA	8962.9	233.5	337.3	103.8	5193.3
乳制品制造	31	8105686.9	407286.0	931543.8	475126.3	4020249.7
液体乳制造	15	7763163.3	322748.1	668711.3	333249.0	3817967.9
乳粉制造	11	297284.2	69924.4	238590.9	132249.2	176011.8
其他乳制品制造	5	45239.4	14613.5	24241.6	9628.1	26270.0
罐头食品制造	NA	20790.6	6275.2	14499.4	8224.2	13963.6
肉、禽类罐头制造						
水产品罐头制造						
蔬菜、水果罐头制造	NA	12590.8	1902.0	9190.6	7288.6	10637.1
其他罐头食品制造	NA	8199.8	4373.2	5308.8	935.6	3326.5
调味品、发酵制品制造	16	2082905.3	691410.2	1883644.8	892766.6	726573.8
味精制造	NA	1757968.3	551393.5	1684960.4	835439.0	569911.5
酱油、食醋及类似制品制造	NA	33805.7	13812.3	17975.7	4163.4	13983.6
其他调味品、发酵制品制造	11	291131.3	126204.4	180708.7	53164.2	142678.7
其他食品制造	18	1153684.9	326760.8	528893.0	200090.8	503791.9
营养食品制造						
保健食品制造	NA	29806.3	8431.0	10865.1	2433.9	13313.5
冷冻饮品及食用冰制造	NA	17195.4	11886.7	16090.1	4203.4	4657.9
盐加工	NA	332154.1	51169.9	97760.1	44549.1	191807.1
食品及饲料添加剂制造	10	768488.9	253159.8	401171.9	148011.9	290540.3
其他未列明食品制造	NA	6040.2	2113.4	3005.8	892.5	3473.1
酒、饮料和精制茶制造业	49	2037522.6	544339.6	912460.6	347796.4	841300.1
酒的制造	37	1642327.4	417666.4	713633.7	275675.1	723406.1
酒精制造	NA	91772.1	42759.4	60945.4	18186.0	27365.3
白酒制造	21	1035394.3	185558.6	300253.9	102416.4	487426.9
啤酒制造	14	515161.0	189348.4	352434.4	155072.7	208613.9
黄酒制造						
葡萄酒制造						
其他酒制造						
饮料制造	12	395195.2	126673.2	198826.9	72121.3	117894.0
碳酸饮料制造	NA	34688.8	15079.4	22406.5	7327.0	16826.6
瓶(罐)装饮用水制造	NA	228341.3	40656.5	64188.4	23499.7	62269.6
果菜汁及果菜汁饮料制造	NA	30806.5	14101.8	15528.5	1426.7	8860.6
含乳饮料和植物蛋白饮料制造	NA	33041.5	10363.1	18590.8	8227.6	17184.8
固体饮料制造	NA	12412.1	6040.3	6542.9	502.6	5879.9
茶饮料及其他饮料制造	NA	55905.0	40432.1	71569.8	31137.7	6872.5
精制茶加工						
烟草制品业	NA	979448.3	143701.3	317470.8	173769.5	808223.5
烟叶复烤						
卷烟制造	NA	979448.3	143701.3	317470.8	173769.5	808223.5
其他烟草制品制造						
纺织业	50	735826.3	100752.1	180635.5	55589.5	505572.3
棉纺织及印染精加工	NA	2393.2	502.7	5888.1	5385.4	1890.5

单位:万元

应收账款	存货	产成品	负债合计	流动负债合计	应付账款	所有者权益合计	实收资本	国家资本	集体资本
969.6	3840.6	2245.4	71540.0	71540.0	968.0	45711.3	5850.0		
95.8	3771.3	2210.7	64630.4	64630.4	922.4	43658.0	2350.0		
873.8	69.3	34.7	6909.6	6909.6	45.6	2053.3	3500.0		
624852.2	336979.5	234146.8	3841257.7	3807068.5	824563.1	4264429.3	1251928.8	17000.0	1714.3
592566.5	284858.6	222645.3	3658342.5	3627060.5	685140.5	4104820.8	1059616.2	17000.0	1714.3
26945.2	41415.8	10289.6	161314.1	158820.4	129407.1	135970.3	183062.6		
5340.5	10705.1	1211.9	21601.1	21187.6	10015.5	23638.2	9250.0		
506.0	5730.9	5555.7	5563.9	2563.9	2088.6	15226.6	9910.0		
492.8	3422.1	3251.0	1385.1	1385.1	1385.1	11205.7	4910.0		
13.2	2308.8	2304.7	4178.8	1178.8	703.5	4020.9	5000.0		
228515.6	292255.0	76741.0	631811.1	541718.9	164538.1	1451093.9	421161.1	13300.0	
209279.2	203445.7	30887.5	445759.9	382465.1	130231.0	1312208.4	341268.0		
751.4	5068.0	2275.9	16762.4	16724.5	3604.8	17043.4	9850.0		
18485.0	83741.3	43577.6	169288.8	142529.3	30702.3	121842.1	70043.1	13300.0	
73952.2	165219.8	40890.3	572171.6	532139.9	54443.2	581512.8	256298.2	43803.1	
1749.1	3809.1	2347.2	13138.5	12123.5	-1354.2	16667.6	13430.3		
666.1	3853.9	2181.9	2131.8	2131.8	683.2	15063.6	13540.0		
13436.5	103601.0	20645.8	123191.2	118584.1	25201.0	208962.8	58409.0	43803.1	
56000.8	53298.0	15573.5	432569.2	398159.6	29072.4	335919.5	169134.3		
2099.7	657.8	141.9	1140.9	1140.9	840.8	4899.3	1784.6		
48239.8	379059.8	107188.7	1075335.9	851309.8	110718.3	962186.7	601604.0	100797.0	5354.0
26865.2	343462.4	86642.7	858729.1	643351.7	82494.0	783598.3	541218.1	100797.0	5354.0
3359.3	20524.6	7402.2	41351.9	27990.1	13450.8	50420.2	16006.0		
17601.0	239051.2	67185.1	585620.5	394883.6	47046.8	449774.0	262104.1	1722.8	5284.0
5904.9	83886.6	12055.4	231756.7	220478.0	21996.4	283404.1	263108.0	99074.2	70.0
21374.6	35597.4	20546.0	216606.8	207958.1	28224.3	178588.4	60385.9		
828.9	10908.9	6281.1	22808.1	22808.1	5662.7	11880.7	7800.0		
14063.5	8682.4	8058.5	96983.8	97880.2	17576.6	131357.5	21472.4		
239.3	3675.6	903.7	14321.0	12975.9	874.9	16485.6	12300.0		
634.2	8230.2	4049.4	27831.4	27831.4	1470.5	5210.0	8015.2		
2395.2	2057.7	555.7	9669.2	1469.2	7.4	2742.9	3000.0		
3213.5	2042.6	697.6	44993.3	44993.3	2632.2	10911.7	7798.3		
90867.1	240184.0	37999.5	319335.5	318877.5	110444.3	660112.8	134615.6	123307.0	
90867.1	240184.0	37999.5	319335.5	318877.5	110444.3	660112.8	134615.6	123307.0	
156985.5	194471.1	123737.4	484512.9	453220.3	67504.9	251312.9	113988.3	5000.0	567.5
	860.0	464.2	1479.5	1479.5	371.4	913.7	2100.0		

1-A-6 续表3

行业	企业单位数(个)	资产总计	固定资产净额	固定资产原价	累计折旧	流动资产合计
棉纺纱加工	NA	2393.2	502.7	5888.1	5385.4	1890.5
棉织造加工						
棉印染精加工						
毛纺织及染整精加工	38	434680.1	81940.3	117705.5	26692.6	258650.7
毛条和毛纱线加工	29	248151.7	65304.5	81113.9	15443.0	148441.3
毛织造加工	9	186528.4	16635.8	36591.6	11249.6	110209.4
毛染整精加工						
麻纺织及染整精加工						
麻纤维纺前加工和纺纱						
麻织造加工						
丝绢纺织及印染精加工						
缫丝加工						
绢纺和丝织加工						
丝印染精加工						
化纤织造及印染精加工						
化纤织造加工						
化纤织物染整精加工						
针织或钩针编织物及其制品制造	11	298753.0	18309.1	57041.9	23511.5	245031.1
针织或钩针编织物织造	10	296119.9	18105.1	56737.4	23411.0	242603.1
针织或钩针编织物印染精加工	NA	2633.1	204.0	304.5	100.5	2428.0
针织或钩针编织品制造						
家用纺织制成品制造						
床上用品制造						
毛巾类制品制造						
窗帘、布艺类产品制造						
其他家用纺织制成品制造						
产业用纺织制成品制造						
非织造布制造						
绳、索、缆制造						
纺织带和帘子布制造						
篷、帆布制造						
其他产业用纺织制成品制造						
纺织服装、服饰业	23	2298491.2	196262.8	367968.2	170724.5	954366.8
机织服装制造	8	79441.2	7209.7	21779.3	14569.5	60137.1
运动机织服装制造						
其他机织服装制造	8	79441.2	7209.7	21779.3	14569.5	60137.1
针织或钩针编织服装制造	7	2145236.8	179707.7	325559.3	144870.9	830815.3
运动休闲针织服装制造						
其他针织或钩针编织服装制造	7	2145236.8	179707.7	325559.3	144870.9	830815.3
服饰制造	8	73813.2	9345.4	20629.6	11284.1	63414.4
皮革、毛皮、羽毛及其制品和制鞋业	NA	37049.2	5534.3	10918.1	5383.7	31207.0
皮革鞣制加工						
皮革制品制造						
皮革服装制造						
皮箱、包(袋)制造						
皮手套及皮装饰制品制造						
其他皮革制品制造						

单位:万元

应收账款	存货	产成品	负债合计	流动负债合计	应付账款	所有者权益合计	实收资本	国家资本	集体资本
	860.0	464.2	1479.5	1479.5	371.4	913.7	2100.0		
83976.8	81343.1	48496.1	309131.4	277838.8	49551.5	125548.4	88368.6	5000.0	
57854.4	51006.3	35386.9	195160.6	193077.8	26645.0	52991.1	38644.8	5000.0	
26122.4	30336.8	13109.2	113970.8	84761.0	22906.5	72557.3	49723.8		
73008.7	112268.0	74777.1	173902.0	173902.0	17582.0	124850.8	23519.7		567.5
71534.6	111543.2	74727.3	171456.0	171456.0	15220.9	124663.8	23209.7		567.5
1474.1	724.8	49.8	2446.0	2446.0	2361.1	187.0	310.0		
156773.9	278220.8	101353.0	1438503.8	1183974.2	112584.1	859987.8	202007.2	10800.0	
23287.6	25529.0	14583.2	37301.7	35631.9	13708.3	42139.6	25155.0	10800.0	
23287.6	25529.0	14583.2	37301.7	35631.9	13708.3	42139.6	25155.0	10800.0	
130055.6	199290.1	73525.4	1360327.0	1108564.4	88114.3	784910.0	147030.5		
130055.6	199290.1	73525.4	1360327.0	1108564.4	88114.3	784910.0	147030.5		
3430.7	53401.7	13244.4	40875.1	39777.9	10761.5	32938.2	29821.7		
7245.1	8550.4	2734.8	15392.9	15392.9	6721.1	21656.2	10330.0		

1-A-6 续表4

行业	企业单位数(个)	资产总计	固定资产净额	固定资产原价	累计折旧	流动资产合计
毛皮鞣制及制品加工	NA	19275.3	2594.5	6774.3	4179.8	16658.0
毛皮鞣制加工	NA	19275.3	2594.5	6774.3	4179.8	16658.0
毛皮服装加工						
其他毛皮制品加工						
羽毛(绒)加工及制品制造						
羽毛(绒)加工						
羽毛(绒)制品加工						
制鞋业	NA	17773.9	2939.8	4143.8	1203.9	14549.0
纺织面料鞋制造						
皮鞋制造	NA	17773.9	2939.8	4143.8	1203.9	14549.0
塑料鞋制造						
橡胶鞋制造						
其他制鞋业						
木材加工和木、竹、藤、棕、草制品业	21	327936.7	17385.0	63462.7	17286.3	244683.2
木材加工	13	72299.0	11867.6	19160.0	6149.4	46178.2
锯材加工	12	63745.5	9575.8	15811.6	5092.8	39957.7
木片加工						
单板加工	NA	8553.5	2291.8	3348.4	1056.6	6220.5
其他木材加工						
人造板制造	5	24852.9	5184.1	9188.8	3532.1	15007.1
胶合板制造	4	24664.1	5128.9	9133.6	3532.1	14873.5
纤维板制造						
刨花板制造						
其他人造板制造	NA	188.8	55.2	55.2		133.6
木质制品制造	NA	222773.7	53.1	34429.9	7201.1	175767.0
建筑用木料及木材组件加工	NA	1582.3	53.1	79.5	26.3	936.5
木门窗制造	NA	221191.4		34350.4	7174.8	174830.5
木楼梯制造						
木地板制造						
木制容器制造						
软木制品及其他木制品制造						
竹、藤、棕、草等制品制造	NA	8011.1	280.2	684.0	403.7	7730.9
竹制品制造						
藤制品制造						
棕制品制造						
草及其他制品制造	NA	8011.1	280.2	684.0	403.7	7730.9
家具制造业	NA	12466.6	5337.5	6605.4	1267.9	5022.4
木质家具制造	NA	12466.6	5337.5	6605.4	1267.9	5022.4
竹、藤家具制造						
金属家具制造						
塑料家具制造						
其他家具制造						
造纸和纸制品业	14	456769.2	131364.8	305876.5	173417.7	295074.5
纸浆制造	NA	55994.0	19680.6	41893.7	22213.1	31708.0
木竹浆制造	NA	55994.0	19680.6	41893.7	22213.1	31708.0
非木竹浆制造						
造纸	NA	14073.2		3856.2	2769.3	12397.8

单位:万元

应收账款	存货	产成品	负债合计	流动负债合计	应付账款	所有者权益合计	实收资本	国家资本	集体资本
4648.9	4270.3	1110.8	8195.2	8195.2	206.4	11080.1	2930.0		
4648.9	4270.3	1110.8	8195.2	8195.2	206.4	11080.1	2930.0		
2596.2	4280.1	1624.0	7197.7	7197.7	6514.7	10576.1	7400.0		
2596.2	4280.1	1624.0	7197.7	7197.7	6514.7	10576.1	7400.0		
56714.5	26444.8	14179.9	324946.1	265754.5	52014.6	2990.6	31696.9		1000.0
9093.7	17685.1	10398.7	60616.0	60616.0	15136.6	11683.1	15839.9		1000.0
6515.8	16725.9	9707.1	57780.7	57780.7	14935.4	5965.0	15439.9		1000.0
2577.9	959.2	691.6	2835.3	2835.3	201.2	5718.1	400.0		
3927.1	5823.5	3564.1	13316.3	13218.8	1178.8	11536.6	4357.0		
3859.2	5757.8	3498.4	13274.0	13176.5	1178.8	11390.1	3857.0		
67.9	65.7	65.7	42.3	42.3		146.5	500.0		
37931.6	2371.9		246404.8	187310.7	31102.7	-23631.2	10500.0		
0.2	138.6		1456.1	1456.1	11.2	126.1	500.0		
37931.4	2233.3		244948.7	185854.6	31091.5	-23757.3	10000.0		
5762.1	564.3	217.1	4609.0	4609.0	4596.5	3402.1	1000.0		
5762.1	564.3	217.1	4609.0	4609.0	4596.5	3402.1	1000.0		
1518.9	1916.7	821.7	7245.9	7245.9	896.6	5220.6	7185.0		
1518.9	1916.7	821.7	7245.9	7245.9	896.6	5220.6	7185.0		
63001.5	80315.6	24844.0	229435.5	227586.9	59531.4	227332.8	91613.6	16981.2	24.4
2836.0	13883.0	8980.0	31123.0	31096.8	10350.0	24870.7	16364.0	16364.0	
2836.0	13883.0	8980.0	31123.0	31096.8	10350.0	24870.7	16364.0	16364.0	
7047.1	1586.2	464.7	13160.5	11624.3	1232.4	912.7	4035.0		

1-A-6 续表5

行业	企业单位数（个）	资产总计	固定资产净额	固定资产原价	累计折旧	流动资产合计
机制纸及纸板制造	NA	14073.2		3856.2	2769.3	12397.8
手工纸制造						
加工纸制造						
纸制品制造	12	386702.0	111684.2	260126.6	148435.3	250968.7
纸和纸板容器制造	11	374393.0	108682.6	254396.2	145706.4	242896.4
其他纸制品制造	NA	12309.0	3001.6	5730.4	2728.9	8072.3
印刷和记录媒介复制业	6	56654.2	10067.9	36576.0	19416.9	31246.1
印刷	6	56654.2	10067.9	36576.0	19416.9	31246.1
书、报刊印刷	NA	32132.6	914.8	22781.1	14775.0	19605.3
本册印制						
包装装潢及其他印刷	NA	24521.6	9153.1	13794.9	4641.9	11640.8
装订及印刷相关服务						
记录媒介复制						
文教、工美、体育和娱乐用品制造业	NA	22845.3	899.0	3904.4	3005.4	20497.6
文教办公用品制造						
文具制造						
笔的制造						
教学用模型及教具制造						
墨水、墨汁制造						
其他文教办公用品制造						
乐器制造						
中乐器制造						
西乐器制造						
电子乐器制造						
其他乐器及零件制造						
工艺美术及礼仪用品制造	NA	22845.3	899.0	3904.4	3005.4	20497.6
雕塑工艺品制造	NA	22845.3	899.0	3904.4	3005.4	20497.6
金属工艺品制造						
漆器工艺品制造						
花画工艺品制造						
天然植物纤维编织工艺品制造						
抽纱刺绣工艺品制造						
地毯、挂毯制造						
珠宝首饰及有关物品制造						
其他工艺美术及礼仪用品制造						
体育用品制造						
球类制造						
专项运动器材及配件制造						
健身器材制造						
运动防护用具制造						
其他体育用品制造						
玩具制造						
电玩具制造						
塑胶玩具制造						
金属玩具制造						
弹射玩具制造						
娃娃玩具制造						

单位:万元

应收账款	存货	产成品	负债合计	流动负债合计	应付账款	所有者权益合计	实收资本	国家资本	集体资本
7047.1	1586.2	464.7	13160.5	11624.3	1232.4	912.7	4035.0		
53118.4	64846.4	15399.3	185152.0	184865.8	47949.0	201549.4	71214.6	617.2	24.4
48781.6	62653.7	13571.5	180908.5	180791.6	46188.1	193484.0	64676.2	617.2	24.4
4336.8	2192.7	1827.8	4243.5	4074.2	1760.9	8065.4	6538.4		
7456.1	12553.8	2146.1	33013.6	26108.8	8404.5	23640.4	13442.4	7164.1	2452.2
7456.1	12553.8	2146.1	33013.6	26108.8	8404.5	23640.4	13442.4	7164.1	2452.2
4381.3	8076.4	1189.6	18866.6	12945.1	2741.9	13265.9	8390.2	7164.1	
3074.8	4477.4	956.5	14147.0	13163.7	5662.6	10374.5	5052.2		2452.2
	5510.0	5510.0	12749.4	12749.4		10095.9	5000.0	5000.0	
	5510.0	5510.0	12749.4	12749.4		10095.9	5000.0	5000.0	
	5510.0	5510.0	12749.4	12749.4		10095.9	5000.0	5000.0	

1-A-6 续表6

行业	企业单位数(个)	资产总计	固定资产净额	固定资产原价	累计折旧	流动资产合计
儿童乘骑玩耍的童车类产品制造						
其他玩具制造						
游艺器材及娱乐用品制造						
露天游乐场所游乐设备制造						
游艺用品及室内游艺器材制造						
其他娱乐用品制造						
石油、煤炭及其他燃料加工业	45	7200077.4	2617619.4	5846659.4	2069152.3	2989882.8
精炼石油产品制造	10	2276884.1	1058528.2	3136604.6	1202834.2	773267.8
原油加工及石油制品制造	8	1909855.2	1007605.4	3067330.7	1184483.2	561184.9
其他原油制造	NA	367028.9	50922.8	69273.9	18351.0	212082.9
煤炭加工	35	4923193.3	1559091.2	2710054.8	866318.1	2216615.0
炼焦	31	4790170.8	1496616.7	2627829.4	846567.3	2147870.1
煤制合成气生产						
煤制液体燃料生产						
煤制品制造	NA	78978.4	34587.3	39493.7	4906.3	42633.1
其他煤炭加工	NA	54044.1	27887.2	42731.7	14844.5	26111.8
生物质燃料加工						
生物质液体燃料生产						
生物质致密成型燃料加工						
化学原料和化学制品制造业	221	34199348.5	19484156.5	27658388.4	6878087.0	7714768.3
基础化学原料制造	127	13212096.5	6158542.6	8222414.5	2002504.5	3862722.2
无机酸制造	6	172624.1	49959.6	86954.5	36994.9	88739.8
无机碱制造	18	594932.8	123585.0	317140.8	192779.4	323485.8
无机盐制造	38	2386323.4	603644.7	979665.1	362932.9	1406446.9
有机化学原料制造	38	6519879.2	3394408.1	4438119.9	1030503.1	1166176.8
其他基础化学原料制造	27	3538337.0	1986945.2	2400534.2	379294.2	877872.9
肥料制造	22	4208909.0	2839153.4	4246719.1	1314029.2	803583.9
氮肥制造	8	3141833.9	2086077.1	3378213.7	1198628.6	581709.7
磷肥制造						
钾肥制造	NA	10636.7	1909.3	2756.2	846.8	8518.0
复混肥料制造	7	1027643.2	739604.6	849076.7	109443.8	198103.5
有机肥料及微生物肥料制造	4	28795.2	11562.4	16672.5	5110.0	15252.7
其他肥料制造						
农药制造	6	356333.6	49040.8	286640.3	105997.4	141177.0
化学农药制造	NA	75337.4	47880.9	61807.1	13926.1	19236.2
生物化学农药及微生物农药制造	4	280996.2	1159.9	224833.2	92071.3	121940.8
涂料、油墨、颜料及类似产品制造	5	183326.3	57263.9	97295.7	40031.7	108535.9
涂料制造	NA	1454.6	298.0	607.1	309.0	1154.6
油墨及类似产品制造	NA	21981.1	7656.6	8491.6	835.0	12127.4
工业颜料制造						
工艺美术颜料制造						
染料制造	NA	159890.6	49309.3	88197.0	38887.7	95253.9
密封用填料及类似品制造						
合成材料制造	23	15144127.4	10047120.2	14277453.4	3221401.6	2228098.2
初级形态塑料及合成树脂制造	17	14461872.5	9560788.9	13572475.1	3003952.4	2137257.5
合成橡胶制造						

单位:万元

应收账款	存货	产成品	负债合计	流动负债合计	应付账款	所有者权益合计	实收资本	国家资本	集体资本
260849.5	599159.1	262141.0	5295839.6	3782944.7	834090.9	1904237.3	1246076.9	119614.4	69793.0
37886.5	198104.5	75122.2	1306582.3	704125.0	192004.6	970301.6	334750.7		
30548.6	172675.6	64634.9	1044562.1	599798.9	181632.9	865293.0	239750.7		
7337.9	25428.9	10487.3	262020.2	104326.1	10371.7	105008.6	95000.0		
222963.0	401054.6	187018.8	3989257.3	3078819.7	642086.3	933935.7	911326.2	119614.4	69793.0
206409.2	385116.7	177273.6	3866433.1	2957161.2	631905.6	923737.6	890122.8	119614.4	69793.0
3041.5	5098.6	2551.3	67868.4	66813.4	9353.8	11109.9	11703.4		
13512.3	10839.3	7193.9	54955.8	54845.1	826.9	-911.8	9500.0		
1243105.4	1375335.5	464676.7	23545936.6	13914806.9	3624435.4	10653411.0	9418442.8	2519687.6	603974.2
722926.1	627176.9	220980.4	8824739.1	5279562.8	1518001.3	4387357.4	3343736.6	686647.7	261814.5
22461.0	22928.4	9712.6	164896.4	153459.5	31464.9	7727.7	29100.0		
93596.7	52261.4	18425.4	318532.6	251902.8	105539.0	276400.4	229107.6	3000.0	
448439.2	233821.6	84964.7	2012969.0	1841458.8	683265.5	373354.4	238329.8	560.0	511.0
93383.9	252298.0	79573.7	3963213.6	2418107.6	536646.2	2556665.3	1925032.6	672944.0	30303.5
65045.3	65867.5	28304.0	2365127.5	614634.1	161085.7	1173209.6	922166.6	10143.7	231000.0
70986.4	163164.0	70448.1	3564199.5	1991271.6	400033.8	644708.7	1464757.7	621607.8	190.0
63167.1	99829.5	44988.2	2710512.7	1419662.8	340325.4	431321.1	1266023.9	601607.8	
1580.3	5815.4	4886.8	9410.1	9410.1	2246.0	1226.3	2273.8		190.0
5761.8	52639.3	17904.2	816271.3	534687.3	54834.7	211371.7	193291.9	20000.0	
477.2	4879.8	2668.9	28005.4	27511.4	2627.7	789.6	3168.1		
30741.9	28145.0	10176.2	112783.9	94811.9	32533.0	243549.6	56500.0		
3653.9	9613.4	4446.7	39315.8	30533.1	12833.8	36021.6	45000.0		
27088.0	18531.6	5729.5	73468.1	64278.8	19699.2	207528.0	11500.0		
58839.5	32330.0	12783.2	99079.9	97037.9	26577.6	84246.3	32571.9		
1116.9	30.4	9.6	971.8	971.8	971.8	482.9	482.9		
4942.2	1653.7	1540.7	5196.5	3154.5	690.6	16784.6	10389.0		
52780.4	30645.9	11232.9	92911.6	92911.6	24915.2	66978.8	21700.0		
147643.2	416522.7	106125.7	10494650.5	6043087.8	1529736.2	4649477.0	4256500.1	1194268.0	306551.7
137774.0	392932.4	103298.6	10179998.9	5853617.9	1414015.2	4281873.4	3920931.8	1194268.0	61250.0

1-A-6 续表7

行业	企业单位数(个)	资产总计	固定资产净额	固定资产原价	累计折旧	流动资产合计
合成纤维单(聚合)体制造	NA	641673.9	475912.7	682894.2	206981.5	72838.1
其他合成材料制造	NA	40581.0	10418.6	22084.1	10467.7	18002.6
专用化学产品制造	26	816178.2	295160.4	448333.5	153050.3	413313.6
化学试剂和助剂制造	13	332292.8	105141.8	168676.2	63534.0	202473.4
专项化学用品制造	7	193853.7	79568.7	133613.9	53922.7	73414.1
林产化学产品制造	NA	7027.3	4513.0	12061.7	7548.7	2302.8
文化用信息化学品制造	NA	9242.1	994.1	2542.3	1548.2	7470.7
医学生产用信息化学品制造						
环境污染处理专用药剂材料制造	NA	108408.0	50935.4	57972.9	7037.5	55139.6
动物胶制造	NA	119874.3	47116.8	61572.2	14455.4	47450.2
其他专用化学产品制造	NA	45480.0	6890.6	11894.3	5003.8	25062.8
炸药、火工及焰火产品制造	12	278377.5	37875.2	79531.9	41072.3	157337.5
炸药及火工产品制造	12	278377.5	37875.2	79531.9	41072.3	157337.5
焰火、鞭炮产品制造						
日用化学产品制造						
肥皂及洗涤剂制造						
化妆品制造						
口腔清洁用品制造						
香料、香精制造						
其他日用化学产品制造						
医药制造业	48	3495394.3	1231021.1	1867472.2	616786.2	1249605.7
化学药品原料药制造	13	1303975.0	725589.6	1146643.7	420338.4	330909.5
化学药品制剂制造	6	1081196.3	282775.6	328570.8	45794.9	340623.3
中药饮片加工	5	33182.6	7763.4	8651.2	812.2	18878.5
中成药生产	14	476106.0	106658.0	155221.4	48378.5	220767.4
兽用药品制造	NA	356463.6	44146.4	82426.5	36480.3	207310.2
生物药品制品制造	7	244470.8	64088.1	145958.6	64981.9	131116.8
生物药品制造	7	244470.8	64088.1	145958.6	64981.9	131116.8
基因工程药物和疫苗制造						
卫生材料及医药用品制造						
药用辅料及包装材料						
化学纤维制造业						
纤维素纤维原料及纤维制造						
化纤浆粕制造						
人造纤维(纤维素纤维)制造						
合成纤维制造						
锦纶纤维制造						
涤纶纤维制造						
腈纶纤维制造						
维纶纤维制造						
丙纶纤维制造						
氨纶纤维制造						
其他合成纤维制造						
生物基材料制造						
生物基化学纤维制造						
生物基、淀粉基新材料制造						
橡胶和塑料制品业	32	946202.2	138491.9	191719.3	53227.4	692179.3

单位:万元

应收账款	存货	产成品	负债合计	流动负债合计	应付账款	所有者权益合计	实收资本	国家资本	集体资本
3827.4	19776.8	1444.1	296258.1	171076.4	113508.4	345416.1	311992.7		245301.7
6041.8	3813.5	1383.0	18393.5	18393.5	2212.6	22187.5	23575.6		
162534.7	97563.2	41224.0	401315.5	363992.6	107142.5	414862.7	223765.3	17139.0	25000.0
86399.3	32868.0	19342.3	135130.2	121899.7	28802.8	197162.4	76309.1	2480.0	25000.0
28992.0	21053.3	10472.8	159550.8	145091.7	49550.9	34302.9	53692.8		
502.9	1217.1	309.3	3676.6	3585.8	915.2	3350.7	16000.0		
6532.4	823.6	77.1	3897.9	3897.9	2334.5	5344.3	3688.0		
29355.4	16126.3		16565.7	16565.7		91842.3	3000.0		
9752.7	22947.1	9659.9	44786.4	36436.6	20758.4	75087.9	46399.4	3371.0	
1000.0	2527.8	1362.6	37707.9	36515.2	4780.7	7772.2	24676.0	11288.0	
49433.6	10433.7	2939.1	49168.2	45042.3	10411.0	229209.3	40611.2	25.1	10418.0
49433.6	10433.7	2939.1	49168.2	45042.3	10411.0	229209.3	40611.2	25.1	10418.0
286120.2	259122.5	106796.9	2023518.1	1457710.8	375106.6	1471875.1	941174.6	66761.1	10532.0
47308.3	119861.0	58778.1	798502.7	695854.2	213080.6	505472.3	425308.4	4570.0	
57617.4	21237.6	8367.2	765734.1	390253.8	49135.9	315461.9	267385.8	4422.0	6200.0
6445.2	3196.7	84.7	21151.4	17091.0	2867.4	12031.2	5550.0		
55886.0	56377.8	13367.8	217556.8	159643.7	39314.3	258548.6	101968.1	14106.6	1314.0
81791.0	22385.2	7947.5	69219.7	54217.9	27551.2	287243.8	61000.0	6000.0	
37072.3	36064.2	18251.6	151353.4	140650.2	43157.2	93117.3	79962.3	37662.5	3018.0
37072.3	36064.2	18251.6	151353.4	140650.2	43157.2	93117.3	79962.3	37662.5	3018.0
141996.0	295767.8	52002.9	593648.4	550402.2	141469.8	352553.6	220540.5	8298.7	125.0

1-A-6 续表8

行业	企业单位数(个)	资产总计	固定资产净额	固定资产原价	累计折旧	流动资产合计
橡胶制品业	6	86243.1	33602.6	49084.9	15482.3	45017.3
轮胎制造	NA	20792.3	5469.6	7881.4	2411.8	13561.5
橡胶板、管、带制造	NA	7943.1	1522.1	2078.9	556.8	5195.7
橡胶零件制造	NA	2017.7	405.6	1624.5	1218.9	1350.0
再生橡胶制造						
日用及医用橡胶制品制造						
运动场地用塑胶制造	NA	3999.4	562.8	594.3	31.4	2884.8
其他橡胶制品制造	NA	51490.6	25642.5	36905.8	11263.4	22025.3
塑料制品业	26	859959.1	104889.3	142634.4	37745.1	647162.0
塑料薄膜制造	NA	1380.0	734.0	765.0	31.0	60.0
塑料板、管、型材制造	12	746850.1	74698.0	95676.2	20978.2	585772.2
塑料丝、绳及编织品制造	7	88438.7	20409.6	30754.4	10344.8	48439.1
泡沫塑料制造						
塑料人造革、合成革制造						
塑料包装箱及容器制造	NA	9277.5	3925.5	7818.6	3893.1	5142.7
日用塑料制品制造	NA	3519.8	2137.0	3864.1	1727.1	726.4
人造草坪制造						
塑料零件及其他塑料制品制造	NA	10493.0	2985.2	3756.1	770.9	7021.6
非金属矿物制品业	211	6088723.9	2040419.4	3622728.9	1355215.1	2659345.0
水泥、石灰和石膏制造	88	3419331.0	1396109.5	2632660.1	1033874.2	1214852.8
水泥制造	77	3309620.8	1373490.1	2569989.8	1007960.9	1150163.0
石灰和石膏制造	11	109710.2	22619.4	62670.3	25913.3	64689.8
石膏、水泥制品及类似制品制造	51	448543.0	85861.4	192434.9	83056.0	307700.0
水泥制品制造	45	415405.8	72959.6	171072.8	75717.9	294106.4
砼结构构件制造	NA	4829.5	632.1	834.6	202.5	4197.5
石棉水泥制品制造						
轻质建筑材料制造	4	23475.5	12076.1	17727.1	5650.9	7246.1
其他水泥类似制品制造	NA	4832.2	193.6	2800.4	1484.7	2150.0
砖瓦、石材等建筑材料制造	11	164102.5	63859.3	82493.1	18633.6	69379.3
粘土砖瓦及建筑砌块制造	4	76957.5	39254.6	44286.2	5031.4	25478.8
建筑用石加工	NA	48216.9	9456.4	17051.4	7595.0	26865.3
防水建筑材料制造						
隔热和隔音材料制造	NA	16996.8	7136.3	9704.4	2568.1	8782.9
其他建筑材料制造	NA	21931.3	8012.0	11451.1	3439.1	8252.3
玻璃制造	4	193133.1	111151.0	154692.1	43541.0	48651.6
平板玻璃制造	NA	167881.8	102793.9	144641.6	41847.7	43808.2
特种玻璃制造	NA	25251.3	8357.1	10050.5	1693.3	4843.4
其他玻璃制造						
玻璃制品制造	NA	57963.4	14452.1	27277.9	12314.1	34395.1
技术玻璃制品制造	NA	37607.6	7529.6	8135.5	474.5	22915.9
光学玻璃制造						
玻璃仪器制造						
日用玻璃制品制造	NA	5501.0	437.4	3033.6	2596.2	4581.1
玻璃包装容器制造	NA	14854.8	6485.1	16108.8	9243.4	6898.1
玻璃保温容器制造						
制镜及类似品加工						
其他玻璃制品制造						

单位:万元

应收账款	存货	产成品	负债合计	流动负债合计	应付账款	所有者权益合计	实收资本	国家资本	集体资本
17439.0	14602.0	7279.0	27699.7	26234.6	11941.3	58543.3	17093.9	8073.7	
1986.5	7411.1	4065.3	10239.5	9104.1	5260.1	10552.8	8163.7	8073.7	
1511.1	2871.1	1801.1	5795.8	5795.8	1510.4	2147.2	1045.2		
1124.0	222.2	132.2	749.2	569.5		1268.5	1050.0		
1348.7	1462.2	1038.8	3221.8	3221.8	1075.7	777.6	835.0		
11468.7	2635.4	241.6	7693.4	7543.4	4095.1	43797.2	6000.0		
124557.0	281165.8	44723.9	565948.7	524167.6	129528.5	294010.3	203446.6	225.0	125.0
20.0			50.0	50.0	5.0	1330.0	100.0		
104857.5	267446.5	36011.7	498561.6	458720.8	121772.2	248288.4	178449.9		
13687.7	10978.0	7230.7	55047.9	53107.6	6101.9	33390.8	18077.4		
2448.0	1299.7	607.8	5570.6	5570.6	1024.5	3706.8	1119.3	225.0	125.0
	679.8	430.1	1361.1	1361.1	70.4	2158.7	500.0		
3543.8	761.8	443.6	5357.5	5357.5	554.5	5135.6	5200.0		
660548.5	591863.7	232006.3	4610006.3	4096319.5	919706.4	1478715.6	1425738.6	225513.6	91863.5
315794.6	240837.9	84155.2	2735489.6	2469004.0	477078.8	683841.1	897657.1	178864.3	91813.5
270815.6	230631.4	78008.1	2622408.7	2355923.1	457356.7	687211.8	870963.3	178864.3	90453.5
44979.0	10206.5	6147.1	113080.9	113080.9	19722.1	-3370.7	26693.8		1360.0
172028.5	46468.0	15843.2	325592.5	319929.0	128442.1	122949.6	101883.8	16204.3	
168921.8	41900.8	13155.7	310289.2	305898.2	123223.8	105115.8	95513.8	16204.3	
421.5	321.5	321.5	3051.2	3051.2	3037.2	1778.2	1020.0		
1191.6	3703.2	2366.0	7867.3	6594.8	1778.7	15608.3	4850.0		
1493.6	542.5		4384.8	4384.8	402.4	447.3	500.0		
9283.1	18130.0	13778.1	122809.7	109966.5	15632.3	41292.7	36050.0		
2017.9	3109.4	1656.2	61805.8	48962.6	6587.7	15151.6	17050.0		
1149.4	10863.7	8706.3	28754.8	28754.8	4561.8	19462.2	9500.0		
3560.7	2042.9	1609.1	18902.4	18902.4	928.0	-1905.6	1000.0		
2555.1	2114.0	1806.5	13346.7	13346.7	3554.8	8584.5	8500.0		
3440.3	35111.2	20559.1	91119.6	59823.3	5861.6	102013.4	62980.4		
2769.6	30938.5	18545.9	77666.0	56305.5	5861.6	90215.7	53837.9		
670.7	4172.7	2013.2	13453.6	3517.8		11797.7	9142.5		
12744.2	6140.3	2839.6	20355.7	20355.7	2432.9	37607.7	16356.9	6000.0	
9022.3	3199.5	1102.7	14539.2	14539.2	3228.0	23068.4	10306.9		
1372.7	1346.8	512.1	910.9	910.9	-857.8	4590.1	50.0		
2349.2	1594.0	1224.8	4905.6	4905.6	62.7	9949.2	6000.0	6000.0	

1-A-6 续表9

行业	企业单位数(个)	资产总计	固定资产净额	固定资产原价	累计折旧	流动资产合计
玻璃纤维和玻璃纤维增强塑料制品制造	6	26826.2	8775.0	13089.9	4309.4	13699.4
玻璃纤维及制品制造	6	26826.2	8775.0	13089.9	4309.4	13699.4
玻璃纤维增强塑料制品制造						
陶瓷制品制造	NA	107198.3	8001.8	20332.2	12330.4	89952.4
建筑陶瓷制品制造	NA	3114.6	2901.6	2976.0	74.4	148.5
卫生陶瓷制品制造						
特种陶瓷制品制造	NA	104083.7	5100.2	17356.2	12256.0	89803.9
日用陶瓷制品制造						
陈设艺术陶瓷制造						
园艺陶瓷制造						
其他陶瓷制品制造						
耐火材料制品制造	10	91852.0	25377.3	41710.3	16332.9	58655.6
石棉制品制造						
云母制品制造						
耐火陶瓷制品及其他耐火材料制造	10	91852.0	25377.3	41710.3	16332.9	58655.6
石墨及其他非金属矿物制品制造	36	1579774.4	326832.0	458038.4	130823.5	822058.8
石墨及碳素制品制造	28	1429071.7	280537.4	402022.4	121102.3	755647.5
其他非金属矿物制品制造	8	150702.7	46294.6	56016.0	9721.2	66411.3
黑色金属冶炼和压延加工业	162	28005134.3	9962008.9	16812670.9	6590880.9	10873177.6
炼铁	5	60972.7	10785.4	22956.5	9105.2	40818.5
炼钢	5	998008.4	278922.8	451070.7	172147.8	610785.7
钢压延加工	21	17479357.3	7337167.5	12457828.0	4972788.0	5611446.0
铁合金冶炼	131	9466795.9	2335133.2	3880815.7	1436839.9	4610127.4
有色金属冶炼和压延加工业	123	19885150.4	5629442.5	10646123.9	3518860.2	8160647.1
常用有色金属冶炼	46	14449702.2	4498633.3	9009388.4	3055184.6	5219617.4
铜冶炼	6	1257916.2	266971.6	516736.5	246951.9	670468.2
铅锌冶炼	11	1902229.9	857414.6	1387073.5	372376.3	689539.9
镍钴冶炼						
锡冶炼	NA	47974.9	25822.7	31744.8	5890.6	20840.9
锑冶炼						
铝冶炼	10	9003195.1	2403182.1	5836579.9	2189730.2	3007817.0
镁冶炼	NA	28503.1	15361.3	32850.7	17489.4	12100.6
硅冶炼	9	936331.4	504598.5	683615.7	128062.2	193201.8
其他常用有色金属冶炼	7	1273551.6	425282.5	520787.3	94684.0	625649.0
贵金属冶炼	14	1094489.9	321027.8	625199.2	273262.3	342770.6
金冶炼	14	1094489.9	321027.8	625199.2	273262.3	342770.6
银冶炼						
其他贵金属冶炼						
稀有稀土金属冶炼	15	2166384.9	98762.2	168854.4	68201.4	1546744.6
钨钼冶炼						
稀土金属冶炼	15	2166384.9	98762.2	168854.4	68201.4	1546744.6
其他稀有金属冶炼						
有色金属合金制造	10	195100.6	43668.0	81656.3	37045.4	127156.1
有色金属压延加工	38	1979472.8	667351.2	761025.6	85166.5	924358.4
铜压延加工	NA	59445.4	6009.3	6535.1	525.7	39207.2
铝压延加工	32	1888827.2	656499.1	747252.7	82245.8	861357.5
贵金属压延加工						

单位:万元

应收账款	存货	产成品	负债合计	流动负债合计	应付账款	所有者权益合计	实收资本	国家资本	集体资本
5914.9	3413.1	1482.2	19890.8	18186.0	3224.1	6935.3	5547.5		
5914.9	3413.1	1482.2	19890.8	18186.0	3224.1	6935.3	5547.5		
15935.4	30573.8	15134.3	100004.4	96054.4	57138.6	7193.8	5305.0		
86.2	19.8	19.8	2814.6	2814.6	458.6	300.0	300.0		
15849.2	30554.0	15114.5	97189.8	93239.8	56680.0	6893.8	5005.0		
22290.4	13339.7	4330.3	39416.1	38923.9	30982.2	52436.0	38150.0		50.0
22290.4	13339.7	4330.3	39416.1	38923.9	30982.2	52436.0	38150.0		50.0
103117.1	197849.7	73884.3	1155327.9	964076.7	198913.8	424446.0	261807.9	24445.0	
92631.2	166209.2	54737.1	1037938.4	857605.3	160053.7	391132.8	228165.9	24445.0	
10485.9	31640.5	19147.2	117389.5	106471.4	38860.1	33313.2	33642.0		
1797841.4	3135741.7	1366473.1	18303531.9	16038268.6	5047368.7	9701603.0	8451993.4	53572.6	411.0
1508.7	23267.9	14759.7	66750.8	44888.7	7621.9	-5777.9	16348.0		
254145.2	144522.0	68436.6	793797.5	793797.5	361564.8	204210.8	344815.9		
534621.7	2311039.7	887388.4	11853202.7	10294538.4	3330008.6	5626154.2	4801813.9	49423.0	51.0
1007565.8	656912.1	395888.4	5589780.9	4905044.0	1348173.4	3877015.9	3289015.6	4149.6	360.0
1303215.1	2861544.3	673372.4	13889229.3	9970376.3	1547823.8	5995920.5	4737734.9	1643455.8	780933.9
599839.6	1487120.2	215484.1	10841531.3	7448505.8	1145481.0	3608171.2	3609180.8	1306693.2	763395.4
31138.5	299054.8	60621.4	855914.8	557578.6	83061.1	402001.3	304156.2	158227.4	
31376.5	459483.7	43478.5	1368474.0	982330.3	191339.8	533756.0	847740.6	487240.0	
187.3	13185.6	4865.1	47957.3	47957.3	18161.3	17.7	7788.0	5000.0	
475324.3	471139.3	37774.2	6475278.6	4255399.0	542852.8	2527916.3	2070482.2	592425.8	762895.4
1906.9	5276.9	2734.6	42210.5	42210.5	9164.8	-13707.4	10000.0		
4859.5	56294.7	14866.9	844671.7	469679.0	115198.2	91659.7	203735.2	63800.0	500.0
55046.6	182685.2	51143.4	1207024.4	1093351.1	185703.0	66527.6	165278.6		
53347.6	142892.5	5438.3	552521.5	540927.2	65532.8	541968.2	115803.4	71897.1	17500.0
53347.6	142892.5	5438.3	552521.5	540927.2	65532.8	541968.2	115803.4	71897.1	17500.0
314382.7	874909.9	228740.7	927479.9	504196.8	61715.4	1238904.9	402203.0	154736.8	35.5
314382.7	874909.9	228740.7	927479.9	504196.8	61715.4	1238904.9	402203.0	154736.8	35.5
44365.4	47209.2	25735.7	117918.3	111316.2	36509.6	77182.3	98796.7	75428.7	3.0
291279.8	309412.5	197973.6	1449778.3	1365430.3	238585.0	529693.9	511751.0	34700.0	
9837.4	3513.4		35784.6	35784.6	23670.7	23660.6	21825.0		
270748.9	298545.9	197657.0	1390936.3	1306588.3	214138.6	497890.5	482796.0	34700.0	

1-A-6 续表10

行业	企业单位数(个)	资产总计	固定资产净额	固定资产原价	累计折旧	流动资产合计
稀有稀土金属压延加工	NA	1825.1	114.6	223.0	108.4	1710.5
其他有色金属压延加工	NA	29375.1	4728.2	7014.8	2286.6	22083.2
金属制品业	43	2431664.0	512775.5	833517.3	301043.3	1485805.6
结构性金属制品制造	21	304504.9	57591.0	94878.3	35399.1	195545.4
金属结构制造	18	264712.8	47952.5	80991.5	31150.7	170889.3
金属门窗制造	NA	39792.1	9638.5	13886.8	4248.4	24656.1
金属工具制造	NA	7286.0	1324.2	2585.5	1261.2	5893.1
切削工具制造						
手工具制造						
农用及园林用金属工具制造						
刀剪及类似日用金属工具制造						
其他金属工具制造	NA	7286.0	1324.2	2585.5	1261.2	5893.1
集装箱及金属包装容器制造	NA	48873.3	4983.8	12264.2	7280.3	40121.8
集装箱制造						
金属压力容器制造						
金属包装容器及材料制造	NA	48873.3	4983.8	12264.2	7280.3	40121.8
金属丝绳及其制品制造	5	1154283.0	117062.2	212740.5	90204.4	790936.6
建筑、安全用金属制品制造	NA	39777.3	19134.9	26069.5	6934.6	14969.5
建筑、家具用金属配件制造						
建筑装饰及水暖管道零件制造	NA	39777.3	19134.9	26069.5	6934.6	14969.5
安全、消防用金属制品制造						
其他建筑、安全用金属制品制造						
金属表面处理及热处理加工	4	45747.2	14618.0	22924.9	8306.9	23053.3
搪瓷制品制造						
生产专用搪瓷制品制造						
建筑装饰搪瓷制品制造						
搪瓷卫生洁具制造						
搪瓷日用品及其他搪瓷制品制造						
金属制日用品制造						
金属制厨房用器具制造						
金属制餐具和器皿制造						
金属制卫生器具制造						
其他金属制日用品制造						
铸造及其他金属制品制造	8	831192.3	298061.4	462054.4	151656.8	415285.9
黑色金属铸造	NA	26530.2	5398.0	8358.3	2960.3	18721.4
有色金属铸造	NA	17031.9	3770.9	4552.0	781.1	10641.9
锻件及粉末冶金制品制造	NA	18613.0	4636.9	30903.7	13930.6	11376.9
交通及公共管理用金属标牌制造	NA	4005.6	438.9	1229.8	790.9	3083.2
其他未列明金属制品制造	NA	765011.6	283816.7	417010.6	133193.9	371462.5
通用设备制造业	29	567214.4	65960.5	130248.6	61254.7	421473.6
锅炉及原动设备制造	7	338353.5	28557.1	46070.9	16928.2	261140.5
锅炉及辅助设备制造	NA	7426.5	1868.8	3549.9	1681.0	3244.7
内燃机及配件制造						
汽轮机及辅机制造						
水轮机及辅机制造						
风能原动设备制造	6	330927.0	26688.3	42521.0	15247.2	257895.8
其他原动设备制造						

单位:万元

应收账款	存货		负债合计	流动负债合计		所有者权益合计	实收资本		
		产成品			应付账款			国家资本	集体资本
1116.2	172.2	172.2	1551.3	1551.3	761.8	273.8	80.0		
9577.3	7181.0	144.4	21506.1	21506.1	13.9	7869.0	7050.0		
274785.1	431699.9	121624.8	1856774.5	1343319.6	532149.4	574888.9	543233.7	373275.1	61388.9
83626.6	47239.4	28370.6	231118.7	218329.9	51338.5	73386.0	66813.1	3220.0	5000.0
75982.9	36690.0	19985.5	200020.3	196821.1	44748.0	64692.3	60939.1	3220.0	5000.0
7643.7	10549.4	8385.1	31098.4	21508.8	6590.5	8693.7	5874.0		
1549.2	2002.1	1340.1	4840.2	4789.2	3704.0	2445.8	2470.0	2470.0	
1549.2	2002.1	1340.1	4840.2	4789.2	3704.0	2445.8	2470.0	2470.0	
22401.2	3606.9	653.0	15036.4	14547.8	7430.4	33837.0	5350.0		
22401.2	3606.9	653.0	15036.4	14547.8	7430.4	33837.0	5350.0		
133015.2	195619.9	54984.6	1029931.3	821197.5	379420.9	124351.8	248628.6	179762.2	53888.9
2837.9	8469.1	5399.9	14897.7	14897.7	10364.0	24879.6	16000.0	3500.0	
2837.9	8469.1	5399.9	14897.7	14897.7	10364.0	24879.6	16000.0	3500.0	
10697.5	5535.5	3768.1	33636.1	25991.1	4211.4	12110.9	7881.6		2500.0
20657.5	169227.0	27108.5	527314.1	243566.4	75680.2	303877.8	196090.4	184322.9	
1931.1	10174.6	430.8	20082.4	20082.4	6599.1	6447.6	7467.5		
5804.8	2279.6	852.7	10153.5	8470.8	3807.2	6878.3	1000.0		
2313.4	2974.1	211.1	12854.1	12400.9	4132.7	5758.9	39232.9	39232.9	
86.6	420.8	252.5	1871.6	1871.6	1666.6	2133.9	500.0		
10521.6	153377.9	25361.4	482352.5	200740.7	59474.6	282659.1	147890.0	145090.0	
190893.5	116236.5	47822.8	391285.2	366369.3	149953.9	175928.9	112034.0	22393.0	14335.0
130372.3	58035.1	28068.4	244848.3	242137.0	109552.8	93505.1	48620.7	19678.6	4646.1
152.1	2634.5	252.1	4262.5	4262.5	170.8	3163.9	2280.0		
130220.2	55400.6	27816.3	240585.8	237874.5	109382.0	90341.2	46340.7	19678.6	4646.1

1-A-6 续表 11

行业	企业单位数(个)	资产总计	固定资产净额	固定资产原价	累计折旧	流动资产合计
金属加工机械制造	5	43306.1	2344.8	18747.8	14368.0	30999.9
金属切削机床制造	NA	4993.0	11.0	16.7	5.7	4981.7
金属成形机床制造						
铸造机械制造						
金属切割及焊接设备制造						
机床功能部件及附件制造						
其他金属加工机械制造	4	38313.1	2333.8	18731.1	14362.3	26018.2
物料搬运设备制造	NA	10011.5	824.6	2305.5	1480.8	7470.0
轻小型起重设备制造						
生产专用起重机制造						
生产专用车辆制造						
连续搬运设备制造						
电梯、自动扶梯及升降机制造	NA	10011.5	824.6	2305.5	1480.8	7470.0
客运索道制造						
机械式停车设备制造						
其他物料搬运设备制造						
泵、阀门、压缩机及类似机械制造	4	40650.7	6940.3	10290.3	3350.0	30453.2
泵及真空设备制造	NA	12006.5	3989.4	5428.0	1438.6	7212.4
气体压缩机械制造						
阀门和旋塞制造	NA	10166.0	2512.7	3207.2	694.5	6088.2
液压动力机械及元件制造	NA	18478.2	438.2	1655.1	1216.9	17152.6
液力动力机械元件制造						
气压动力机械及元件制造						
轴承、齿轮和传动部件制造	NA	4571.1	1209.2	2893.3	1684.1	3361.8
滚动轴承制造						
滑动轴承制造						
齿轮及齿轮减、变速箱制造	NA	4571.1	1209.2	2893.3	1684.1	3361.8
其他传动部件制造						
烘炉、风机、包装等设备制造	NA	51186.2	7100.1	11846.9	4334.4	36436.1
烘炉、熔炉及电炉制造	NA	37429.7	2156.2	4537.9	2359.6	32582.0
风机、风扇制造	NA	4781.5	1943.5	3576.9	1243.2	481.2
气体、液体分离及纯净设备制造	NA	8975.0	3000.4	3732.1	731.6	3372.9
制冷、空调设备制造						
风动和电动工具制造						
喷枪及类似器具制造						
包装专用设备制造						
文化、办公用机械制造						
电影机械制造						
幻灯及投影设备制造						
照相机及器材制造						
复印和胶印设备制造						
计算器及货币专用设备制造						
其他文化、办公用机械制造						
通用零部件制造	7	67815.3	18327.6	36403.7	18075.8	42960.2
金属密封件制造						
紧固件制造						
弹簧制造	NA	19841.2	3423.4	5818.6	2395.2	14519.1

单位:万元

应收账款	存货	产成品	负债合计	流动负债合计	应付账款	所有者权益合计	实收资本	国家资本	集体资本
14411.8	6597.3	2803.5	20969.5	20869.5	12346.1	22336.6	17330.8		3782.0
1090.2	2058.7	1237.2	2444.2	2444.2	1990.7	2548.8	2548.8		
13321.6	4538.6	1566.3	18525.3	18425.3	10355.4	19787.8	14782.0		3782.0
3147.1	4112.6		1827.2	1827.2	944.9	8184.3	8276.1		
3147.1	4112.6		1827.2	1827.2	944.9	8184.3	8276.1		
17318.8	8085.3	2820.3	26411.3	19474.4	2871.8	14239.4	9679.6		
2018.9	4137.3	1852.5	9183.7	2441.2	898.8	2822.8	1089.6		
3385.5	1061.5	642.1	3372.1	3177.7	1642.5	6793.9	5500.0		
11914.4	2886.5	325.7	13855.5	13855.5	330.5	4622.7	3090.0		
1168.7	1024.9	241.7	3203.8	1119.4	1063.1	1367.3	800.0		
1168.7	1024.9	241.7	3203.8	1119.4	1063.1	1367.3	800.0		
7989.8	22086.1	8626.0	39316.4	36169.2	11673.4	11869.7	4300.0		3000.0
6406.2	21808.5	8561.3	34127.6	34127.6	11241.8	3302.0	3000.0		3000.0
129.4	141.2	64.7	4281.5	1134.3	210.3	500.0	500.0		
1454.2	136.4		907.3	907.3	221.3	8067.7	800.0		
11961.7	13787.3	5262.9	48992.0	39055.9	11408.3	18823.2	19026.8	2714.4	2906.9
2762.9	4740.9	3746.3	10158.5	7515.3	1976.4	9682.8	5000.0	1952.0	2048.0

1-A-6 续表 12

行业	企业单位数(个)	资产总计	固定资产净额	固定资产原价	累计折旧	流动资产合计
机械零部件加工	6	47974.1	14904.2	30585.1	15680.6	28441.1
其他通用零部件制造						
其他通用设备制造业	NA	11320.0	656.8	1690.2	1033.4	8651.9
工业机器人制造						
特殊作业机器人制造						
增材制造装备制造						
其他未列明通用设备制造业	NA	11320.0	656.8	1690.2	1033.4	8651.9
专用设备制造业	33	446393.9	64343.2	151693.7	77205.6	288941.6
采矿、冶金、建筑专用设备制造	13	237211.4	26507.4	69762.0	35666.8	165653.0
矿山机械制造	9	163716.9	18306.0	42266.1	23494.1	115617.8
石油钻采专用设备制造	NA	56015.1	7200.4	14509.0	5623.6	34083.1
深海石油钻探设备制造						
建筑工程用机械制造	NA	17479.4	1001.0	12986.9	6549.1	15952.1
建筑材料生产专用机械制造						
冶金专用设备制造						
隧道施工专用机械制造						
化工、木材、非金属加工专用设备制造	NA	21379.2	4793.5	17615.1	12820.4	15965.7
炼油、化工生产专用设备制造						
橡胶加工专用设备制造						
塑料加工专用设备制造						
木竹材加工机械制造						
模具制造	NA	21379.2	4793.5	17615.1	12820.4	15965.7
其他非金属加工专用设备制造						
食品、饮料、烟草及饲料生产专用设备制造	NA	2364.7	19.7	45.1	25.4	2212.9
食品、酒、饮料及茶生产专用设备制造	NA	2364.7	19.7	45.1	25.4	2212.9
农副食品加工专用设备制造						
烟草生产专用设备制造						
饲料生产专用设备制造						
印刷、制药、日化及日用品生产专用设备制造						
制浆和造纸专用设备制造						
印刷专用设备制造						
日用化工专用设备制造						
制药专用设备制造						
照明器具生产专用设备制造						
玻璃、陶瓷和搪瓷制品生产专用设备制造						
其他日用品生产专用设备制造						
纺织、服装和皮革加工专用设备制造						
纺织专用设备制造						
皮革、毛皮及其制品加工专用设备制造						
缝制机械制造						
洗涤机械制造						
电子和电工机械专用设备制造						
电工机械专用设备制造						
半导体器件专用设备制造						
电子元器件与机电组件设备制造						
其他电子专用设备制造						
农、林、牧、渔专用机械制造	10	87846.6	22240.3	42096.5	19147.6	57353.3

单位:万元

应收账款	存货	产成品	负债合计	流动负债合计	应付账款	所有者权益合计	实收资本	国家资本	集体资本
9198.8	9046.4	1516.6	38833.5	31540.6	9431.9	9140.4	14026.8	762.4	858.9
4523.3	2507.9		5716.7	5716.7	93.5	5603.3	4000.0		
4523.3	2507.9		5716.7	5716.7	93.5	5603.3	4000.0		
81768.3	115761.1	44273.5	302875.9	286113.6	81687.4	143517.7	5189868.9	83209.7	19900.8
54019.9	66023.2	32108.8	181644.8	177828.8	50869.5	55566.6	103438.0	50780.4	
37796.7	46335.3	27062.3	93801.7	90186.6	41819.0	69915.3	54949.0	18491.4	
7975.7	13839.5	2586.9	33420.3	33420.3	5255.7	22594.7	23299.0	7099.0	
8247.5	5848.4	2459.6	54422.8	54221.9	3794.8	-36943.4	25190.0	25190.0	
2622.8	3892.4	12.3	30666.2	30255.3	6418.0	-9287.0	11191.6	9454.8	1736.8
2622.8	3892.4	12.3	30666.2	30255.3	6418.0	-9287.0	11191.6	9454.8	1736.8
1396.9	646.1	428.5	1397.7	1397.7	812.8	967.0	340.0		
1396.9	646.1	428.5	1397.7	1397.7	812.8	967.0	340.0		
11839.2	26551.2	9352.7	52495.1	42216.5	10561.2	35351.3	16041.8	2974.5	2575.5

1-A-6 续表 13

行业	企业单位数(个)	资产总计	固定资产净额	固定资产原价	累计折旧	流动资产合计
拖拉机制造	NA	3490.1	1060.4	1732.2	671.8	1976.2
机械化农业及园艺机具制造	4	24239.5	8289.8	11946.7	2948.5	13363.3
营林及木竹采伐机械制造						
畜牧机械制造	4	52454.7	12407.8	27493.8	15085.9	37373.2
渔业机械制造						
农林牧渔机械配件制造	NA	7662.3	482.3	923.8	441.4	4640.6
棉花加工机械制造						
其他农、林、牧、渔业机械制造						
医疗仪器设备及器械制造	NA	72797.0	9209.0	17127.0	6070.9	27542.7
医疗诊断、监护及治疗设备制造						
口腔科用设备及器具制造						
医疗实验室及医用消毒设备和器具制造						
医疗、外科及兽医用器械制造	NA	61781.2	9209.0	13146.3	3937.3	21649.1
机械治疗及病房护理设备制造						
康复辅具制造						
眼镜制造						
其他医疗设备及器械制造	NA	11015.8		3980.7	2133.6	5893.6
环保、邮政、社会公共服务及其他专用设备制造	4	24795.0	1573.3	5048.0	3474.5	20214.0
环境保护专用设备制造	NA	12796.9	908.1	1444.5	536.3	11007.0
地质勘查专用设备制造						
邮政专用机械及器材制造						
商业、饮食、服务专用设备制造						
社会公共安全设备及器材制造	NA	3350.2	357.4	2072.4	1715.0	2854.3
交通安全、管制及类似专用设备制造						
水资源专用机械制造						
其他专用设备制造	NA	8647.9	307.8	1531.1	1223.2	6352.7
汽车制造业	26	3933664.4	438388.8	915671.6	425924.0	2245966.4
汽车整车制造	5	1924412.1	250089.9	591759.1	317505.5	1246727.3
汽柴油车整车制造	5	1924412.1	250089.9	591759.1	317505.5	1246727.3
新能源车整车制造						
汽车用发动机制造	NA	1018630.7				578755.0
改装汽车制造	NA	13501.7	1721.5	5798.3	3855.7	11558.0
低速汽车制造						
电车制造						
汽车车身、挂车制造	NA	46374.3	16175.5	23444.8	7269.2	21135.5
汽车零部件及配件制造	16	930745.6	170401.9	294669.4	97293.6	387790.6
铁路、船舶、航空航天和其他运输设备制造业	9	3586228.2	398667.1	784610.5	348500.3	2267919.9
铁路运输设备制造	7	3220922.7	302612.2	613401.0	273350.3	2103744.0
高铁车组制造						
铁路机车车辆制造	NA	3147470.2	288562.7	592511.5	266510.3	2049144.0
窄轨机车车辆制造						
高铁设备、配件制造	NA	6885.3	691.7	930.6	238.9	6193.6
铁路机车车辆配件制造						
铁路专用设备及器材、配件制造	NA	59323.1	12040.7	15942.5	3901.8	42518.1
其他铁路运输设备制造	NA	7244.1	1317.1	4016.4	2699.3	5888.3
城市轨道交通设备制造						
船舶及相关装置制造						

单位:万元

应收账款	存货	产成品	负债合计	流动负债合计	应付账款	所有者权益合计	实收资本	国家资本	集体资本
	1071.8	769.8	1038.7	1038.7	645.9	2451.4	660.0		
1645.8	5146.9	2161.8	14923.9	6356.0	837.3	9315.6	4289.8		
9041.9	18789.3	5806.9	32114.8	30404.1	9038.3	20339.8	8092.0	2974.5	2575.5
1151.5	1543.2	614.2	4417.7	4417.7	39.7	3244.5	3000.0		
10303.0	9128.0	1780.1	24759.4	22502.6	6577.9	48037.5	5051000.0	20000.0	15000.0
10097.2	7361.1	1780.1	21750.7	19910.3	5969.7	40030.5	51000.0	20000.0	15000.0
205.8	1766.9		3008.7	2592.3	608.2	8007.0	5000000.0		
1586.5	9520.2	591.1	11912.7	11912.7	6448.0	12882.3	7857.5		588.5
-216.5	4510.8	156.5	3502.7	3502.7	1222.6	9294.2	6300.0		
750.1	252.7	178.5	731.1	731.1	106.1	2619.1	588.5		588.5
1052.9	4756.7	256.1	7678.9	7678.9	5119.3	969.0	969.0		
803855.0	244685.1	84163.0	3730630.4	3120539.3	477269.9	203033.8	565215.2	227199.0	666.7
507525.3	133115.7	58300.6	1987173.0	1819860.0	393213.6	-62760.8	224743.2	190427.3	
507525.3	133115.7	58300.6	1987173.0	1819860.0	393213.6	-62760.8	224743.2	190427.3	
208237.3	49999.7		1009561.7	779695.5		9069.0	40000.0		
3708.0	4328.1	3544.5	18569.4	18569.4	7620.0	-5067.6	20971.7	20971.7	
6147.4	8952.8	220.7	55855.5	34842.8	3560.8	-9481.2	8000.0		
78237.0	48288.8	22097.2	659470.8	467571.6	72875.5	271274.4	271500.3	15800.0	666.7
202254.8	318427.1	44192.3	1965112.4	1727312.6	389482.0	1621115.8	411765.5	398086.5	3479.0
154741.5	263928.5	44177.9	1763296.2	1573164.6	320717.7	1457626.5	400538.4	386859.4	3479.0
120553.7	257993.8	40044.1	1722600.4	1533781.0	297672.8	1424869.8	377138.8	377138.8	
3609.9	204.1	204.1	5038.1	5038.1	843.9	1847.2	600.0		600.0
28105.5	3725.6	2254.6	30082.6	28782.6	21042.9	29240.5	20379.0	7300.0	2879.0
2472.4	2005.0	1675.1	5575.1	5562.9	1158.1	1669.0	2420.6	2420.6	

1-A-6 续表14

行业	企业单位数(个)	资产总计	固定资产净额	固定资产原价	累计折旧	流动资产合计
金属船舶制造						
非金属船舶制造						
娱乐船和运动船制造						
船用配套设备制造						
船舶改装						
船舶拆除						
海洋工程装备制造						
航标器材及其他相关装置制造						
航空、航天器及设备制造	NA	365305.5	96054.9	171209.5	75150.0	164175.9
飞机制造						
航天器及运载火箭制造	NA	365305.5	96054.9	171209.5	75150.0	164175.9
航天相关设备制造						
航空相关设备制造						
其他航空航天器制造						
摩托车制造						
摩托车整车制造						
摩托车零部件及配件制造						
自行车和残疾人座车制造						
自行车制造						
残疾人座车制造						
助动车制造						
非公路休闲车及零配件制造						
潜水救捞及其他未列明运输设备制造						
潜水装备制造						
水下救捞装备制造						
其他未列明运输设备制造						
电气机械和器材制造业	34	989739.6	167165.8	300826.8	105946.3	575648.1
电机制造	12	425791.5	67111.9	114650.7	47172.4	301803.6
发电机及发电机组制造	9	377358.4	65107.4	108560.9	43453.7	257848.4
电动机制造	NA	4596.6	1177.3	3131.8	1954.5	3181.0
微特电机及组件制造						
其他电机制造	NA	43836.5	827.2	2958.0	1764.2	40774.2
输配电及控制设备制造	15	433008.7	59642.0	122542.0	35551.4	214347.8
变压器、整流器和电感器制造	4	45426.3	4164.3	6508.9	2344.5	36060.0
电容器及其配套设备制造	NA	5234.7	3689.9	6187.3	2497.4	1247.0
配电开关控制设备制造	NA	8984.9	1602.5	5500.7	3898.2	6191.2
电力电子元器件制造						
光伏设备及元器件制造	8	373362.8	50185.3	104345.1	26811.3	170849.6
其他输配电及控制设备制造						
电线、电缆、光缆及电工器材制造	NA	53037.8	5957.9	13882.7	7924.8	41030.7
电线、电缆制造	NA	48851.5	4827.7	11324.8	6497.1	38081.5
光纤制造						
光缆制造	NA	4186.3	1130.2	2557.9	1427.7	2949.2
绝缘制品制造						
其他电工器材制造						
电池制造	NA	22477.1	2832.9	3540.3	707.4	6032.7
锂离子电池制造	NA	22477.1	2832.9	3540.3	707.4	6032.7

单位:万元

应收账款	存货	产成品	负债合计	流动负债合计	应付账款	所有者权益合计	实收资本	国家资本	集体资本
47513.3	54498.6	14.4	201816.2	154148.0	68764.3	163489.3	11227.1	11227.1	
47513.3	54498.6	14.4	201816.2	154148.0	68764.3	163489.3	11227.1	11227.1	
302129.5	136967.3	51438.6	687649.6	643516.1	247049.5	302089.9	303008.4	19094.1	1000.0
172990.8	73173.5	26164.5	288653.2	281219.7	140410.8	137138.1	73595.6	17832.6	1000.0
168007.6	63433.3	22126.1	264409.4	257593.1	134941.0	112948.8	65345.6	16050.0	1000.0
886.6	623.3	236.8	374.4	240.6	182.0	4222.2	1000.0		
4096.6	9116.9	3801.6	23869.4	23386.0	5287.8	19967.1	7250.0	1782.6	
104191.6	45965.4	17040.9	256960.8	223545.6	83344.9	176048.0	206997.2	1261.5	
12514.0	14555.5	1989.9	18655.7	18655.7	10691.4	26770.5	23028.4		
-17.1	1232.5	414.6	3099.4	3099.4	1710.6	2135.4	2000.0		
1788.7	2704.4	752.8	2027.6	2021.6	1262.1	6957.2	3261.5	1261.5	
89906.0	27473.0	13883.6	233178.1	199768.9	69680.8	140184.9	178707.3		
23484.5	13248.1	4762.9	32573.5	32091.9	19132.6	20464.3	12093.4		
23195.1	11083.1	4762.9	29868.9	29568.9	18091.6	18982.6	10060.0		
289.4	2165.0		2704.6	2523.0	1041.0	1481.7	2033.4		
1421.1	3899.1	3338.9	17745.5	14961.6	3783.5	4731.6	5000.0		
1421.1	3899.1	3338.9	17745.5	14961.6	3783.5	4731.6	5000.0		

1-A-6 续表 15

行业	企业单位数(个)	资产总计	固定资产净额	固定资产原价	累计折旧	流动资产合计
镍氢电池制造						
铅蓄电池制造						
锌锰电池制造						
其他电池制造						
家用电力器具制造	NA	8722.9	3159.9	7265.8	4105.9	5319.7
家用制冷电器具制造						
家用空气调节器制造						
家用通风电器具制造						
家用厨房电器具制造						
家用清洁卫生电器具制造						
家用美容、保健护理电器具制造						
家用电力器具专用配件制造	NA	8722.9	3159.9	7265.8	4105.9	5319.7
其他家用电力器具制造						
非电力家用器具制造						
燃气及类似能源家用器具制造						
太阳能器具制造						
其他非电力家用器具制造						
照明器具制造	NA	46701.6	28461.2	38945.3	10484.4	7113.6
电光源制造	NA	46701.6	28461.2	38945.3	10484.4	7113.6
照明灯具制造						
舞台及场地用灯制造						
智能照明器具制造						
灯用电器附件及其他照明器具制造						
其他电气机械及器材制造						
电气信号设备装置制造						
其他未列明电气机械及器材制造						
计算机、通信和其他电子设备制造业	35	5512961.6	3150057.1	3952298.1	591214.9	1717639.0
计算机制造	NA	14824.4	3320.4	5730.3	2410.0	9806.2
计算机整机制造						
计算机零部件制造						
计算机外围设备制造						
工业控制计算机及系统制造						
信息安全设备制造	NA	14824.4	3320.4	5730.3	2410.0	9806.2
其他计算机制造						
通信设备制造	NA	7362.4	787.0	1001.8	214.8	5635.9
通信系统设备制造						
通信终端设备制造	NA	7362.4	787.0	1001.8	214.8	5635.9
广播电视设备制造	NA	14922.1	1167.0	1860.7	693.7	9873.6
广播电视节目制作及发射设备制造						
广播电视接收设备制造						
广播电视专用配件制造						
专业音响设备制造						
应用电视设备及其他广播电视设备制造	NA	14922.1	1167.0	1860.7	693.7	9873.6
雷达及配套设备制造						
非专业视听设备制造	NA	29961.2	11866.9	18940.7	7073.8	16590.9
电视机制造	NA	29961.2	11866.9	18940.7	7073.8	16590.9
音响设备制造						
影视录放设备制造						

单位:万元

应收账款	存货	产成品	负债合计	流动负债合计	应付账款	所有者权益合计	实收资本	国家资本	集体资本
0.2	452.4	4.0	29488.1	29488.1	133.7	-20765.2	3322.2		
0.2	452.4	4.0	29488.1	29488.1	133.7	-20765.2	3322.2		
41.3	228.8	127.4	62228.5	62209.2	244.0	-15526.9	2000.0		
41.3	228.8	127.4	62228.5	62209.2	244.0	-15526.9	2000.0		
388680.0	286788.8	111788.1	2997358.3	2036862.3	747438.8	2515602.3	2666851.1	221873.4	17000.0
3190.7	2774.6	2774.6	8136.4	8136.4	1882.0	6688.0	5434.8		
3190.7	2774.6	2774.6	8136.4	8136.4	1882.0	6688.0	5434.8		
5586.0	4.0		4502.8	4502.8	311.2	2859.6	3000.0		
5586.0	4.0		4502.8	4502.8	311.2	2859.6	3000.0		
7319.2	305.5		7209.5	7209.5	111.5	7712.5	5020.0		
7319.2	305.5		7209.5	7209.5	111.5	7712.5	5020.0		
14761.2	1356.6		21174.1	21174.1	19561.0	8787.1	10000.0		
14761.2	1356.6		21174.1	21174.1	19561.0	8787.1	10000.0		

1-A-6 续表 16

行业	企业单位数(个)	资产总计	固定资产净额	固定资产原价	累计折旧	流动资产合计
智能消费设备制造						
可穿戴智能设备制造						
智能车载设备制造						
智能无人飞行器制造						
服务消费机器人制造						
其他智能消费设备制造						
电子器件制造	NA	2185533.3	1583623.2	1846557.1	262933.9	578102.4
电子真空器件制造						
半导体分立器件制造						
集成电路制造						
显示器件制造	NA	2185533.3	1583623.2	1846557.1	262933.9	578102.4
半导体照明器件制造						
光电子器件制造						
其他电子器件制造						
电子元件及电子专用材料制造	28	3260358.2	1549292.6	2078207.5	317888.7	1097630.0
电阻电容电感元件制造	NA	3650.1	784.0	3671.8	2887.8	2415.6
电子电路制造						
敏感元件及传感器制造						
电声器件及零件制造						
电子专用材料制造	27	3256708.1	1548508.6	2074535.7	315000.9	1095214.4
其他电子元件制造						
其他电子设备制造						
仪器仪表制造业	NA	5691.3	1405.1	2002.2	597.1	4114.8
通用仪器仪表制造						
工业自动控制系统装置制造						
电工仪器仪表制造						
绘图、计算及测量仪器制造						
实验分析仪器制造						
试验机制造						
供应用仪器仪表制造						
其他通用仪器制造						
专用仪器仪表制造	NA	5691.3	1405.1	2002.2	597.1	4114.8
环境监测专用仪器仪表制造						
运输设备及生产用计数仪表制造						
导航、测绘、气象及海洋专用仪器制造						
农林牧渔专用仪器仪表制造						
地质勘探和地震专用仪器制造						
教学专用仪器制造						
核子及核辐射测量仪器制造						
电子测量仪器制造	NA	5691.3	1405.1	2002.2	597.1	4114.8
其他专用仪器制造						
钟表与计时仪器制造						
光学仪器制造						
衡器制造						
其他仪器仪表制造业						

单位:万元

应收账款	存货	产成品	负债合计	流动负债合计	应付账款	所有者权益合计	实收资本	国家资本	集体资本
184418.9	101919.8	65104.5	1121747.9	665238.8	283208.4	1063785.4	1189250.0		
184418.9	101919.8	65104.5	1121747.9	665238.8	283208.4	1063785.4	1189250.0		
173404.0	180428.3	43909.0	1834587.6	1330600.7	442364.7	1425769.7	1454146.3	221873.4	17000.0
1122.6	911.4	745.0	2695.5	2249.0		954.5	200.0		
172281.4	179516.9	43164.0	1831892.1	1328351.7	442364.7	1424815.2	1453946.3	221873.4	17000.0
1568.6	896.3	320.6	952.1	952.1	558.5	4739.2	4739.2		
1568.6	896.3	320.6	952.1	952.1	558.5	4739.2	4739.2		
1568.6	896.3	320.6	952.1	952.1	558.5	4739.2	4739.2		

1-A-6 续表17

行业	企业单位数(个)	资产总计	固定资产净额	固定资产原价	累计折旧	流动资产合计
其他制造业						
日用杂品制造						
鬃毛加工、制刷及清扫工具制造						
其他日用杂品制造						
废弃资源综合利用业	16	227177.4	93388.0	116524.6	21225.9	116839.3
金属废料和碎屑加工处理	10	172964.8	62073.0	79870.9	17792.7	99358.7
非金属废料和碎屑加工处理	6	54212.6	31315.0	36653.7	3433.2	17480.6
金属制品、机械和设备修理业	4	56300.2	13691.7	17758.0	4066.2	40238.3
金属制品修理	NA	2849.5	0.8	74.6	73.8	2848.7
通用设备修理						
专用设备修理						
铁路、船舶、航空航天等运输设备修理	NA	2482.9	110.1	357.0	246.9	2278.0
铁路运输设备修理	NA	2482.9	110.1	357.0	246.9	2278.0
船舶修理						
航空航天器修理						
其他运输设备修理						
电气设备修理	NA	47649.1	13315.0	16919.3	3604.3	32064.7
仪器仪表修理						
其他机械和设备修理业	NA	3318.7	265.8	407.1	141.2	3046.9
电力、热力、燃气及水生产和供应业	**609**	**77045843.6**	**46813128.5**	**79813053.4**	**31765071.0**	**18172770.0**
电力、热力生产和供应业	518	68751334.8	43291665.6	74951816.3	30532931.9	15813599.0
电力生产	420	48890822.5	32371890.8	53980479.7	20562149.2	9833003.3
火力发电	37	13936204.3	9748547.5	19025300.2	8998471.7	2497683.2
热电联产	52	10621113.3	6150667.0	11158732.7	4766828.8	2034680.7
水力发电	4	1089731.0	947590.1	1507268.1	559677.8	77453.7
核力发电						
风力发电	215	17837066.7	12403446.8	18454002.1	5586146.6	3372934.3
太阳能发电	106	5226473.7	3008081.0	3668332.3	597738.6	1797512.3
生物质能发电	6	180233.5	113558.4	166844.3	53285.7	52739.1
其他电力生产						
电力供应	NA	14609271.1	8760268.7	17481346.2	8721077.6	3847849.5
热力生产和供应	95	5251241.2	2159506.1	3489990.4	1249705.1	2132746.2
燃气生产和供应业	45	5226702.5	2398848.0	3146589.8	662876.7	1155083.5
燃气生产和供应业	44	5167376.8	2383766.2	3128748.0	660116.7	1140427.8
天然气生产和供应业	41	2127741.4	624155.5	1032547.9	345561.0	978795.6
液化石油气生产和供应业						
煤气生产和供应业	NA	3039635.4	1759610.7	2096200.1	314555.7	161632.2
生物质燃气生产和供应业	NA	59325.7	15081.8	17841.8	2760.0	14655.7
水的生产和供应业	46	3067806.3	1122614.9	1714647.3	569262.4	1204087.5
自来水生产和供应	34	2570497.6	1038161.7	1600680.5	542686.6	1010689.4
污水处理及其再生利用	12	497308.7	84453.2	113966.8	26575.8	193398.1
海水淡化处理						
其他水的处理、利用与分配						

单位:万元

应收账款	存货	产成品	负债合计	流动负债合计	应付账款	所有者权益合计	实收资本	国家资本	集体资本
58668.8	29625.6	3477.1	142226.6	134466.7	47571.4	84950.3	58684.8	1990.0	2000.0
46984.3	27271.1	3101.4	119204.4	112046.1	33944.6	53760.2	32903.0	1990.0	
11684.5	2354.5	375.7	23022.2	22420.6	13626.8	31190.1	25781.8		2000.0
23241.1	6864.9	59.7	34848.0	34848.0	11973.8	21452.3	5990.9	5500.5	460.4
1579.3			2510.7	2510.7	-38.0	338.8	30.0		
1875.6	164.3	59.7	1925.7	1925.7	1875.6	557.2	160.4		160.4
1875.6	164.3	59.7	1925.7	1925.7	1875.6	557.2	160.4		160.4
17516.2	6695.8		27201.8	27201.8	9363.3	20447.3	5500.5	5500.5	
2270.0	4.8		3209.8	3209.8	772.9	109.0	300.0		300.0
5538324.1	**640192.2**	**38885.5**	**53773472.6**	**29035924.3**	**7189688.0**	**23272364.1**	**32509156.6**	**10649960.8**	**111575.2**
5046590.6	538760.2	22516.3	47647013.1	24456580.0	6653199.1	21104316.0	15696413.9	9664384.0	95055.2
3825352.1	400742.2	18720.5	34127137.9	16251009.0	3299192.3	14763678.9	12408342.9	6721679.0	95055.2
695315.1	216199.8	10639.8	9878078.4	5323500.5	1271847.4	4058125.7	3464018.1	2198211.9	4300.0
359928.8	134011.6	4863.4	8399061.3	5113052.4	965110.0	2222052.9	2667557.8	1079448.2	5600.0
32051.0	2753.0		709204.3	177480.3	8067.1	380526.5	301243.0	166243.0	
1809842.9	38164.8	2336.2	11329178.4	3854199.1	668614.6	6507884.3	4857133.8	3008833.9	24860.0
903861.5	1746.1	47.1	3654986.8	1656833.0	374348.5	1571484.7	1027090.2	252742.0	60295.2
24352.8	7866.9	834.0	156628.7	125943.7	11204.7	23604.8	91300.0	16200.0	
1016520.5	25588.0	29.8	9533989.2	5895929.8	2911888.9	5075281.9	2477916.3	2477916.3	
204718.0	112430.0	3766.0	3985886.0	2309641.2	442117.9	1265355.2	810154.7	464788.7	
221170.6	77273.1	15424.3	4182368.9	3513714.0	385223.4	1044333.1	16094349.3	543328.6	6750.0
216701.8	75674.5	15424.3	4164810.2	3501973.5	381559.5	1002566.2	16054074.3	543328.6	6750.0
182217.1	33788.6	12278.4	1606204.6	1006624.1	206548.5	521536.4	15395408.1	34231.2	6750.0
34484.7	41885.9	3145.9	2558605.6	2495349.4	175011.0	481029.8	658666.2	509097.4	
4468.8	1598.6		17558.7	11740.5	3663.9	41766.9	40275.0		
270562.9	24158.9	944.9	1944090.6	1065630.3	151265.5	1123715.0	718393.4	442248.2	9770.0
216957.7	19448.3	184.1	1622721.6	910911.6	99387.8	947775.1	593342.8	386767.6	5850.0
53605.2	4710.6	760.8	321369.0	154718.7	51877.7	175939.9	125050.6	55480.6	3920.0

1-A-6 续表 18

行 业	法人资本	个人资本	港澳台资本	外商资本	营业收入	营业成本
总 计	**57868001.2**	**13982609.8**	**878804.4**	**922005.6**	**147918671.4**	**115422293.0**
采矿业	**5121066.8**	**1818869.6**	**101932.1**	**33819.2**	**34180421.3**	**20850758.9**
煤炭开采和洗选业	4325703.4	1493947.8	92932.1	30851.5	29634719.8	18203169.1
烟煤和无烟煤开采洗选	3738984.6	1349841.7	90185.8	8412.0	24047499.2	15024164.6
褐煤开采洗选	586718.8	144106.1	2746.3	22439.5	5587220.6	3179004.5
其他煤炭采选						
石油和天然气开采业	1000.0	2300.0			273063.2	263869.8
石油开采	1000.0	2300.0			273063.2	263869.8
陆地石油开采	1000.0	2300.0			273063.2	263869.8
海洋石油开采						
天然气开采						
陆地天然气开采						
海洋天然气及可燃冰开采						
黑色金属矿采选业	189417.5	79340.7	9000.0		1453391.4	1036533.8
铁矿采选	189417.5	79340.7	9000.0		1453391.4	1036533.8
锰矿、铬矿采选						
其他黑色金属矿采选						
有色金属矿采选业	555588.1	196531.5		2437.7	2508273.8	1154598.2
常用有色金属矿采选	423527.1	171950.8			1935596.9	838756.8
铜矿采选	92300.0	8627.0			558099.5	328324.3
铅锌矿采选	331227.1	163323.8			1377497.4	510432.5
镍钴矿采选						
锡矿采选						
锑矿采选						
铝矿采选						
镁矿采选						
其他常用有色金属矿采选						
贵金属矿采选	4050.0	7400.0			75551.6	45157.7
金矿采选	4050.0	2900.0			21818.9	16574.7
银矿采选		4500.0			53732.7	28583.0
稀有稀土金属矿采选	128011.0	17180.7		2437.7	497125.3	270683.7
钨钼矿采选	127711.0	15128.0			88047.2	59998.9
稀土金属矿采选	300.0	200.0			394315.2	194691.6
其他稀有金属矿采选		1852.7		2437.7	14762.9	15993.2
非金属矿采选业	49357.8	46749.6		530.0	310973.1	192588.0
土砂石开采	26423.8	46749.6		530.0	249298.3	154177.4
石灰石、石膏开采	4920.9	3250.0		530.0	45347.3	29696.2
建筑装饰用石开采	9839.9				6874.3	6019.9
耐火土石开采	8000.0	32858.1			94665.4	67213.5
粘土及其他土砂石开采	3663.0	10641.5			102411.3	51247.8
化学矿开采						
采盐	6615.0				6653.0	2997.7
石棉及其他非金属矿采选	16319.0				55021.8	35412.9
石棉、云母矿采选						
石墨、滑石采选	10080.0				3388.8	2956.6

单位：万元

销售费用	管理费用	财务费用			投资收益（损失以“-”号记）	营业利润	利润总额	亏损企业亏损额	平均用工人数（人）
			利息收入	利息支出					
4439893.9	**5848039.0**	**4644906.6**	**397899.5**	**4452459.7**	**1727674.3**	**14343128.2**	**14406552.2**	**2742929.4**	**845002**
718040.8	**2105607.1**	**1051517.0**	**122963.6**	**976438.8**	**228023.3**	**7237992.2**	**7068300.5**	**599506.1**	**219458**
623526.1	1733668.0	821370.7	78810.6	700293.4	191838.6	6336652.1	6199261.9	409647.1	177194
474673.8	1246854.8	663406.6	53248.9	542646.5	287999.5	5297463.4	5178062.5	205744.9	115401
148852.3	486813.2	157964.1	25561.7	157646.9	-96160.9	1039188.7	1021199.4	203902.2	61793
870.1	2487.1	2051.2	282.0	2811.1	106.2	-13993.0	-15245.0	19692.2	3307
870.1	2487.1	2051.2	282.0	2811.1	106.2	-13993.0	-15245.0	19692.2	3307
870.1	2487.1	2051.2	282.0	2811.1	106.2	-13993.0	-15245.0	19692.2	3307
25737.6	172661.9	175261.9	42318.7	213357.4	30855.0	-2020.2	-19988.6	139617.6	16237
25737.6	172661.9	175261.9	42318.7	213357.4	30855.0	-2020.2	-19988.6	139617.6	16237
9904.0	173345.4	48854.2	1540.0	56640.4	5164.2	892425.2	879315.5	28569.6	18379
6618.9	140537.6	32670.1	-2636.2	36243.5	5038.2	704003.1	691719.8	5479.3	14863
2812.9	40043.0	11244.2	-2420.9	13560.1	-200.4	131196.1	128002.3	2964.0	4349
3806.0	100494.6	21425.9	-215.3	22683.4	5238.6	572807.0	563717.5	2515.3	10514
441.9	9476.5	1628.3	4172.8	5823.5	126.0	17455.7	15855.4	1746.6	665
441.9	4639.5	816.9	-11.0	828.3	126.0	-1212.2	-1193.1	1746.6	300
	4837.0	811.4	4183.8	4995.2		18667.9	17048.5		365
2843.2	23331.3	14555.8	3.4	14573.4		170966.4	171740.3	21343.7	2851
176.0	15256.2	10123.6	2.1	10125.3		-7718.0	-6521.7	7475.4	792
2653.7	1134.8	109.9	-2.4	123.8		192193.5	192130.3		986
13.5	6940.3	4322.3	3.7	4324.3		-13509.1	-13868.3	13868.3	1073
58003.0	23444.7	3979.0	12.3	3336.5	59.3	24928.1	24956.7	1979.6	4341
42785.9	18745.4	2871.4	10.4	2414.3		23852.2	23547.8	1979.6	3169
6549.2	4487.8	503.0	0.5	345.8		2470.5	1775.9	474.7	504
573.9	416.3	-0.2	-0.3			-299.3	-367.3	367.3	27
3322.1	6868.4	1458.4	8.1	1355.9		13385.5	13188.1	1057.8	1236
32340.7	6972.9	910.2	2.1	712.6		8295.5	8951.1	79.8	1402
426.3	1768.1	809.1	0.5	787.7	59.3	183.8	218.6		288
14790.8	2931.2	298.5	1.4	134.5		892.1	1190.3		884
	709.2	-1.8				-300.6	12.8		182

1-A-6 续表 19

行业	法人资本	个人资本	港澳台资本	外商资本	营业收入	营业成本
宝石、玉石采选						
其他未列明非金属矿采选	6239.0				51633.0	32456.3
开采专业及辅助性活动						
煤炭开采和洗选专业及辅助性活动						
石油和天然气开采专业及辅助性活动						
其他开采专业及辅助性活动						
其他采矿业						
制造业	**32733352.2**	**10894571.8**	**637632.5**	**617757.2**	**88796771.2**	**73583562.2**
农副食品加工业	11581403.6	1780113.4	38749.5	29239.9	4156890.8	3714406.2
谷物磨制	88277.9	16986.3	1000.0		265861.9	217511.1
稻谷加工	36161.0	4983.5			83151.4	68333.8
小麦加工	21838.9	3102.8	1000.0		122362.8	104419.9
玉米加工						
杂粮加工	3278.0	900.0			23345.3	19626.1
其他谷物磨制	27000.0	8000.0			37002.4	25131.3
饲料加工	138285.3	31800.3		7363.7	943559.6	804383.7
宠物饲料加工	500.0	300.0			14425.1	13026.3
其他饲料加工	137785.3	31500.3		7363.7	929134.5	791357.4
植物油加工	16880.2	20584.0		3058.0	214117.1	191362.1
食用植物油加工	16250.2	19714.0		3058.0	209293.5	186957.6
非食用植物油加工	630.0	870.0			4823.6	4404.5
制糖业	49000.0	32106.0		17000.0	213529.3	194660.9
屠宰及肉类加工	10177137.7	1639389.7	7399.6	1818.2	1842999.7	1701929.8
牲畜屠宰	10138142.5	1618721.4			1392798.9	1318227.8
禽类屠宰		150.0			1660.8	1607.8
肉制品及副产品加工	38995.2	20518.3	7399.6	1818.2	448540.0	382094.2
水产品加工						
水产品冷冻加工						
鱼糜制品及水产品干腌制加工						
鱼油提取及制品制造						
其他水产品加工						
蔬菜、菌类、水果和坚果加工	55641.0	9069.8			146465.3	134538.7
蔬菜加工						
食用菌加工						
水果和坚果加工	55641.0	9069.8			146465.3	134538.7
其他农副食品加工	1056181.5	30177.3	30349.9		530357.9	470019.9
淀粉及淀粉制品制造	1055881.5	29877.3			487588.1	437875.6
豆制品制造	300.0	300.0			3914.9	3388.7
蛋品加工						
其他未列明农副食品加工			30349.9		38854.9	28755.6
食品制造业	530876.4	1266497.4	61268.0	26426.7	10668204.8	8095420.5
焙烤食品制造	14657.8	1080.0			38005.7	25846.4
糕点、面包制造	12000.0	1080.0			32529.1	20860.2
饼干及其他焙烤食品制造	2657.8				5476.6	4986.2
糖果、巧克力及蜜饯制造						
糖果、巧克力制造						
蜜饯制作						

单位:万元

销售费用	管理费用	财务费用			投资收益（损失以“-”号记）	营业利润	利润总额	亏损企业亏损额	平均用工人数（人）
			利息收入	利息支出					
14790.8	2222.0	300.3	1.4	134.5		1192.7	1177.5		702
3562175.5	**3274004.1**	**1924783.1**	**209584.6**	**1926698.6**	**1066696.3**	**5355455.7**	**5449047.8**	**1382173.6**	**481071**
140246.6	151544.9	62818.7	-4703.4	56759.0	12099.7	83523.0	100374.3	70126.3	30834
15977.9	13190.1	5749.6	-27.5	4076.8		1203.1	-88.7	15080.5	1741
2047.1	5675.7	898.6	17.6	579.5		5520.0	3265.7	1341.5	778
3916.1	4074.9	3212.9	-56.7	2608.0		6541.5	7161.6	516.5	441
440.7	808.5	701.3	0.3	186.4		1729.6	1943.5	264.3	260
9574.0	2631.0	936.8	11.3	702.9		-12588.0	-12459.5	12958.2	262
51290.6	46554.0	12045.3	-248.7	10734.1	7702.9	44038.2	45384.2	2111.4	5660
310.6	557.7	8.6				520.3	521.8		124
50980.0	45996.3	12036.7	-248.7	10734.1	7702.9	43517.9	44862.4	2111.4	5536
9388.6	10096.4	9519.9	119.0	9110.6	54.0	-1908.2	-403.7	11772.7	1510
9235.4	9807.0	9504.7	118.8	9093.3	54.0	-1858.6	-366.1	11735.1	1459
153.2	289.4	15.2	0.2	17.3		-49.6	-37.6	37.6	51
2118.8	11040.0	3070.6	-1413.4	5299.5	2361.2	907.2	903.4	1630.2	2294
40872.0	48057.8	20219.6	-3348.3	17818.4	1715.9	24172.7	35874.5	31397.4	15267
26325.0	34948.5	17664.4	-179.8	12443.3	1621.2	-8297.5	2338.7	23174.3	9697
	73.9					-20.9	-20.9	20.9	19
14547.0	13035.4	2555.2	-3168.5	5375.1	94.7	32491.1	33556.7	8202.2	5551
5526.4	3190.3	1103.9	52.1	1018.2		1389.6	1493.3	794.7	811
5526.4	3190.3	1103.9	52.1	1018.2		1389.6	1493.3	794.7	811
15072.3	19416.3	11109.8	163.4	8701.4	265.7	13720.4	17211.3	7339.4	3551
9880.2	15937.5	9581.7	156.3	7421.9	265.7	12926.3	16247.3	4536.2	2926
296.5	242.1	45.0		45.0		-60.8	-61.3	100.8	166
4895.6	3236.7	1483.1	7.1	1234.5		854.9	1025.3	2702.4	459
1559669.9	304046.2	-22400.7	85740.8	69391.2	496664.0	1148944.5	1149911.0	108589.1	44641
4922.1	1182.8	14.5	2.6	2.1		5467.1	6132.7		728
4760.9	852.7	14.9	3.8	2.1		5483.3	6121.5		622
161.2	330.1	-0.4	-1.2			-16.2	11.2		106

1-A-6 续表 20

行业	法人资本	个人资本	港澳台资本	外商资本	营业收入	营业成本
方便食品制造	4150.0	1700.0			20666.4	20885.6
米、面制品制造						
速冻食品制造	2350.0				19594.6	20006.8
方便面制造						
其他方便食品制造	1800.0	1700.0			1071.8	878.8
乳制品制造	367118.0	852751.9		13344.6	8516775.7	6318782.8
液体乳制造	273868.0	760241.9		6792.0	8100711.0	5955835.5
乳粉制造	84500.0	92010.0		6552.6	323857.9	284817.7
其他乳制品制造	8750.0	500.0			92206.8	78129.6
罐头食品制造	5000.0			4910.0	9341.4	7938.9
肉、禽类罐头制造						
水产品罐头制造						
蔬菜、水果罐头制造				4910.0	5330.7	4578.4
其他罐头食品制造	5000.0				4010.7	3360.5
调味品、发酵制品制造	35756.4	302664.6	61268.0	8172.1	1781543.6	1494698.3
味精制造		280000.0	61268.0		1599876.4	1352258.4
酱油、食醋及类似制品制造	787.4	7862.6		1200.0	10365.2	8197.4
其他调味品、发酵制品制造	34969.0	14802.0		6972.1	171302.0	134242.5
其他食品制造	104194.2	108300.9			301872.0	227268.5
营养食品制造						
保健食品制造	8000.0	5430.3			7502.6	4572.0
冷冻饮品及食用冰制造	540.0	13000.0			7412.8	6292.7
盐加工	14605.9				84562.6	71722.7
食品及饲料添加剂制造	79263.7	89870.6			195672.7	138797.3
其他未列明食品制造	1784.6				6721.3	5883.8
酒、饮料和精制茶制造业	406864.6	65794.8	2097.8	20695.8	658566.5	461461.2
酒的制造	375840.8	47320.4	2097.8	9808.1	512106.9	343763.2
酒精制造	10000.0	6006.0			125769.4	119993.9
白酒制造	219937.8	35159.5			170677.7	88586.7
啤酒制造	145903.0	6154.9	2097.8	9808.1	215659.8	135182.6
黄酒制造						
葡萄酒制造						
其他酒制造						
饮料制造	31023.8	18474.4		10887.7	146459.6	117698.0
碳酸饮料制造	4800.0	3000.0			58510.0	42330.6
瓶(罐)装饮用水制造	18383.0			3089.4	6000.7	7261.5
果菜汁及果菜汁饮料制造	6840.8	5459.2			9073.7	6844.9
含乳饮料和植物蛋白饮料制造	1000.0	7015.2			16324.1	11868.0
固体饮料制造		3000.0			9681.5	5998.6
茶饮料及其他饮料制造				7798.3	46869.6	43394.4
精制茶加工						
烟草制品业	11308.6				1036806.6	286203.2
烟叶复烤						
卷烟制造	11308.6				1036806.6	286203.2
其他烟草制品制造						
纺织业	59719.0	46037.8		2664.0	446601.0	403443.0
棉纺织及印染精加工		2100.0			5890.0	5605.1

单位:万元

销售费用	管理费用	财务费用			投资收益（损失以“-”号记）	营业利润	利润总额	亏损企业亏损额	平均用工人数（人）
			利息收入	利息支出					
1096.2	1219.6	804.5	275.0	40.4	-100.0	-3664.8	-3602.8	3602.8	277
693.2	894.4	274.8	275.0	0.3	-100.0	-2599.9	-2606.9	2606.9	211
403.0	325.2	529.7		40.1		-1064.9	-995.9	995.9	66
1483748.1	193766.7	-49617.4	78908.2	32853.0	473968.3	999084.6	994077.7	77633.7	24720
1468702.6	175239.6	-53650.4	78160.2	30538.1	473968.3	992664.2	991218.7	54044.0	21699
7146.5	15880.5	3797.7	849.3	1984.7		3528.8	-516.8	23589.7	2386
7899.0	2646.6	235.3	-101.3	330.2		2891.6	3375.8		635
651.9	524.6	99.1	163.0	262.0		39.0	58.5	67.8	76
540.8	163.0	-163.0	163.0			126.3	126.3		61
111.1	361.6	262.1		262.0		-87.3	-67.8	67.8	15
47868.8	68763.2	19793.1	-347.2	21668.0	14516.0	139198.8	144983.2	3618.7	12558
31299.2	58410.7	14385.4	-80.2	18720.8	15566.0	136136.4	141190.8		9885
704.0	1256.6	240.5	1.1	242.7		-142.5	271.3	169.7	358
15865.6	9095.9	5167.2	-268.1	2704.5	-1050.0	3204.9	3521.1	3449.0	2315
21382.8	38589.3	6505.5	6739.2	14565.7	8279.7	8819.8	8261.7	23666.1	6282
612.8	1285.9	485.9	0.4	2.7		480.8	598.2	456.1	154
562.5	720.6	203.6	3.6	203.5		-503.1	-793.6	853.4	241
6485.4	7692.9	494.9	3203.2	3408.2	6134.4	568.2	99.3	2833.3	2640
13551.3	28452.0	5320.7	3531.5	10951.3	2165.1	8113.5	8269.9	19523.3	3127
170.8	437.9	0.4	0.5		-19.8	160.4	87.9		120
50660.6	65234.9	12735.9	-88.9	12963.8	4294.3	10445.7	18872.6	21536.9	15120
32753.4	55882.8	9199.1	-146.9	9373.9	4040.2	13274.4	19697.8	15861.1	13364
1975.1	3395.8	992.1	0.1	999.0	4.8	-1510.4	-2172.0	4056.9	743
15669.8	23697.3	7952.5	7.8	7702.6	4035.4	4425.3	11316.8	6219.4	6845
15108.5	28789.7	254.5	-154.8	672.3		10359.5	10553.0	5584.8	5776
17907.2	9352.1	3536.8	58.0	3589.9	254.1	-2828.7	-825.2	5675.8	1756
13144.3	1101.5	256.1	14.7	273.8	254.1	1375.5	1502.1		663
566.1	3945.8	540.7	-1.2	541.3		-6432.3	-4952.6	5187.5	313
682.3	624.2	328.4	37.0	365.4		474.1	496.8		222
2169.2	2041.9	482.1		481.4		-409.6	-91.1	488.3	235
1345.3	1040.8	462.4	1.3	463.7		753.4	740.3		135
	597.9	1467.1	6.2	1464.3		1410.2	1479.3		188
19682.3	69132.5	-7369.7	7408.3			61246.0	58522.6		2663
19682.3	69132.5	-7369.7	7408.3			61246.0	58522.6		2663
7266.9	12309.5	10383.7	68.5	8902.6	3223.0	15047.2	18393.6	9563.4	6241
	283.0	35.5				-40.7	-120.9	120.9	422

1-A-6 续表21

行业	法人资本	个人资本	港澳台资本	外商资本	营业收入	营业成本
棉纺纱加工		2100.0			5890.0	5605.1
棉织造加工						
棉印染精加工						
毛纺织及染整精加工	40566.8	40137.8		2664.0	285508.3	270128.6
毛条和毛纱线加工	10384.2	23260.6			197190.1	188827.1
毛织造加工	30182.6	16877.2		2664.0	88318.2	81301.5
毛染整精加工						
麻纺织及染整精加工						
麻纤维纺前加工和纺纱						
麻织造加工						
丝绢纺织及印染精加工						
缫丝加工						
绢纺和丝织加工						
丝印染精加工						
化纤织造及印染精加工						
化纤织造加工						
化纤织物染整精加工						
针织或钩针编织物及其制品制造	19152.2	3800.0			155202.7	127709.3
针织或钩针编织物织造	18842.2	3800.0			153177.3	125810.6
针织或钩针编织物印染精加工	310.0				2025.4	1898.7
针织或钩针编织品制造						
家用纺织制成品制造						
床上用品制造						
毛巾类制品制造						
窗帘、布艺类产品制造						
其他家用纺织制成品制造						
产业用纺织制成品制造						
非织造布制造						
绳、索、缆制造						
纺织带和帘子布制造						
篷、帆布制造						
其他产业用纺织制成品制造						
纺织服装、服饰业	126257.8	64742.7	206.7		452474.3	344335.3
机织服装制造	12528.3	1620.0	206.7		39594.7	33119.4
运动机织服装制造						
其他机织服装制造	12528.3	1620.0	206.7		39594.7	33119.4
针织或钩针编织服装制造	109729.5	37301.0			346266.8	251872.9
运动休闲针织服装制造						
其他针织或钩针编织服装制造	109729.5	37301.0			346266.8	251872.9
服饰制造	4000.0	25821.7			66612.8	59343.0
皮革、毛皮、羽毛及其制品和制鞋业	5230.0	5100.0			38431.9	31689.4
皮革鞣制加工						
皮革制品制造						
皮革服装制造						
皮箱、包(袋)制造						
皮手套及皮装饰制品制造						
其他皮革制品制造						

单位:万元

销售费用	管理费用	财务费用			投资收益（损失以“-”号记）	营业利润	利润总额	亏损企业亏损额	平均用工人数（人）
			利息收入	利息支出					
	283.0	35.5				-40.7	-120.9	120.9	422
3225.0	7179.3	6064.4	10.6	5096.5	3223.0	1180.8	3829.7	5260.9	3619
1710.9	2787.2	4194.7	0.8	3956.2		-1068.0	294.7	1483.6	1244
1514.1	4392.1	1869.7	9.8	1140.3	3223.0	2248.8	3535.0	3777.3	2375
4041.9	4847.2	4283.8	57.9	3806.1		13907.1	14684.8	4181.6	2200
4020.7	4715.5	4283.6	57.9	3805.9		13933.5	14682.5	4181.6	2173
21.2	131.7	0.2		0.2		-26.4	2.3		27
12359.8	40678.2	52566.2	4906.9	41134.8	117150.7	112466.9	113281.7	3554.6	9805
1491.7	5338.8	600.4	16.0	592.5		-1382.7	-1401.2	2499.0	1674
1491.7	5338.8	600.4	16.0	592.5		-1382.7	-1401.2	2499.0	1674
8869.2	31163.8	51457.8	4754.2	40360.7	117150.7	113507.6	114057.4	1050.3	6434
8869.2	31163.8	51457.8	4754.2	40360.7	117150.7	113507.6	114057.4	1050.3	6434
1998.9	4175.6	508.0	136.7	181.6		342.0	625.5	5.3	1697
690.9	2836.2	250.3	7.6	115.5		2781.8	3039.5		2153

1-A-6 续表22

行业	法人资本	个人资本	港澳台资本	外商资本	营业收入	营业成本
毛皮鞣制及制品加工	2930.0				8551.5	6389.1
毛皮鞣制加工	2930.0				8551.5	6389.1
毛皮服装加工						
其他毛皮制品加工						
羽毛(绒)加工及制品制造						
羽毛(绒)加工						
羽毛(绒)制品加工						
制鞋业	2300.0	5100.0			29880.4	25300.3
纺织面料鞋制造						
皮鞋制造	2300.0	5100.0			29880.4	25300.3
塑料鞋制造						
橡胶鞋制造						
其他制鞋业						
木材加工和木、竹、藤、棕、草制品业	22257.0	8439.9			87631.9	77393.5
木材加工	8900.0	5939.9			60341.5	54590.5
锯材加工	8900.0	5539.9			56120.5	51987.5
木片加工						
单板加工		400.0			4221.0	2603.0
其他木材加工						
人造板制造	3357.0	1000.0			17318.9	14661.0
胶合板制造	2857.0	1000.0			13936.8	11301.0
纤维板制造						
刨花板制造						
其他人造板制造	500.0				3382.1	3360.0
木质制品制造	10000.0	500.0			2890.6	3468.9
建筑用木料及木材组件加工		500.0			725.5	681.8
木门窗制造	10000.0				2165.1	2787.1
木楼梯制造						
木地板制造						
木制容器制造						
软木制品及其他木制品制造						
竹、藤、棕、草等制品制造		1000.0			7080.9	4673.1
竹制品制造						
藤制品制造						
棕制品制造						
草及其他制品制造		1000.0			7080.9	4673.1
家具制造业	7185.0				4319.0	3428.3
木质家具制造	7185.0				4319.0	3428.3
竹、藤家具制造						
金属家具制造						
塑料家具制造						
其他家具制造						
造纸和纸制品业	26398.4	2500.0	13665.0	32044.6	629629.2	464159.4
纸浆制造					33171.0	27843.7
木竹浆制造					33171.0	27843.7
非木竹浆制造						
造纸	4035.0				982.5	1324.7

单位:万元

销售费用	管理费用	财务费用			投资收益（损失以“-”号记）	营业利润	利润总额	亏损企业亏损额	平均用工人数（人）
			利息收入	利息支出					
496.4	1178.3	83.0	-3.8	114.8		404.7	387.4		540
496.4	1178.3	83.0	-3.8	114.8		404.7	387.4		540
194.5	1657.9	167.3	11.4	0.7		2377.1	2652.1		1613
194.5	1657.9	167.3	11.4	0.7		2377.1	2652.1		1613
3899.3	5252.0	1647.8	10.3	1276.9		-1109.5	-587.6	4228.4	2314
2954.2	2608.0	1082.9	8.6	826.4		-1226.7	-948.0	2154.5	1145
2581.4	1945.9	1075.7	8.6	826.4		-1726.7	-1603.8	2154.5	965
372.8	662.1	7.2				500.0	655.8		180
300.9	1201.8	308.3	3.3	311.6		767.2	891.6	117.7	737
300.9	1181.0	308.2	3.2	311.4		767.9	892.3	117.0	643
	20.8	0.1	0.1	0.2		-0.7	-0.7	0.7	94
222.7	973.6	196.6	-1.6	138.9		-2059.2	-1956.2	1956.2	274
1.9	41.0	20.5				-45.3	-45.3	45.3	23
220.8	932.6	176.1	-1.6	138.9		-2013.9	-1910.9	1910.9	251
421.5	468.6	60.0				1409.2	1425.0		158
421.5	468.6	60.0				1409.2	1425.0		158
72.2	397.2	290.5	0.2	278.1		10.1	-2.8	2.8	230
72.2	397.2	290.5	0.2	278.1		10.1	-2.8	2.8	230
21666.6	42996.8	359.6	-494.9	1050.3	1734.2	98860.2	100755.2	1807.8	3732
1143.9	2281.8	-3.6	4.0		294.8	1668.5	1670.8		934
1143.9	2281.8	-3.6	4.0		294.8	1668.5	1670.8		934
19.9	147.2	0.1				-521.9	-526.4	526.4	60

1-A-6 续表23

行业	法人资本	个人资本	港澳台资本	外商资本	营业收入	营业成本
机制纸及纸板制造	4035.0				982.5	1324.7
手工纸制造						
加工纸制造						
纸制品制造	22363.4	2500.0	13665.0	32044.6	595475.7	434991.0
纸和纸板容器制造	15825.0	2500.0	13665.0	32044.6	578732.9	420426.9
其他纸制品制造	6538.4				16742.8	14564.1
印刷和记录媒介复制业	2226.1	1600.0			31467.3	25162.8
印刷	2226.1	1600.0			31467.3	25162.8
书、报刊印刷	1226.1				11526.0	7843.4
本册印制						
包装装潢及其他印刷	1000.0	1600.0			19941.3	17319.4
装订及印刷相关服务						
记录媒介复制						
文教、工美、体育和娱乐用品制造业					3484.4	234.5
文教办公用品制造						
文具制造						
笔的制造						
教学用模型及教具制造						
墨水、墨汁制造						
其他文教办公用品制造						
乐器制造						
中乐器制造						
西乐器制造						
电子乐器制造						
其他乐器及零件制造						
工艺美术及礼仪用品制造					3484.4	234.5
雕塑工艺品制造					3484.4	234.5
金属工艺品制造						
漆器工艺品制造						
花画工艺品制造						
天然植物纤维编织工艺品制造						
抽纱刺绣工艺品制造						
地毯、挂毯制造						
珠宝首饰及有关物品制造						
其他工艺美术及礼仪用品制造						
体育用品制造						
球类制造						
专项运动器材及配件制造						
健身器材制造						
运动防护用具制造						
其他体育用品制造						
玩具制造						
电玩具制造						
塑胶玩具制造						
金属玩具制造						
弹射玩具制造						
娃娃玩具制造						

单位:万元

销售费用	管理费用	财务费用			投资收益（损失以“-”号记）	营业利润	利润总额	亏损企业亏损额	平均用工人数（人）
			利息收入	利息支出					
19.9	147.2	0.1				-521.9	-526.4	526.4	60
20502.8	40567.8	363.1	-498.9	1050.3	1439.4	97713.6	99610.8	1281.4	2738
19770.6	40034.4	346.0	-527.2	1006.8	1411.3	97168.5	99243.7	1281.4	2488
732.2	533.4	17.1	28.3	43.5	28.1	545.1	367.1		250
825.2	4149.9	679.7	27.9	64.8		377.4	1288.7	275.3	885
825.2	4149.9	679.7	27.9	64.8		377.4	1288.7	275.3	885
470.0	2457.1	101.4	28.6			473.5	984.1		520
355.2	1692.8	578.3	-0.7	64.8		-96.1	304.6	275.3	365
232.0	536.1	493.7	-0.8	494.4		1378.6	1261.9		243
232.0	536.1	493.7	-0.8	494.4		1378.6	1261.9		243
232.0	536.1	493.7	-0.8	494.4		1378.6	1261.9		243

1-A-6 续表 24

行　业	法人资本	个人资本	港澳台资本	外商资本	营业收入	营业成本
儿童乘骑玩耍的童车类产品制造						
其他玩具制造						
游艺器材及娱乐用品制造						
露天游乐场所游乐设备制造						
游艺用品及室内游艺器材制造						
其他娱乐用品制造						
石油、煤炭及其他燃料加工业	840883.7	215785.7			7911669.1	6023632.1
精炼石油产品制造	334260.7	490.0			2988134.3	2018862.2
原油加工及石油制品制造	239260.7	490.0			2849925.4	1891443.6
其他原油制造	95000.0				138208.9	127418.6
煤炭加工	506623.0	215295.7			4923534.8	4004769.9
炼焦	492123.0	208592.3			4799252.9	3904100.4
煤制合成气生产						
煤制液体燃料生产						
煤制品制造	5000.0	6703.4			71474.4	65759.5
其他煤炭加工	9500.0				52807.5	34910.0
生物质燃料加工						
生物质液体燃料生产						
生物质致密成型燃料加工						
化学原料和化学制品制造业	5112923.5	727625.2	112789.2	341443.1	14972791.8	11308057.1
基础化学原料制造	1627918.0	467084.0	53066.2	247206.2	5925453.9	4808874.4
无机酸制造	22900.0	6200.0			118658.5	92840.6
无机碱制造	218457.6	7650.0			617796.6	521402.9
无机盐制造	199955.3	37303.5			1498219.7	1275381.0
有机化学原料制造	661491.1	401440.5	1066.2	157787.3	2750586.3	2205986.2
其他基础化学原料制造	525114.0	14490.0	52000.0	89418.9	940192.8	713263.7
肥料制造	697060.3	12746.6	51533.0	81620.0	1493504.6	1084308.9
氮肥制造	598883.1		51533.0	14000.0	1123019.6	816493.2
磷肥制造						
钾肥制造	1518.8	565.0			21872.4	20541.3
复混肥料制造	96330.4	9341.5		67620.0	320998.9	229290.8
有机肥料及微生物肥料制造	328.0	2840.1			27613.7	17983.6
其他肥料制造						
农药制造	54000.0	2500.0			329690.9	210792.8
化学农药制造	45000.0				94337.5	84816.4
生物化学农药及微生物农药制造	9000.0	2500.0			235353.4	125976.4
涂料、油墨、颜料及类似产品制造	22368.4	2013.5	8190.0		224422.5	177149.0
涂料制造		482.9			2548.7	2006.5
油墨及类似产品制造	1080.2	1118.8	8190.0		7324.2	4468.0
工业颜料制造						
工艺美术颜料制造						
染料制造	21288.2	411.8			214549.6	170674.5
密封用填料及类似品制造						
合成材料制造	2556056.0	187272.8		12351.6	6049893.8	4397512.8
初级形态塑料及合成树脂制造	2478181.0	187232.8			5727452.5	4148162.9
合成橡胶制造						

单位:万元

销售费用	管理费用	财务费用			投资收益（损失以“-”号记）	营业利润	利润总额	亏损企业亏损额	平均用工人数（人）
			利息收入	利息支出					
186667.9	198970.4	132770.8	13287.7	111934.9	-2525.4	603986.1	591753.2	15710.6	23443
5551.9	117575.5	17991.0	1905.8	18634.1		145994.0	135843.2	6711.6	5921
5529.7	116386.3	17991.1	1905.9	18634.1		137456.2	127464.5	6467.8	4901
22.2	1189.2	-0.1	-0.1			8537.8	8378.7	243.8	1020
181116.0	81394.9	114779.8	11381.9	93300.8	-2525.4	457992.1	455910.0	8999.0	17522
177544.8	78539.1	111743.4	11330.1	90381.8	-2525.4	444624.6	442418.3	8289.2	16730
2002.5	1474.7	1179.6	52.4	1061.9		779.6	1002.6	709.8	301
1568.7	1381.1	1856.8	-0.6	1857.1		12587.9	12489.1		491
494838.4	779021.4	677349.6	23528.4	650313.6	77143.9	1563723.4	1530955.0	231203.8	82299
179174.8	241908.2	181358.6	5015.5	164717.2	3023.0	451320.1	446273.6	55931.4	37536
6695.1	7551.9	1159.9	8.9	1120.5	-1790.2	6824.1	6287.1	5987.4	854
35033.0	25122.3	1883.3	-57.1	787.9	-5009.7	22662.2	17208.1	10275.8	4189
82233.3	60285.3	27801.9	5128.8	13430.9	407.6	39693.8	41153.9	27347.4	12296
38491.2	111422.8	117376.8	2694.9	112198.6	4965.9	248555.4	247473.3	8929.5	14406
16722.2	37525.9	33136.7	-2760.0	37179.3	4449.4	133584.6	134151.2	3391.3	5791
77579.4	90503.8	121467.6	2.0	125923.5	18158.6	137056.4	107127.4	48041.4	6967
48532.1	65448.8	75329.8	-2642.8	78324.4	158.6	117768.7	87692.5	47162.5	4965
1014.9	356.1	147.9	-0.5			-189.1	-292.0	383.8	124
20612.0	23412.9	44995.3	2645.0	46659.6	18000.0	19405.3	19654.3		1521
7420.4	1286.0	994.6	0.3	939.5		71.5	72.6	495.1	357
4129.5	23388.1	2187.2	-338.7	2529.2		84775.9	83970.7	306.2	2695
1918.3	2319.5	2977.9	77.1	2520.2		628.3	417.5	306.2	587
2211.2	21068.6	-790.7	-415.8	9.0		84147.6	83553.2		2108
5620.2	5771.0	2942.2	194.7	3203.0	0.7	32334.0	32729.8		1156
175.8	314.5	0.8		0.8		-39.7	39.4		44
926.1	699.1	-109.3	146.2	18.4	0.7	1627.5	1626.5		72
4518.3	4757.4	3050.7	48.5	3183.8		30746.2	31063.9		1040
179073.9	367436.4	359932.7	18704.7	345461.1	48481.1	649188.2	654051.8	121561.5	27678
155279.2	348081.3	348864.9	18710.3	335406.5	49033.2	633736.1	635709.1	120368.7	25841

1-A-6 续表25

行业	法人资本	个人资本	港澳台资本	外商资本	营业收入	营业成本
合成纤维单(聚合)体制造	66651.0	40.0			301864.7	233047.3
其他合成材料制造	11224.0			12351.6	20576.6	16302.6
专用化学产品制造	130383.0	50978.0		265.3	747228.0	532498.9
化学试剂和助剂制造	45412.3	3416.8			404012.0	251413.6
专项化学用品制造	44173.0	9519.8			222993.6	199264.0
林产化学产品制造	16000.0				5851.7	4060.2
文化用信息化学品制造	3688.0				13436.0	12111.2
医学生产用信息化学品制造						
环境污染处理专用药剂材料制造	3000.0				47450.1	23343.1
动物胶制造	18109.7	24653.4		265.3	45274.8	35339.2
其他专用化学产品制造		13388.0			8209.8	6967.6
炸药、火工及焰火产品制造	25137.8	5030.3			202598.1	96920.3
炸药及火工产品制造	25137.8	5030.3			202598.1	96920.3
焰火、鞭炮产品制造						
日用化学产品制造						
肥皂及洗涤剂制造						
化妆品制造						
口腔清洁用品制造						
香料、香精制造						
其他日用化学产品制造						
医药制造业	448667.9	102064.2	313149.4		1546002.6	951716.3
化学药品原料药制造	61540.0	46049.0	313149.4		793822.8	644741.4
化学药品制剂制造	255763.8	1000.0			179213.0	54353.5
中药饮片加工	2251.0	3299.0			46413.7	41081.8
中成药生产	43245.8	43301.7			220703.9	94661.0
兽用药品制造	50000.0	5000.0			177340.6	44231.1
生物药品制品制造	35867.3	3414.5			128508.6	72647.5
生物药品制造	35867.3	3414.5			128508.6	72647.5
基因工程药物和疫苗制造						
卫生材料及医药用品制造						
药用辅料及包装材料						
化学纤维制造业						
纤维素纤维原料及纤维制造						
化纤浆粕制造						
人造纤维(纤维素纤维)制造						
合成纤维制造						
锦纶纤维制造						
涤纶纤维制造						
腈纶纤维制造						
维纶纤维制造						
丙纶纤维制造						
氨纶纤维制造						
其他合成纤维制造						
生物基材料制造						
生物基化学纤维制造						
生物基、淀粉基新材料制造						
橡胶和塑料制品业	110670.1	101446.7			409794.6	334682.6

单位:万元

销售费用	管理费用	财务费用	利息收入	利息支出	投资收益（损失以“-”号记）	营业利润	利润总额	亏损企业亏损额	平均用工人数（人）
21544.8	16898.3	10585.5	-6.3	9574.4	-557.3	16787.1	18986.8	0.4	1713
2249.9	2456.8	482.3	0.7	480.2	5.2	-1335.0	-644.1	1192.4	124
36978.4	32577.1	8110.6	-64.1	6981.4	-6.3	129559.6	127991.9	5317.6	4172
20708.8	17324.5	4685.8	-1.8	3545.3	-6.2	104265.0	104093.4	337.3	1661
5702.9	8089.4	1686.0	5.0	1743.2		6833.2	4876.4	2706.5	1150
723.1	764.4	-1.5				632.3	630.6		154
89.0	504.9	94.7				579.9	573.0		28
7231.3	881.5	12.6				15604.7	16175.3		326
1944.0	3491.9	261.6	-67.9	320.6	-0.1	3919.8	3917.0		666
579.3	1520.5	1371.4	0.6	1372.3		-2275.3	-2273.8	2273.8	187
12282.2	17436.8	1350.7	14.3	1498.2	7486.8	79489.2	78809.8	45.7	2095
12282.2	17436.8	1350.7	14.3	1498.2	7486.8	79489.2	78809.8	45.7	2095
205578.8	149050.2	29722.6	504.5	27175.8	28150.4	208747.2	213052.2	47124.4	20250
10333.9	55615.8	19955.5	-166.8	16420.8	5.9	50113.1	51728.7	1179.7	10830
55719.0	31041.7	5662.2	-20.2	5488.4	4670.1	33721.7	35768.8	29637.4	3534
852.8	1438.8	264.4	0.4	249.7		2228.5	1477.7	96.2	200
83455.1	28799.2	2125.4	-174.4	1957.8	23040.7	28171.0	30193.9	2978.9	2925
20409.0	16820.4	-463.4	527.6	113.0	431.2	93443.7	94271.2		1015
34809.0	15334.3	2178.5	337.9	2946.1	2.5	1069.2	-388.1	13232.2	1746
34809.0	15334.3	2178.5	337.9	2946.1	2.5	1069.2	-388.1	13232.2	1746
10087.5	17776.8	11368.6	1657.7	11192.2	465.1	35693.8	36255.8	2329.0	4823

1-A-6 续表 26

行业					营业收入	营业成本
	法人资本	个人资本	港澳台资本	外商资本		
橡胶制品业	7140.0	1880.2			112676.6	94249.7
轮胎制造	90.0				29327.5	27042.1
橡胶板、管、带制造		1045.2			3872.7	3133.8
橡胶零件制造	1050.0				1739.8	1247.8
再生橡胶制造						
日用及医用橡胶制品制造						
运动场地用塑胶制造		835.0			11206.7	10669.2
其他橡胶制品制造	6000.0				66529.9	52156.8
塑料制品业	103530.1	99566.5			297118.0	240432.9
塑料薄膜制造	100.0				1700.0	1500.0
塑料板、管、型材制造	97060.0	81389.9			201835.4	153865.8
塑料丝、绳及编织品制造	900.8	17176.6			63522.2	57575.0
泡沫塑料制造						
塑料人造革、合成革制造						
塑料包装箱及容器制造	769.3				11925.7	11039.8
日用塑料制品制造	500.0				6405.8	5534.2
人造草坪制造						
塑料零件及其他塑料制品制造	4200.0	1000.0			11728.9	10918.1
非金属矿物制品业	757416.3	343087.3		7857.9	2765299.3	2318152.6
水泥、石灰和石膏制造	423076.5	203902.8			1211251.3	1003266.4
水泥制造	400239.7	201405.8			1090261.2	892318.4
石灰和石膏制造	22836.8	2497.0			120990.1	110948.0
石膏、水泥制品及类似制品制造	46867.3	38812.2			334274.1	279441.7
水泥制品制造	46367.3	32942.2			305134.4	256844.8
砼结构构件制造		1020.0			3571.0	3175.7
石棉水泥制品制造						
轻质建筑材料制造		4850.0			17712.0	12510.3
其他水泥类似制品制造	500.0				7856.7	6910.9
砖瓦、石材等建筑材料制造	18400.0	17650.0			29525.6	23456.1
粘土砖瓦及建筑砌块制造	15000.0	2050.0			9653.1	8879.3
建筑用石加工	1500.0	8000.0			7717.1	5526.1
防水建筑材料制造						
隔热和隔音材料制造		1000.0			5457.4	4908.2
其他建筑材料制造	1900.0	6600.0			6698.0	4142.5
玻璃制造	54091.9	1030.6		7857.9	105587.7	70021.5
平板玻璃制造	44949.4	1030.6		7857.9	102654.0	67676.9
特种玻璃制造	9142.5				2933.7	2344.6
其他玻璃制造						
玻璃制品制造	10306.9	50.0			41914.6	29911.0
技术玻璃制品制造	10306.9				25824.7	18863.7
光学玻璃制造						
玻璃仪器制造						
日用玻璃制品制造		50.0			2612.5	2174.8
玻璃包装容器制造					13477.4	8872.5
玻璃保温容器制造						
制镜及类似品加工						
其他玻璃制品制造						

单位:万元

销售费用	管理费用	财务费用			投资收益（损失以“－”号记）	营业利润	利润总额	亏损企业亏损额	平均用工人数（人）
			利息收入	利息支出					
1237.5	3564.9	426.5	-19.2	432.5		12340.3	12395.5	39.3	1326
224.8	1267.5	153.0	1.8	154.1		573.3	659.2		367
100.4	262.9	189.6	0.2	189.4		143.4	141.8		70
81.2	362.9	0.1				29.9	29.9		75
79.1	420.5	2.1				6.3	-39.3	39.3	184
752.0	1251.1	81.7	-21.2	89.0		11587.4	11603.9		630
8850.0	14211.9	10942.1	1676.9	10759.7	465.1	23353.5	23860.3	2289.7	3497
30.0	8.0	34.5		34.5		123.1	123.1		45
6928.5	10146.4	10155.6	1602.8	10290.8	-44.9	21590.8	21659.9	1697.9	1890
1019.5	2132.1	713.9	72.8	395.0	510.0	2137.5	2232.9		942
463.0	1087.1	0.3	1.1	0.8		-784.1	-486.2	564.2	212
231.6	435.2	-0.2	-0.3			145.4	145.6		225
177.4	403.1	38.0	0.5	38.6		140.8	185.0	27.6	183
89939.4	188720.1	88888.8	8209.2	86745.1	4172.6	80742.9	94711.2	102678.1	24541
38433.6	125886.1	65128.7	901.2	62000.6	1628.3	-14234.2	-4690.1	80200.6	11825
34028.3	120503.3	64432.5	896.7	61477.1	1628.3	-12947.2	649.9	72481.7	11388
4405.3	5382.8	696.2	4.5	523.5		-1287.0	-5340.0	7718.9	437
20651.5	14502.5	2727.2	13.5	2217.1	30.0	15034.1	15828.9	1243.9	3064
19717.3	12423.8	2515.0	16.7	2210.3	30.0	11999.4	12585.9	1124.4	2742
19.0	73.0					285.3	285.3		11
915.2	1254.3	3.4	-3.2	6.8		2772.1	2980.4	96.8	246
	751.4	208.8				-22.7	-22.7	22.7	65
2787.5	4960.7	1078.0	-0.3	620.5		-3721.4	-3226.4	4809.6	761
1248.1	2050.8	486.2		28.2		-3067.2	-2565.0	2822.7	271
286.8	1286.7	592.1		592.1		-590.7	-568.7	1080.1	196
193.0	666.4	-0.1		0.1		-504.0	-553.0	553.0	187
1059.6	956.8	-0.2	-0.3	0.1		440.5	460.3	353.8	107
1052.2	6192.1	2881.8	-601.9	1724.9	60.8	24249.2	24073.0	2492.6	800
952.9	5387.3	2407.0	-611.7	1333.9	60.8	25131.4	24934.6	1631.0	720
99.3	804.8	474.8	9.8	391.0		-882.2	-861.6	861.6	80
1687.2	3517.3	714.1	24.5	604.3		4949.5	4905.1		482
126.3	2576.0	538.9	24.2	430.3		3435.0	3437.6		129
	214.8	0.9	0.3	1.2		184.7	144.3		92
1560.9	726.5	174.3		172.8		1329.8	1323.2		261

1-A-6 续表27

行业					营业收入	营业成本
	法人资本	个人资本	港澳台资本	外商资本		
玻璃纤维和玻璃纤维增强塑料制品制造	4647.5	900.0			38767.1	34790.0
玻璃纤维及制品制造	4647.5	900.0			38767.1	34790.0
玻璃纤维增强塑料制品制造						
陶瓷制品制造		5305.0			20317.1	11957.8
建筑陶瓷制品制造		300.0			2430.2	1985.8
卫生陶瓷制品制造						
特种陶瓷制品制造		5005.0			17886.9	9972.0
日用陶瓷制品制造						
陈设艺术陶瓷制造						
园艺陶瓷制造						
其他陶瓷制品制造						
耐火材料制品制造	37950.0	150.0			109463.8	90775.4
石棉制品制造						
云母制品制造						
耐火陶瓷制品及其他耐火材料制造	37950.0	150.0			109463.8	90775.4
石墨及其他非金属矿物制品制造	162076.2	75286.7			874198.0	774532.7
石墨及碳素制品制造	130401.6	73319.3			798811.9	704270.3
其他非金属矿物制品制造	31674.6	1967.4			75386.1	70262.4
黑色金属冶炼和压延加工业	7880381.1	515788.8	600.0	1239.6	19494425.7	17068789.8
炼铁	1500.0	14848.0			182409.4	174536.6
炼钢	163800.0	181015.9			984303.7	866307.3
钢压延加工	4609492.3	142847.4			10687343.7	9258652.5
铁合金冶炼	3105588.8	177077.5	600.0	1239.6	7640368.9	6769293.4
有色金属冶炼和压延加工业	1776293.1	356799.0	37692.0	142561.1	15058662.6	14072375.2
常用有色金属冶炼	1329290.7	54571.4	37420.0	117810.0	10146575.6	9593924.8
铜冶炼	77035.4	31473.3	37420.0		2268148.2	2166937.4
铅锌冶炼	348860.7	11639.9			1671408.6	1636212.5
镍钴冶炼						
锡冶炼		2788.0			73375.5	70412.6
锑冶炼						
铝冶炼	597351.0			117810.0	5399082.7	5014779.3
镁冶炼	8100.0	1900.0			25912.8	30707.5
硅冶炼	134865.0	4570.2			232610.5	231237.1
其他常用有色金属冶炼	163078.6	2200.0			476037.3	443638.4
贵金属冶炼	7943.6	4793.9		13668.9	364770.7	248702.9
金冶炼	7943.6	4793.9		13668.9	364770.7	248702.9
银冶炼						
其他贵金属冶炼						
稀有稀土金属冶炼	7500.0	237211.5		2719.2	1193474.6	1004261.6
钨钼冶炼						
稀土金属冶炼	7500.0	237211.5		2719.2	1193474.6	1004261.6
其他稀有金属冶炼						
有色金属合金制造	5063.3	11000.0		7301.7	186892.7	177146.3
有色金属压延加工	426495.5	49222.2	272.0	1061.3	3166949.0	3048339.6
铜压延加工		21825.0			139856.6	136901.3
铝压延加工	426445.5	20317.2	272.0	1061.3	2993406.0	2879508.0
贵金属压延加工						

单位:万元

销售费用	管理费用	财务费用			投资收益（损失以“-”号记）	营业利润	利润总额	亏损企业亏损额	平均用工人数（人）
			利息收入	利息支出					
1842.9	1496.1	334.7		334.2	0.7	128.6	228.8	344.9	587
1842.9	1496.1	334.7		334.2	0.7	128.6	228.8	344.9	587
1822.7	4502.8	1870.6	2326.3	1438.0		-33.8	1235.9		730
56.7	28.5					334.7	334.7		18
1766.0	4474.3	1870.6	2326.3	1438.0		-368.5	901.2		712
5944.9	3742.4	38.5		9.4		8668.9	8850.7		997
5944.9	3742.4	38.5		9.4		8668.9	8850.7		997
15716.9	23920.1	14115.2	5545.9	17796.1	2452.8	45702.0	47505.3	13586.5	5295
14535.3	20624.0	12059.2	5490.6	15872.0	2452.8	48794.8	49558.4	8853.4	4731
1181.6	3296.1	2056.0	55.3	1924.1		-3092.8	-2053.1	4733.1	564
515910.1	394231.1	381399.0	20554.8	341138.8	268636.2	1244219.3	1246420.6	86256.9	75778
3225.1	4463.0	329.3	-1.3	281.4		-3121.8	-8637.5	9216.7	1312
21858.6	12307.5	4795.5		4790.8	157.7	73183.3	78141.1		4047
287453.8	221943.9	251765.2	6649.9	221639.2	34750.4	647399.9	643754.5	32671.1	47027
203372.6	155516.7	124509.0	13906.2	114427.4	233728.1	526757.9	533162.5	44369.1	23392
103356.1	292889.8	330650.2	19233.4	340499.6	27716.5	185138.8	194607.0	313256.8	54492
56154.3	173866.3	258030.2	14938.1	269186.8	24364.7	14934.0	17075.2	273886.2	36858
11251.4	22528.0	17509.5	-304.6	14618.8	2344.9	56949.5	57472.9	1715.4	6008
13001.6	42065.5	54431.0	441.4	55378.8	23224.6	-64892.8	-72414.1	108832.5	7335
272.7	1814.1	624.2	2.0	625.9	85.1	-85.8	-71.4	680.5	357
22880.6	77741.9	140371.2	14355.5	154018.5	-2051.2	89983.1	96580.2	89313.5	16860
518.8	983.1	-23.4	-1.7	-13.1		-6337.4	-7531.7	7531.7	101
2025.7	19248.4	19011.9	23.1	18812.2		-48343.6	-48324.0	48448.7	2255
6203.5	9485.3	26105.8	422.4	25745.7	761.3	-12339.0	-8636.7	17363.9	3942
112.0	57364.5	14857.8	798.5	12689.8	-1119.3	26205.6	27552.0	9667.4	6440
112.0	57364.5	14857.8	798.5	12689.8	-1119.3	26205.6	27552.0	9667.4	6440
2541.6	25841.1	32396.4	3920.7	34792.7	4268.9	130666.6	133504.7	415.5	3942
2541.6	25841.1	32396.4	3920.7	34792.7	4268.9	130666.6	133504.7	415.5	3942
2201.3	9621.8	3425.3	114.6	2365.5	24.0	-9292.9	-7581.9	11589.9	864
42346.9	26196.1	21940.5	-538.5	21464.8	178.2	22625.5	24057.0	17697.8	6388
1176.5	1187.1	137.6	-34.7			367.7	706.6	50.0	363
41110.3	24602.5	21819.6	-477.8	21465.0	178.2	21065.8	22241.8	17580.7	5874

1-A-6 续表28

行业					营业收入	营业成本
	法人资本	个人资本	港澳台资本	外商资本		
稀有稀土金属压延加工	50.0	30.0			10041.1	9753.8
其他有色金属压延加工		7050.0			23645.3	22176.5
金属制品业	54429.3	43662.9	10477.5		1271068.0	1052541.9
结构性金属制品制造	42064.2	16528.9			164745.5	146656.0
金属结构制造	40064.2	12654.9			147424.3	132147.6
金属门窗制造	2000.0	3874.0			17321.2	14508.4
金属工具制造					14243.2	13000.4
切削工具制造						
手工具制造						
农用及园林用金属工具制造						
刀剪及类似日用金属工具制造						
其他金属工具制造					14243.2	13000.4
集装箱及金属包装容器制造		5350.0			26876.2	16688.4
集装箱制造						
金属压力容器制造						
金属包装容器及材料制造		5350.0			26876.2	16688.4
金属丝绳及其制品制造	1000.0	3500.0	10477.5		732942.6	616008.9
建筑、安全用金属制品制造	6500.0	6000.0			48109.0	42703.0
建筑、家具用金属配件制造						
建筑装饰及水暖管道零件制造	6500.0	6000.0			48109.0	42703.0
安全、消防用金属制品制造						
其他建筑、安全用金属制品制造						
金属表面处理及热处理加工	265.1	5116.5			23126.1	17936.1
搪瓷制品制造						
生产专用搪瓷制品制造						
建筑装饰搪瓷制品制造						
搪瓷卫生洁具制造						
搪瓷日用品及其他搪瓷制品制造						
金属制日用品制造						
金属制厨房用器具制造						
金属制餐具和器皿制造						
金属制卫生器具制造						
其他金属制日用品制造						
铸造及其他金属制品制造	4600.0	7167.5			261025.4	199549.1
黑色金属铸造	4200.0	3267.5			5832.9	4915.7
有色金属铸造	400.0	600.0			9239.6	5521.7
锻件及粉末冶金制品制造					38377.8	32964.1
交通及公共管理用金属标牌制造		500.0			7485.1	5164.4
其他未列明金属制品制造		2800.0			200090.0	150983.2
通用设备制造业	23609.6	51696.3			350232.0	297288.7
锅炉及原动设备制造	19250.0	5045.9			200371.9	171801.5
锅炉及辅助设备制造		2280.0			4354.5	3521.0
内燃机及配件制造						
汽轮机及辅机制造						
水轮机及辅机制造						
风能原动设备制造	19250.0	2765.9			196017.4	168280.5
其他原动设备制造						

单位:万元

销售费用	管理费用	财务费用			投资收益（损失以"－"号记）	营业利润	利润总额	亏损企业亏损额	平均用工人数（人）
			利息收入	利息支出					
	203.7	0.6				68.1	68.1		37
60.1	202.8	－17.3	－26.0	－0.2		1123.9	1040.5	67.1	114
19686.6	103430.1	38950.4	2524.6	37268.0	403.3	38589.6	57600.1	3828.2	21080
3119.2	11338.5	2604.8	10.9	2283.1	33.0	－68.9	1752.4	2823.4	2075
2731.8	9363.3	1285.3	6.9	964.4		1089.8	1189.2	2420.7	1669
387.4	1975.2	1319.5	4.0	1318.7	33.0	－1158.7	563.2	402.7	406
52.1	639.3	－0.7	1.1			401.0	405.5		132
52.1	639.3	－0.7	1.1			401.0	405.5		132
180.2	3451.5	199.8	－29.5	155.7	5.0	5977.8	6752.6	8.8	599
180.2	3451.5	199.8	－29.5	155.7	5.0	5977.8	6752.6	8.8	599
11373.7	57578.7	30587.3	1324.90	29053.60	150.70	－1142.40	8682.60	813.7	10264
216.4	1778.6	66.8		2.7		2750.7	2699.9		2954
216.4	1778.6	66.8		2.7		2750.7	2699.9		2954
441.7	2175.2	792.7	－7.8	719.4		1682.5	2110.9		318
4303.3	26468.3	4699.7	1225.0	5053.5	214.6	28988.9	35196.2	182.3	4738
65.0	785.5	94.7	0.2	94.9		－64.0	－83.0	182.3	167
453.2	1235.5	218.5	1.2	214.8		1777.9	1784.7		130
770.6	4168.6	61.8	9.0	60.0		825.5	775.5		402
321.0	433.0	－1.2	－1.2			1518.9	1518.9		106
2693.5	19845.7	4325.9	1215.8	4683.8	214.6	24930.6	31200.1		3933
9612.1	22476.6	4022.1	74.9	3246.2	2181.0	13731.9	14666.1	3778.5	3865
7248.8	8417.4	2600.5	32.5	1876.4	2010.0	8423.1	8697.5	3029.4	769
119.1	493.8	234.9		233.9		－62.2	34.5		143
7129.7	7923.6	2365.6	32.5	1642.5	2010.0	8485.3	8663.0	3029.4	626

1-A-6 续表 29

行业					营业收入	营业成本
	法人资本	个人资本	港澳台资本	外商资本		
金属加工机械制造		13548.8			29024.2	22517.5
金属切削机床制造		2548.8			7344.4	6430.6
金属成形机床制造						
铸造机械制造						
金属切割及焊接设备制造						
机床功能部件及附件制造						
其他金属加工机械制造		11000.0			21679.8	16086.9
物料搬运设备制造		8276.1			3954.5	3302.9
轻小型起重设备制造						
生产专用起重机制造						
生产专用车辆制造						
连续搬运设备制造						
电梯、自动扶梯及升降机制造		8276.1			3954.5	3302.9
客运索道制造						
机械式停车设备制造						
其他物料搬运设备制造						
泵、阀门、压缩机及类似机械制造	2889.6	6790.0			17489.9	14345.6
泵及真空设备制造	1089.6				5320.6	3930.7
气体压缩机械制造						
阀门和旋塞制造		5500.0			4372.2	2934.5
液压动力机械及元件制造	1800.0	1290.0			7797.1	7480.4
液力动力机械元件制造						
气压动力机械及元件制造						
轴承、齿轮和传动部件制造		800.0			5828.1	4690.6
滚动轴承制造						
滑动轴承制造						
齿轮及齿轮减、变速箱制造		800.0			5828.1	4690.6
其他传动部件制造						
烘炉、风机、包装等设备制造	800.0	500.0			26941.7	21945.3
烘炉、熔炉及电炉制造					18473.0	16368.9
风机、风扇制造		500.0			1964.0	1610.8
气体、液体分离及纯净设备制造	800.0				6504.7	3965.6
制冷、空调设备制造						
风动和电动工具制造						
喷枪及类似器具制造						
包装专用设备制造						
文化、办公用机械制造						
电影机械制造						
幻灯及投影设备制造						
照相机及器材制造						
复印和胶印设备制造						
计算器及货币专用设备制造						
其他文化、办公用机械制造						
通用零部件制造	670.0	12735.5			61330.0	54116.7
金属密封件制造						
紧固件制造						
弹簧制造		1000.0			16280.3	13256.7

单位:万元

销售费用	管理费用	财务费用			投资收益（损失以“-”号记）	营业利润	利润总额	亏损企业亏损额	平均用工人数（人）
			利息收入	利息支出					
454.4	2973.6	228.3	30.8	187.5	138.5	2813.8	2812.2		875
239.9	581.9	11.4		11.4		74.4	77.3		411
214.5	2391.7	216.9	30.8	176.1	138.5	2739.4	2734.9		464
179.0	708.7	0.5			16.0	-226.3	-177.6	177.6	135
179.0	708.7	0.5			16.0	-226.3	-177.6	177.6	135
288.6	2291.7	114.4	-0.5	113.7	16.5	-66.9	-65.9	330.3	308
153.8	1110.7	-0.6	-0.6		16.5	210.1	209.2		198
134.8	642.0	92.1	-0.3	91.4		19.7	20.0		50
	539.0	22.9	0.4	22.3		-296.7	-295.1	330.3	60
212.8	574.2	-0.5	-0.5			333.0	329.8		150
212.8	574.2	-0.5	-0.5			333.0	329.8		150
310.4	2180.2	474.9	0.3	475.2		1896.0	2359.2		466
248.9	1689.0	432.0		432.0		-323.8	36.2		352
13.4	146.1	42.3		42.3		137.2	137.2		30
48.1	345.1	0.6	0.3	0.9		2082.6	2185.8		84
918.1	4706.0	592.6	11.7	582.3		472.3	618.1	241.2	1090
572.7	1674.3	10.9	11.8	21.1		555.7	557.3		313

1-A-6 续表30

行业	法人资本	个人资本	港澳台资本	外商资本	营业收入	营业成本
机械零部件加工	670.0	11735.5			45049.7	40860.0
其他通用零部件制造						
其他通用设备制造业		4000.0			5291.7	4568.6
工业机器人制造						
特殊作业机器人制造						
增材制造装备制造						
其他未列明通用设备制造业		4000.0			5291.7	4568.6
专用设备制造业	19299.0	5062925.3		4533.8	270688.1	204170.5
采矿、冶金、建筑专用设备制造	10300.0	37823.8		4533.8	151770.7	113409.5
矿山机械制造	10300.0	21623.8		4533.8	106659.0	74770.7
石油钻采专用设备制造		16200.0			36030.3	30659.0
深海石油钻探设备制造						
建筑工程用机械制造					9081.4	7979.8
建筑材料生产专用机械制造						
冶金专用设备制造						
隧道施工专用机械制造						
化工、木材、非金属加工专用设备制造					42000.6	35359.2
炼油、化工生产专用设备制造						
橡胶加工专用设备制造						
塑料加工专用设备制造						
木竹材加工机械制造						
模具制造					42000.6	35359.2
其他非金属加工专用设备制造						
食品、饮料、烟草及饲料生产专用设备制造		340.0			2378.8	1981.0
食品、酒、饮料及茶生产专用设备制造		340.0			2378.8	1981.0
农副食品加工专用设备制造						
烟草生产专用设备制造						
饲料生产专用设备制造						
印刷、制药、日化及日用品生产专用设备制造						
制浆和造纸专用设备制造						
印刷专用设备制造						
日用化工专用设备制造						
制药专用设备制造						
照明器具生产专用设备制造						
玻璃、陶瓷和搪瓷制品生产专用设备制造						
其他日用品生产专用设备制造						
纺织、服装和皮革加工专用设备制造						
纺织专用设备制造						
皮革、毛皮及其制品加工专用设备制造						
缝制机械制造						
洗涤机械制造						
电子和电工机械专用设备制造						
电工机械专用设备制造						
半导体器件专用设备制造						
电子元器件与机电组件设备制造						
其他电子专用设备制造						
农、林、牧、渔专用机械制造	2030.0	8461.5			47829.5	34576.7

单位:万元

销售费用	管理费用	财务费用			投资收益（损失以“-”号记）	营业利润	利润总额	亏损企业亏损额	平均用工人数（人）
			利息收入	利息支出					
345.4	3031.7	581.7	-0.1	561.2		-83.4	60.8	241.2	777
	624.8	11.4	0.6	11.1		86.9	92.8		72
	624.8	11.4	0.6	11.1		86.9	92.8		72
15222.1	27259.8	3543.4	705.8	1744.3	5.8	19392.4	21051.1	5444.9	4701
8876.1	11576.2	1635.5	65.1	581.4		15993.9	16701.0	1157.5	1892
7051.0	8887.2	1721.1	23.9	648.6		13449.9	13874.3	1157.5	1030
1309.5	1428.2	-61.2	15.7	-67.8		2292.3	2438.7		500
515.6	1260.8	-24.4	25.5	0.6		251.7	388.0		362
318.3	4524.0	-29.3	28.1		5.8	2485.9	2635.8		731
318.3	4524.0	-29.3	28.1		5.8	2485.9	2635.8		731
60.0	151.5					180.5	210.1		19
60.0	151.5					180.5	210.1		19
2206.9	5851.2	1448.2	135.9	1113.4		3511.1	3593.8	118.2	1193

1-A-6 续表 31

行业	法人资本	个人资本	港澳台资本	外商资本	营业收入	营业成本
拖拉机制造		660.0			3720.6	2745.4
机械化农业及园艺机具制造	2000.0	2289.5			10842.2	8561.0
营林及木竹采伐机械制造						
畜牧机械制造	30.0	2512.0			31027.2	21435.3
渔业机械制造						
农林牧渔机械配件制造		3000.0			2239.5	1835.0
棉花加工机械制造						
其他农、林、牧、渔业机械制造						
医疗仪器设备及器械制造		5016000.0			15145.6	8584.9
医疗诊断、监护及治疗设备制造						
口腔科用设备及器具制造						
医疗实验室及医用消毒设备和器具制造						
医疗、外科及兽医用器械制造		16000.0			6625.7	4658.3
机械治疗及病房护理设备制造						
康复辅具制造						
眼镜制造						
其他医疗设备及器械制造		5000000.0			8519.9	3926.6
环保、邮政、社会公共服务及其他专用设备制造	6969.0	300.0			11562.9	10259.2
环境保护专用设备制造	6000.0	300.0			6858.0	6211.7
地质勘查专用设备制造						
邮政专用机械及器材制造						
商业、饮食、服务专用设备制造						
社会公共安全设备及器材制造					2131.9	1601.1
交通安全、管制及类似专用设备制造						
水资源专用机械制造						
其他专用设备制造	969.0				2573.0	2446.4
汽车制造业	275622.5	59227.0		2500.0	1555834.3	1591713.2
汽车整车制造	22800.0	11515.9			995748.0	1071898.6
汽柴油车整车制造	22800.0	11515.9			995748.0	1071898.6
新能源车整车制造						
汽车用发动机制造		40000.0			122526.6	122536.3
改装汽车制造					21951.3	20612.2
低速汽车制造						
电车制造						
汽车车身、挂车制造	3000.0	5000.0			28961.3	27168.8
汽车零部件及配件制造	249822.5	2711.1		2500.0	386647.1	349497.3
铁路、船舶、航空航天和其他运输设备制造业	8510.0	1690.0			1936481.1	1700816.4
铁路运输设备制造	8510.0	1690.0			1626217.9	1417127.2
高铁车组制造						
铁路机车车辆制造					1572393.1	1373066.1
窄轨机车车辆制造						
高铁设备、配件制造					6812.4	5650.7
铁路机车车辆配件制造						
铁路专用设备及器材、配件制造	8510.0	1690.0			41472.9	33900.7
其他铁路运输设备制造					5539.5	4509.7
城市轨道交通设备制造						
船舶及相关装置制造						

单位:万元

销售费用	管理费用	财务费用			投资收益（损失以“-”号记）	营业利润	利润总额	亏损企业亏损额	平均用工人数（人）
			利息收入	利息支出					
205.2	425.8	138.3		138.3		178.7	178.7		46
372.8	652.3	269.4	28.0	245.5		899.7	951.3		309
1584.9	4505.0	835.7	107.9	729.6		2575.4	2582.0		782
44.0	268.1	204.8				-142.7	-118.2	118.2	56
3556.9	4069.1	443.4	469.2	2.6		-2644.7	-1998.9	3841.6	545
1866.7	2924.5	468.8	469.2	2.6		-4085.2	-3773.5	3841.6	267
1690.2	1144.6	-25.4				1440.5	1774.6		278
203.9	1087.8	45.6	7.5	46.9		-134.3	-90.7	327.6	321
151.6	231.9	44.1	5.0	46.9		147.1	196.5		172
	472.6	1.7	2.5			40.4	40.4		84
52.3	383.3	-0.2				-321.8	-327.6	327.6	65
42999.3	71593.2	66040.4	2526.1	43445.6	7605.3	-209248.9	-192665.9	226946.0	10498
35237.1	44863.4	40553.3	2226.1	41418.2	7605.3	-185583.3	-170291.8	187825.8	5844
35237.1	44863.4	40553.3	2226.1	41418.2	7605.3	-185583.3	-170291.8	187825.8	5844
449.2	6270.7	19396.0				-26896.6	-26766.8	26766.8	312
358.0	1467.3	-77.1	1.4	-119.4		-597.2	-132.9	242.6	234
412.0	1638.9	859.7		81.9		-1171.3	-1163.9	1261.3	425
6543.0	17352.9	5308.5	298.6	2064.9		4999.5	5689.5	10849.5	3683
16676.8	136563.6	-14411.3	20523.7	5974.2	11747.9	72447.1	73366.4		13780
16579.1	125268.2	-16118.9	20135.8	3887.6	11747.0	59415.6	60978.0		11942
14526.5	122029.1	-16053.3	20191.8	3876.8	11747.0	55470.7	56979.9		10950
	538.0	-4.0	4.6	0.6		543.3	543.2		512
2052.6	2166.4	-61.1	-60.6	10.2		3131.5	3063.9		424
	534.7	-0.5				270.1	391.0		56

1-A-6 续表 32

行业	法人资本	个人资本	港澳台资本	外商资本	营业收入	营业成本
金属船舶制造						
非金属船舶制造						
娱乐船和运动船制造						
船用配套设备制造						
船舶改装						
船舶拆除						
海洋工程装备制造						
航标器材及其他相关装置制造						
航空、航天器及设备制造					310263.2	283689.2
飞机制造						
航天器及运载火箭制造					310263.2	283689.2
航天相关设备制造						
航空相关设备制造						
其他航空航天器制造						
摩托车制造						
摩托车整车制造						
摩托车零部件及配件制造						
自行车和残疾人座车制造						
自行车制造						
残疾人座车制造						
助动车制造						
非公路休闲车及零配件制造						
潜水救捞及其他未列明运输设备制造						
潜水装备制造						
水下救捞装备制造						
其他未列明运输设备制造						
电气机械和器材制造业	226663.9	26655.8	24511.6	5082.9	695295.6	629984.7
电机制造	23784.0	6467.4	24511.6		311318.0	265945.6
发电机及发电机组制造	23784.0		24511.6		262616.0	228726.0
电动机制造		1000.0			2046.0	1166.3
微特电机及组件制造						
其他电机制造		5467.4			46656.0	36053.3
输配电及控制设备制造	190524.3	10128.4		5082.9	297360.8	278495.2
变压器、整流器和电感器制造	12900.0	10128.4			30338.3	24510.2
电容器及其配套设备制造	2000.0				10895.4	9636.6
配电开关控制设备制造	1500.0			500.0	4580.8	4051.3
电力电子元器件制造						
光伏设备及元器件制造	174124.3			4582.9	251546.3	240297.1
其他输配电及控制设备制造						
电线、电缆、光缆及电工器材制造	2033.4	10060.0			67782.6	62946.0
电线、电缆制造		10060.0			65386.4	61181.5
光纤制造						
光缆制造	2033.4				2396.2	1764.5
绝缘制品制造						
其他电工器材制造						
电池制造	5000.0				4831.6	3754.8
锂离子电池制造	5000.0				4831.6	3754.8

单位:万元

销售费用	管理费用	财务费用			投资收益（损失以“-”号记）	营业利润	利润总额	亏损企业亏损额	平均用工人数（人）
			利息收入	利息支出					
97.7	11295.4	1707.6	387.9	2086.6	0.9	13031.5	12388.4		1838
97.7	11295.4	1707.6	387.9	2086.6	0.9	13031.5	12388.4		1838
12854.9	34662.8	7227.7	48.3	6981.3	53.5	9754.5	12913.3	22615.1	5018
8341.6	17409.9	1364.8	64.3	1896.6		23288.6	26375.0	6032.5	2179
7567.3	12191.6	1374.0	107.1	1878.4		18045.7	20674.6	6032.5	1805
40.5	842.5	-3.9	-3.9			-34.3	314.7		65
733.8	4375.8	-5.3	-38.9	18.2		5277.2	5385.7		309
2068.6	12782.8	3732.9	-5.5	3233.9	41.3	-4976.6	-4853.7	7741.7	1976
1060.2	2771.2	167.7	-1.3	162.2	48.6	1780.8	1937.9		507
46.3	328.1					835.6	836.8		96
74.8	770.7	19.4	1.9	12.6	5.2	-421.7	-421.7	421.7	47
887.3	8912.8	3545.8	-6.1	3059.1	-12.5	-7171.3	-7206.7	7320.0	1326
2182.7	2465.8	297.2	6.1	311.5	12.2	-670.0	-667.4	714.8	519
1915.6	1878.1	313.5	6.1	311.5	12.2	-463.2	-460.0	507.4	349
267.1	587.7	-16.3				-206.8	-207.4	207.4	170
93.3	895.1	285.2	-15.4	155.0		-213.1	-286.8	472.3	166
93.3	895.1	285.2	-15.4	155.0		-213.1	-286.8	472.3	166

1-A-6 续表33

行业	法人资本	个人资本	港澳台资本	外商资本	营业收入	营业成本
镍氢电池制造						
铅蓄电池制造						
锌锰电池制造						
其他电池制造						
家用电力器具制造	3322.2				8570.1	8605.8
家用制冷电器具制造						
家用空气调节器制造						
家用通风电器具制造						
家用厨房电器具制造						
家用清洁卫生电器具制造						
家用美容、保健护理电器具制造						
家用电力器具专用配件制造	3322.2				8570.1	8605.8
其他家用电力器具制造						
非电力家用器具制造						
燃气及类似能源家用器具制造						
太阳能器具制造						
其他非电力家用器具制造						
照明器具制造	2000.0				5432.5	10237.3
电光源制造	2000.0				5432.5	10237.3
照明灯具制造						
舞台及场地用灯制造						
智能照明器具制造						
灯用电器附件及其他照明器具制造						
其他电气机械及器材制造						
电气信号设备装置制造						
其他未列明电气机械及器材制造						
计算机、通信和其他电子设备制造业	2375205.5	28877.8	22425.8	1467.8	2135073.2	1938075.1
计算机制造	434.8	5000.0			1256.7	1077.8
计算机整机制造						
计算机零部件制造						
计算机外围设备制造						
工业控制计算机及系统制造						
信息安全设备制造	434.8	5000.0			1256.7	1077.8
其他计算机制造						
通信设备制造	3000.0				9476.9	9246.3
通信系统设备制造						
通信终端设备制造	3000.0				9476.9	9246.3
广播电视设备制造	5020.0				5868.0	4584.0
广播电视节目制作及发射设备制造						
广播电视接收设备制造						
广播电视专用配件制造						
专业音响设备制造						
应用电视设备及其他广播电视设备制造	5020.0				5868.0	4584.0
雷达及配套设备制造						
非专业视听设备制造	10000.0				87244.0	83081.2
电视机制造	10000.0				87244.0	83081.2
音响设备制造						
影视录放设备制造						

单位:万元

销售费用	管理费用	财务费用			投资收益（损失以“-”号记）	营业利润	利润总额	亏损企业亏损额	平均用工人数（人）
			利息收入	利息支出					
148.0	438.1	1497.6		1384.3		-2127.8	-2123.1	2123.1	98
148.0	438.1	1497.6		1384.3		-2127.8	-2123.1	2123.1	98
20.7	671.1	50.0	-1.2			-5546.6	-5530.7	5530.7	80
20.7	671.1	50.0	-1.2			-5546.6	-5530.7	5530.7	80
18574.3	146113.4	51349.7	3249.5	63537.8	5814.3	-49331.5	-17258.9	99625.8	14074
387.9	811.5	263.0		263.0	25.0	-1268.2	-1258.8	1258.8	120
387.9	811.5	263.0		263.0	25.0	-1268.2	-1258.8	1258.8	120
	863.1	-8.3	1.2			-656.6	-651.5	651.5	216
	863.1	-8.3	1.2			-656.6	-651.5	651.5	216
396.7	538.5	15.8	3.5	16.0		168.5	168.5		103
396.7	538.5	15.8	3.5	16.0		168.5	168.5		103
149.5	1287.2	-1.2	1.2			1062.0	1062.0		430
149.5	1287.2	-1.2	1.2			1062.0	1062.0		430

1-A-6 续表 34

行业	法人资本	个人资本	港澳台资本	外商资本	营业收入	营业成本
智能消费设备制造						
可穿戴智能设备制造						
智能车载设备制造						
智能无人飞行器制造						
服务消费机器人制造						
其他智能消费设备制造						
电子器件制造	1180400.0	8850.0			527376.8	503384.7
电子真空器件制造						
半导体分立器件制造						
集成电路制造						
显示器件制造	1180400.0	8850.0			527376.8	503384.7
半导体照明器件制造						
光电子器件制造						
其他电子器件制造						
电子元件及电子专用材料制造	1176350.7	15027.8	22425.8	1467.8	1503850.8	1336701.1
电阻电容电感元件制造		200.0			2439.7	2116.8
电子电路制造						
敏感元件及传感器制造						
电声器件及零件制造						
电子专用材料制造	1176350.7	14827.8	22425.8	1467.8	1501411.1	1334584.3
其他电子元件制造						
其他电子设备制造						
仪器仪表制造业	4739.2				2910.3	2237.9
通用仪器仪表制造						
工业自动控制系统装置制造						
电工仪器仪表制造						
绘图、计算及测量仪器制造						
实验分析仪器制造						
试验机制造						
供应用仪器仪表制造						
其他通用仪器制造						
专用仪器仪表制造	4739.2				2910.3	2237.9
环境监测专用仪器仪表制造						
运输设备及生产用计数仪表制造						
导航、测绘、气象及海洋专用仪器制造						
农林牧渔专用仪器仪表制造						
地质勘探和地震专用仪器制造						
教学专用仪器制造						
核子及核辐射测量仪器制造						
电子测量仪器制造	4739.2				2910.3	2237.9
其他专用仪器制造						
钟表与计时仪器制造						
光学仪器制造						
衡器制造						
其他仪器仪表制造业						

单位:万元

销售费用	管理费用	财务费用			投资收益（损失以“-”号记）	营业利润	利润总额	亏损企业亏损额	平均用工人数（人）
			利息收入	利息支出					
9571.3	52815.8	26662.0	1791.7	39774.1		-89481.2	-87749.0	87749.0	3013
9571.3	52815.8	26662.0	1791.7	39774.1		-89481.2	-87749.0	87749.0	3013
8068.9	89797.3	24418.4	1451.9	23484.7	5789.3	40844.0	71169.9	9966.5	10192
85.3	454.4	46.2	0.7	44.5		-280.4	-262.1	262.1	129
7983.6	89342.9	24372.2	1451.2	23440.2	5789.3	41124.4	71432.0	9704.4	10063
137.9	454.2	11.8			-40.0	190.5	339.4		79
137.9	454.2	11.8			-40.0	190.5	339.4		79
137.9	454.2	11.8			-40.0	190.5	339.4		79

1-A-6 续表35

行业					营业收入	营业成本
	法人资本	个人资本	港澳台资本	外商资本		
其他制造业						
日用杂品制造						
鬃毛加工、制刷及清扫工具制造						
其他日用杂品制造						
废弃资源综合利用业	38281.0	16413.8			183241.1	163011.6
金属废料和碎屑加工处理	21181.0	9732.0			144964.6	131828.3
非金属废料和碎屑加工处理	17100.0	6681.8			38276.5	31183.3
金属制品、机械和设备修理业	30.0				22794.1	18979.2
金属制品修理	30.0				2776.1	2633.0
通用设备修理						
专用设备修理						
铁路、船舶、航空航天等运输设备修理					3529.1	3103.6
铁路运输设备修理					3529.1	3103.6
船舶修理						
航空航天器修理						
其他运输设备修理						
电气设备修理					13769.2	10855.1
仪器仪表修理						
其他机械和设备修理业					2719.7	2387.5
电力、热力、燃气及水生产和供应业	**20013582.2**	**1269168.4**	**139239.8**	**270429.2**	**24941478.9**	**20987971.90**
电力、热力生产和供应业	4422029.4	1091534.1	97781.0	270429.2	22794711.0	19284331.3
电力生产	4238594.3	929603.0	97781.0	270429.2	11756810.8	8643145.4
火力发电	1133484.5	72821.4			5219790.1	4055297.6
热电联产	897564.1	670945.1		14000.0	3171723.0	2959909.4
水力发电	135000.0				248557.1	134701.8
核力发电						
风力发电	1378439.1	91539.7	97781.0	255679.8	2440064.6	1216187.6
太阳能发电	631067.5	82236.0		749.4	631548.8	237209.2
生物质能发电	63039.1	12060.8			45127.2	39839.8
其他电力生产						
电力供应					9878554.3	9579979.3
热力生产和供应	183435.1	161931.1			1159345.9	1061206.6
燃气生产和供应业	15361923.2	140888.7	41458.8		1680639.7	1400087.5
燃气生产和供应业	15324939.2	137597.7	41458.8		1673964.8	1395792.0
天然气生产和供应业	15184939.2	128028.9	41458.8		1290557.8	1055256.5
液化石油气生产和供应业						
煤气生产和供应业	140000.0	9568.8			383407.0	340535.5
生物质燃气生产和供应业	36984.0	3291.0			6674.9	4295.5
水的生产和供应业	229629.6	36745.6			466128.2	303553.1
自来水生产和供应	177979.6	22745.6			374592.2	233950.1
污水处理及其再生利用	51650.0	14000.0			91536.0	69603.0
海水淡化处理						
其他水的处理、利用与分配						

单位:万元

销售费用	管理费用	财务费用	利息收入	利息支出	投资收益(损失以“-”号记)	营业利润	利润总额	亏损企业亏损额	平均用工人数(人)
2761.0	8960.4	2906.0	41.3	2499.4		3493.0	5831.1	1690.9	2296
2349.4	6289.2	2621.4	41.1	2551.8		231.5	2665.7	972.1	1283
411.6	2671.2	284.6	0.2	-52.4		3261.5	3165.4	718.8	1013
	2715.8	537.6	32.2	570.4		213.7	339.4		1193
	77.3	0.1				52.1	52.1		65
	335.5	-0.7				39.9	40.8		153
	335.5	-0.7				39.9	40.8		153
	2138.1	414.9	31.9	446.8		102.8	227.6		720
	164.9	123.3	0.3	123.6		18.9	18.9		255
159677.6	**468427.8**	**1668606.5**	**65351.3**	**1549322.3**	**432954.7**	**1749680.3**	**1889203.9**	**761249.7**	**144473**
107760.8	339681.2	1562431.3	64629.3	1453741.9	432066.5	1645439.4	1760319.9	665329.1	123449
91693.5	233289.5	1309156.1	37678.4	1186440.9	386832.5	1604848.1	1639429.6	542278.4	57120
89945.7	102328.2	357234.7	20771.8	327864.2	5879.8	424235.6	422678.8	217868.3	24803
1170.9	64350.0	316101.6	5289.4	341864.5	376700.9	147868.2	170280.9	290633.9	22893
348.8	9477.5	36335.6	255.1	36014.3	866.2	61773.5	61186.4	4836.8	796
127.0	38867.1	437889.0	8728.1	379076.5	714.9	761313.8	776052.7	14527.4	6542
101.1	15282.0	158054.0	2633.6	99882.3	2670.7	208934.4	208487.8	8573.2	1381
	2984.7	3541.2	0.4	1739.1		722.6	743.0	5838.8	705
	9626.4	191954.9	23018.3	214951.4	42996.8	115790.8	118127.5	66034.7	46875
16067.3	96765.3	61320.3	3932.6	52349.6	2237.2	-75199.5	2762.8	57016.0	19454
28799.5	75335.9	73095.9	576.9	67277.0	596.2	93107.3	97812.7	72558.8	8686
28168.0	74481.5	73138.5	467.1	67216.2	596.2	92417.8	97090.8	72558.8	8556
27365.0	56298.6	60171.7	633.2	54099.0	596.2	87608.5	91406.1	44129.4	6054
803.0	18182.9	12966.8	-166.1	13117.2		4809.3	5684.7	28429.4	2502
631.5	854.4	-42.6	109.8	60.8		689.5	721.9		130
23117.3	53410.7	33079.3	145.1	28303.4	292.0	11133.6	31071.3	23361.8	12338
22798.7	45549.4	27228.7	-15.9	24121.1	292.0	1949.8	18216.3	22177.0	11025
318.6	7861.3	5850.6	161.0	4182.3		9183.8	12855.0	1184.8	1313

1-A-7 国有控股工业企业

行业	企业单位数（个）	资产总计	固定资产净额	固定资产原价	累计折旧	流动资产合计
总计	**628**	**165920859.4**	**79339976.9**	**138399716.7**	**52407388.1**	**48526900.1**
采矿业	**89**	**44714489.3**	**12485118.0**	**23716260.0**	**9468703.5**	**15262656.7**
煤炭开采和洗选业	58	33455607.8	10563423.1	19739336.0	7853648.9	11796367.9
烟煤和无烟煤开采洗选	38	21500987.6	7271797.5	13361972.4	5283345.2	8529458.0
褐煤开采洗选	20	11954620.2	3291625.6	6377363.6	2570303.7	3266909.9
其他煤炭采选						
石油和天然气开采业	NA	709260.3	183010.9	359863.3	176852.4	51007.0
石油开采	NA	709260.3	183010.9	359863.3	176852.4	51007.0
天然气开采						
黑色金属矿采选业	6	8015706.7	595806.2	1815978.0	835746.7	2513261.8
铁矿采选	6	8015706.7	595806.2	1815978.0	835746.7	2513261.8
锰矿、铬矿采选						
有色金属矿采选业	19	2467176.0	1130795.9	1775176.6	588640.0	856569.9
常用有色金属矿采选	12	1943699.1	805298.9	1296044.3	490530.8	512911.1
贵金属矿采选	NA	25399.1	13767.5	21715.9	7948.5	2845.3
稀有稀土金属矿采选	5	498077.8	311729.5	457416.4	90160.7	340813.5
非金属矿采选业	4	66738.5	12081.9	25906.1	13815.5	45450.1
土砂石开采	NA	29120.0	9104.4	18231.7	9127.4	18716.8
化学矿开采						
采盐	NA	37618.5	2977.5	7674.4	4688.1	26733.3
石棉及其他非金属矿采选						
开采专业及辅助性活动						
煤炭开采和洗选专业及辅助性活动						
石油和天然气开采专业及辅助性活动						
制造业	**195**	**60016866.7**	**27329427.8**	**45523654.8**	**14204181.0**	**19988730.1**
农副食品加工业	NA	108054.7	21549.4	40284.0	18734.7	72681.0
谷物磨制	NA	31203.8	5398.0	8672.2	3274.2	25222.4
饲料加工						
植物油加工	NA	60928.1	8832.7	23824.3	14991.6	40688.8
制糖业						
屠宰及肉类加工	NA	15922.8	7318.7	7787.5	468.9	6769.8
水产品加工						
蔬菜、菌类、水果和坚果加工						
其他农副食品加工						
食品制造业	12	647784.7	191232.1	341278.9	144862.7	345885.2
焙烤食品制造						
糖果、巧克力及蜜饯制造						
方便食品制造						
乳制品制造	7	160034.0	58018.0	138623.0	78802.1	86253.9

主要经济指标(大、中类行业)

单位:万元

应收账款	存货	产成品	负债合计	流动负债合计	应付账款	所有者权益合计	实收资本	国家资本	集体资本
9040660.7	**8127891.5**	**2192013.2**	**107336293.3**	**68651595.7**	**16974772.8**	**58584560.2**	**42811493.4**	**25579070.1**	**390143.5**
1885946.1	**1087274.3**	**235871.2**	**22378289.6**	**15281727.7**	**3119534.4**	**22336199.1**	**11742494.0**	**8951218.3**	**157707.7**
1583560.6	462639.5	57921.3	16359881.6	10920383.4	2414783.6	17095726.1	9507666.2	6877737.0	111904.7
691981.3	363880.0	35690.1	8666121.7	5464951.3	1460838.0	12834865.9	6747438.0	4758966.5	79798.0
891579.3	98759.5	22231.2	7693759.9	5455432.1	953945.6	4260860.2	2760228.2	2118770.5	32106.7
1522.2	19588.2	18887.4	172970.4	163101.4	149483.3	536289.9	8814.4	8814.4	
1522.2	19588.2	18887.4	172970.4	163101.4	149483.3	536289.9	8814.4	8814.4	
209880.9	159901.7	43523.6	4434445.4	2956414.0	385082.8	3581261.3	1864286.5	1814483.5	45803.0
209880.9	159901.7	43523.6	4434445.4	2956414.0	385082.8	3581261.3	1864286.5	1814483.5	45803.0
82445.0	439372.0	111482.2	1370094.2	1210571.5	168034.3	1097081.3	350169.0	244115.5	
73371.7	122958.2	91503.9	763513.8	690288.7	86437.7	1180184.8	293418.1	212655.0	
799.1	1580.4	86.2	12058.6	12058.6	2912.8	13340.5	6500.0		
8274.2	314833.4	19892.1	594521.8	508224.2	78683.8	-96444.0	50250.9	31460.5	
8537.4	5772.9	4056.7	40898.0	31257.4	2150.4	25840.5	11557.9	6067.9	
5658.3	3846.4	2578.7	13822.8	13819.6	814.2	15297.2	6557.9	6067.9	
2879.1	1926.5	1478.0	27075.2	17437.8	1336.2	10543.3	5000.0		
3003335.6	**6559645.0**	**1938870.3**	**41914880.9**	**30226117.6**	**7910771.8**	**18101984.4**	**17212282.2**	**6155488.9**	**219772.2**
3365.4	40186.3	34930.4	106851.0	75488.4	1390.8	1203.6	16318.9	16318.9	
369.4	3917.0	166.1	6508.4	6033.8	717.9	24695.3	3240.9	3240.9	
1589.4	33539.8	32142.2	87446.7	56558.7	629.4	-26518.6	10051.1	10051.1	
1406.6	2729.5	2622.1	12895.9	12895.9	43.5	3026.9	3026.9	3026.9	
40369.9	175950.2	49901.6	310370.0	287872.3	90539.8	337414.6	106535.0	57103.1	
19840.1	15664.0	490.6	66233.0	65754.5	39032.6	93801.0	26160.0		

1-A-7 续表 1

行 业	企业单位数(个)	资产总计	固定资产净额	固定资产原价	累计折旧	流动资产合计
罐头食品制造						
调味品、发酵制品制造	NA	155596.6	82044.2	104895.8	21511.5	67824.2
其他食品制造	NA	332154.1	51169.9	97760.1	44549.1	191807.1
酒、饮料和精制茶制造业	11	671182.7	182734.4	304701.4	118113.4	262355.9
酒的制造	10	464578.7	149255.3	258754.7	105645.8	201918.3
饮料制造	NA	206604.0	33479.1	45946.7	12467.6	60437.6
精制茶加工						
烟草制品业	NA	979448.3	143701.3	317470.8	173769.5	808223.5
烟叶复烤						
卷烟制造	NA	979448.3	143701.3	317470.8	173769.5	808223.5
其他烟草制品制造						
纺织业						
棉纺织及印染精加工						
毛纺织及染整精加工						
麻纺织及染整精加工						
丝绢纺织及印染精加工						
化纤织造及印染精加工						
针织或钩针编织物及其制品制造						
家用纺织制成品制造						
产业用纺织制成品制造						
纺织服装、服饰业	NA	43089.7	4855.8	15610.1	10754.2	28644.1
机织服装制造	NA	43089.7	4855.8	15610.1	10754.2	28644.1
针织或钩针编织服装制造						
服饰制造						
皮革、毛皮、羽毛及其制品和制鞋业						
皮革制品制造						
羽毛(绒)加工及制品制造						
制鞋业						
木材加工和木、竹、藤、棕、草制品业						
木材加工						
人造板制造						
木质制品制造						
竹、藤、棕、草等制品制造						
家具制造业						
木质家具制造						
金属家具制造						
造纸和纸制品业	NA	70420.3	22710.8	47677.3	24966.6	41869.0
纸浆制造	NA	55994.0	19680.6	41893.7	22213.1	31708.0
造纸						
纸制品制造	NA	14426.3	3030.2	5783.6	2753.5	10161.0

单位:万元

应收账款	存货	产成品	负债合计	流动负债合计	应付账款	所有者权益合计	实收资本	国家资本	集体资本
67824.2	7093.3	56685.2	28765.2	120945.8	103533.7	26306.2	34650.8	21966.0	13300.0
191807.1	13436.5	103601.0	20645.8	123191.2	118584.1	25201.0	208962.8	58409.0	43803.1
262355.9	17647.9	82727.2	33792.7	296083.0	293979.4	29050.1	375099.7	243580.6	86797.0
201918.3	3584.4	74061.1	25734.2	213276.2	210276.2	20047.0	251302.5	232573.8	86797.0
60437.6	14063.5	8666.1	8058.5	82806.8	83703.2	9003.1	123797.2	11006.8	
808223.5	90867.1	240184.0	37999.5	319335.5	318877.5	110444.3	660112.8	134615.6	123307.0
808223.5	90867.1	240184.0	37999.5	319335.5	318877.5	110444.3	660112.8	134615.6	123307.0
13241.1	9955.0	2820.6	17977.3	17319.7	7839.6	25112.4	10800.0	10800.0	
13241.1	9955.0	2820.6	17977.3	17319.7	7839.6	25112.4	10800.0	10800.0	
7263.2	17375.5	11698.9	36519.9	36324.4	13106.2	33900.0	23519.6	16981.2	
2836.0	13883.0	8980.0	31123.0	31096.8	10350.0	24870.7	16364.0	16364.0	
4427.2	3492.5	2718.9	5396.9	5227.6	2756.2	9029.3	7155.6	617.2	

1-A-7 续表2

行业	企业单位数(个)	资产总计	固定资产净额	固定资产原价	累计折旧	流动资产合计
印刷和记录媒介复制业	NA	21048.8	658.9	18867.0	11116.9	12279.0
印刷	NA	21048.8	658.9	18867.0	11116.9	12279.0
装订及印刷相关服务						
记录媒介复制						
文教、工美、体育和娱乐用品制造业						
文教办公用品制造						
乐器制造						
工艺美术及礼仪用品制造						
体育用品制造						
玩具制造						
游艺器材及娱乐用品制造						
石油、煤炭及其他燃料加工业	9	2470471.7	1225238.1	3575773.0	1362656.5	791947.6
精炼石油产品制造	4	1441432.2	771196.6	2720081.9	1073643.2	472916.9
煤炭加工	5	1029039.5	454041.5	855691.1	289013.3	319030.7
化学原料和化学制品制造业	26	14424602.0	11051982.4	15598986.0	3493801.8	1892915.1
基础化学原料制造	12	2311187.0	1753627.3	2115606.1	359132.3	400951.8
肥料制造	6	2794399.1	2097056.9	3331237.3	1140672.5	397332.5
农药制造						
涂料、油墨、颜料及类似产品制造						
合成材料制造	7	9221467.9	7161002.1	10071613.5	1953886.4	1067495.9
专用化学产品制造	NA	97548.0	40296.1	80529.1	40110.6	27134.9
炸药、火工及焰火产品制造						
日用化学产品制造						
医药制造业	6	190196.4	78696.8	124525.5	45730.0	84032.5
化学药品原料药制造	NA	30527.1	9752.7	14849.9	5040.8	16523.8
化学药品制剂制造	NA	33012.6	11192.1	15413.8	4221.7	18643.1
中药饮片加工						
中成药生产	NA	19188.1	7247.6	11967.2	4677.4	9098.9
兽用药品制造	NA	11888.6	6929.6	15327.6	8397.9	3944.6
生物药品制品制造	NA	95580.0	43574.8	66967.0	23392.2	35822.1
卫生材料及医药用品制造						
化学纤维制造业						
纤维素纤维原料及纤维制造						
合成纤维制造						
橡胶和塑料制品业	NA	26296.6	7923.0	12052.4	4129.4	16510.1
橡胶制品业	NA	20427.3	5406.8	7796.3	2389.5	13281.6
塑料制品业	NA	5869.3	2516.2	4256.1	1739.9	3228.5
非金属矿物制品业	27	1432969.7	708288.3	1359152.0	510769.0	510935.1

单位:万元

应收账款	存货	产成品	负债合计	流动负债合计	应付账款	所有者权益合计	实收资本	国家资本	集体资本
3623.9	1754.0		9009.0	3887.5	2487.8	12039.8	7164.1	7164.1	
3623.9	1754.0		9009.0	3887.5	2487.8	12039.8	7164.1	7164.1	
84539.1	246829.6	98504.7	1782675.5	1126175.4	362924.2	687796.2	289183.7	119614.4	
21093.4	156026.3	59739.1	834970.4	544888.1	165471.6	606461.8	3460.7		
63445.7	90803.3	38765.6	947705.1	581287.3	197452.6	81334.4	285723.0	119614.4	
148900.9	447765.3	125239.3	11371999.8	5970648.6	1374621.0	3052601.8	4878368.0	2462523.5	91553.5
84461.0	105614.7	32489.5	1430462.7	813405.7	217855.6	880724.1	740896.7	666647.7	30303.5
17168.7	81685.4	33417.5	2471940.6	1245411.4	189434.3	322458.4	999093.3	601607.8	
40147.9	245725.5	51299.2	7408817.5	3851235.8	953746.9	1812650.3	3097103.0	1194268.0	61250.0
7123.3	14739.7	8033.1	60779.0	60595.7	13584.2	36769.0	41275.0		
22520.7	31124.4	18965.1	110258.8	109436.5	18637.4	79937.5	67916.5	63938.5	3018.0
879.6	4862.1	3512.3	5701.2	5127.5	1595.1	24825.9	5530.0	4570.0	
4132.6	4835.5	2299.7	13221.7	13221.7	1131.7	19790.8	4422.0	4422.0	
4928.9	2549.7	1216.9	6902.8	6902.8	4111.3	12285.3	11284.0	11284.0	
	2978.4	2059.2	4884.1	4884.1		7004.5	6000.0	6000.0	
12579.6	15898.7	9877.0	79549.0	79300.4	11799.3	16031.0	40680.5	37662.5	3018.0
3849.6	8403.1	4564.5	13993.4	12858.0	6254.8	12303.1	9068.0	8298.7	
1986.5	7332.2	3995.3	10169.8	9034.4	5260.1	10257.5	8073.7	8073.7	
1863.1	1070.9	569.2	3823.6	3823.6	994.7	2045.6	994.3	225.0	
137978.1	122964.5	33539.3	1447050.5	1395445.5	157467.5	-14081.1	417012.9	203055.6	900.0

1-A-7 续表3

行　业	企业单位数（个）	资产总计	固定资产净额	固定资产原价	累计折旧	流动资产合计
水泥、石灰和石膏制造	17	1051470.3	601368.0	1177018.7	436018.7	272307.8
石膏、水泥制品及类似制品制造	5	89674.1	32252.3	49387.0	17134.6	50789.2
砖瓦、石材等建筑材料制造						
玻璃制造						
玻璃制品制造	NA	14854.8	6485.1	16108.8	9243.4	6898.1
玻璃纤维和玻璃纤维增强塑料制品制造						
陶瓷制品制造						
耐火材料制品制造	NA	35871.7	9661.6	11835.1	2173.5	22193.5
石墨及其他非金属矿物制品制造	NA	241098.8	58521.3	104802.4	46198.8	158746.5
黑色金属冶炼和压延加工业	7	15713449.2	6899108.9	11527696.5	4595695.0	4660717.5
炼铁						
炼钢						
钢压延加工	5	15636384.2	6896498.9	11522029.7	4592638.3	4586488.4
铁合金冶炼	NA	77065.0	2610.0	5666.8	3056.7	74229.1
有色金属冶炼和压延加工业	30	9711796.1	2663870.6	6255494.3	2149992.8	3748449.9
常用有色金属冶炼	14	6692771.1	2330329.6	5594039.3	1855814.5	1916864.1
贵金属冶炼	6	804315.7	210650.7	443958.9	202399.3	264237.5
稀有稀土金属冶炼	6	2053720.9	76385.2	126945.1	48675.8	1460822.7
有色金属合金制造	NA	88388.3	27815.6	53593.4	24835.0	57799.0
有色金属压延加工	NA	72600.1	18689.5	36957.6	18268.2	48726.6
金属制品业	7	1779590.1	363221.5	597484.9	216417.3	1077762.9
结构性金属制品制造	NA	20298.2	2935.8	7496.2	4524.5	14962.4
金属工具制造	NA	7286.0	1324.2	2585.5	1261.2	5893.1
集装箱及金属包装容器制造						
金属丝绳及其制品制造	NA	1096769.7	110017.5	194007.9	78516.5	745770.8
建筑、安全用金属制品制造						
金属表面处理及热处理加工						
金属制日用品制造						
铸造及其他金属制品制造	4	655236.2	248944.0	393395.3	132115.1	311136.6
通用设备制造业	6	247934.8	26225.0	47722.2	20911.6	178562.4
锅炉及原动设备制造	4	215127.9	18697.2	31027.2	11744.5	156243.7
金属加工机械制造						
物料搬运设备制造						
泵、阀门、压缩机及类似机械制造						
轴承、齿轮和传动部件制造						
烘炉、风机、包装等设备制造						
文化、办公用机械制造						
通用零部件制造	NA	32806.9	7527.8	16695.0	9167.1	22318.7
其他通用设备制造业						

单位:万元

应收账款	存货	产成品	负债合计	流动负债合计	应付账款	所有者权益合计	实收资本	国家资本	集体资本
84647.9	61659.3	16499.3	1195404.0	1149620.9	107492.4	-143934.0	327057.2	178864.3	900.0
15649.1	23309.2	7431.4	63292.3	61393.9	6856.0	26381.7	21404.3	16204.3	
2349.2	1594.0	1224.8	4905.6	4905.6	62.7	9949.2	6000.0	6000.0	
4279.8	4411.2	3022.1	20293.7	20293.7	19789.5	15578.0	15000.0		
31052.1	31990.8	5361.7	163154.9	159231.4	23266.9	77944.0	47551.4	1987.0	
502981.0	2135091.5	831361.6	10561183.5	9054402.1	3150802.6	5152265.8	4628654.8	50423.0	51.0
484904.8	2117016.4	821179.7	10488043.5	8981262.1	3132013.3	5148340.7	4625704.8	49423.0	51.0
18076.2	18075.1	10181.9	73140.0	73140.0	18789.3	3925.1	2950.0	1000.0	
473150.3	1877541.3	327790.7	6329131.5	4241943.6	452837.1	3382664.6	2570666.9	1636589.0	43925.5
73631.0	888320.3	87310.8	4979266.5	3309725.6	374139.6	1713504.6	1996363.3	1301693.2	43890.0
53219.5	130476.1	1940.8	392418.7	390896.3	36118.2	411897.0	73245.1	71628.3	
302985.9	824921.0	215621.5	859959.0	444801.9	31681.9	1193761.8	378929.8	153138.8	35.5
17110.6	25762.9	18488.9	50927.8	50125.1	10668.9	37460.6	75428.7	75428.7	
26203.3	8061.0	4428.7	46559.5	46394.7	228.5	26040.6	46700.0	34700.0	
130713.4	343845.9	80274.7	1449735.6	974812.9	428960.1	329854.4	382530.2	321061.3	53888.9
5706.3	4200.6	2110.6	10936.6	10936.6		9361.6	7000.0	3220.0	
1549.2	2002.1	1340.1	4840.2	4789.2	3704.0	2445.8	2470.0	2470.0	
111235.8	180488.7	50549.4	989607.6	782742.3	363863.7	107162.1	233651.1	179762.2	53888.9
12222.1	157154.5	26274.6	444351.2	176344.8	61392.4	210884.9	139409.1	135609.1	
89927.1	53051.1	29376.5	184070.1	178715.6	105333.1	63864.8	44106.2	22393.0	7553.0
85521.7	42653.3	25630.2	156753.4	154042.1	95096.1	58374.5	35858.2	19678.6	4646.1
4405.4	10397.8	3746.3	27316.7	24673.5	10237.0	5490.3	8248.0	2714.4	2906.9

1-A-7 续表4

行业	企业单位数(个)	资产总计	固定资产净额	固定资产原价	累计折旧	流动资产合计
专用设备制造业	9	158728.2	28649.2	77113.4	40903.4	97473.6
采矿、冶金、建筑专用设备制造	5	62592.7	9790.1	31396.1	14046.5	51792.6
化工、木材、非金属加工专用设备制造	NA	21379.2	4793.5	17615.1	12820.4	15965.7
食品、饮料、烟草及饲料生产专用设备制造						
印刷、制药、日化及日用品生产专用设备制造						
纺织、服装和皮革加工专用设备制造						
电子和电工机械专用设备制造						
农、林、牧、渔专用机械制造	NA	19673.0	5391.4	15983.1	10591.6	14089.0
医疗仪器设备及器械制造	NA	55083.3	8674.2	12119.1	3444.9	15626.3
环保、邮政、社会公共服务及其他专用设备制造						
汽车制造业	10	2552368.9	361878.8	798863.0	393326.8	1492298.2
汽车整车制造	4	1787109.4	250089.9	591759.1	317505.5	1198983.7
汽车用发动机制造						
改装汽车制造	NA	13501.7	1721.5	5798.3	3855.7	11558.0
电车制造						
汽车车身、挂车制造						
汽车零部件及配件制造	4	751757.8	110067.4	201305.6	71965.6	281756.5
铁路、船舶、航空航天和其他运输设备制造业	6	3542165.6	394133.5	776478.8	344902.2	2231822.2
铁路运输设备制造	4	3176860.1	298078.6	605269.3	269752.2	2067646.3
城市轨道交通设备制造						
船舶及相关装置制造						
航空、航天器及设备制造	NA	365305.5	96054.9	171209.5	75150.0	164175.9
摩托车制造						
非公路休闲车及零配件制造						
潜水救捞及其他未列明运输设备制造						
电气机械和器材制造业	6	409907.4	54268.7	80107.4	25838.7	246568.5
电机制造	NA	239299.0	29986.1	50245.3	20259.3	173803.5
输配电及控制设备制造	NA	170608.4	24282.6	29862.1	5579.4	72765.0
电线、电缆、光缆及电工器材制造						
电池制造						
家用电力器具制造						
非电力家用器具制造						
照明器具制造						
其他电气机械及器材制造						
计算机、通信和其他电子设备制造业	5	4677503.2	2846037.9	3537468.6	480408.8	1308463.8
计算机制造						
通信设备制造						
广播电视设备制造						
雷达及配套设备制造						

单位:万元

应收账款	存货	产成品	负债合计	流动负债合计	应付账款	所有者权益合计	实收资本	国家资本	集体资本
29792.0	40936.5	16078.3	164240.4	161174.6	38929.4	-5512.2	118972.0	83209.7	18762.3
16765.9	23429.1	12234.0	105847.9	105363.4	28001.7	-43255.1	52780.4	50780.4	
2622.8	3892.4	12.3	30666.2	30255.3	6418.0	-9287.0	11191.6	9454.8	1736.8
2917.1	7597.2	3395.2	11305.8	10975.8	1949.3	8367.1	5000.0	2974.5	2025.5
7486.2	6017.8	436.8	16420.5	14580.1	2560.4	38662.8	50000.0	20000.0	15000.0
559196.4	137642.1	71075.7	2541357.0	2227176.1	451627.7	11012.1	473058.5	227199.0	
506740.6	114549.3	58300.6	1957679.7	1819860.0	393213.6	-170570.2	224743.2	190427.3	
3708.0	4328.1	3544.5	18569.4	18569.4	7620.0	-5067.6	20971.7	20971.7	
48747.8	18764.7	9230.6	565107.9	388746.7	50794.1	186649.9	227343.6	15800.0	
177442.3	316474.2	43466.1	1943971.6	1707471.8	380874.6	1598194.0	398086.5	398086.5	
129929.0	261975.6	43451.7	1742155.4	1553323.8	312110.3	1434704.7	386859.4	386859.4	
47513.3	54498.6	14.4	201816.2	154148.0	68764.3	163489.3	11227.1	11227.1	
172078.2	47416.2	16764.4	232451.9	215809.6	92197.8	177455.4	133572.5	11261.5	
130313.5	33730.9	5174.1	173537.6	171495.3	87851.7	65761.4	26284.0	10000.0	
41764.7	13685.3	11590.3	58914.3	44314.3	4346.1	111694.0	107288.5	1261.5	
248290.7	165497.2	70725.7	2591390.1	1721072.6	599937.9	2086113.1	2251031.2	221873.4	

1-A-7 续表5

行业	企业单位数(个)	资产总计	固定资产净额	固定资产原价	累计折旧	流动资产合计
非专业视听设备制造						
智能消费设备制造						
电子器件制造	NA	2146662.4	1580269.2	1842383.6	262114.4	550710.0
电子元件及电子专用材料制造	4	2530840.8	1265768.7	1695085.0	218294.4	757753.8
其他电子设备制造						
仪器仪表制造业						
通用仪器仪表制造						
专用仪器仪表制造						
钟表与计时仪器制造						
光学仪器制造						
衡器制造						
其他仪器仪表制造业						
其他制造业						
日用杂品制造						
废弃资源综合利用业	NA	87359.0	39146.6	51853.4	12701.6	43419.6
金属废料和碎屑加工处理	NA	87359.0	39146.6	51853.4	12701.6	43419.6
非金属废料和碎屑加工处理						
金属制品、机械和设备修理业	NA	50498.6	13315.8	16993.9	3678.1	34913.4
金属制品修理	NA	2849.5	0.8	74.6	73.8	2848.7
通用设备修理						
专用设备修理						
铁路、船舶、航空航天等运输设备修理						
电气设备修理	NA	47649.1	13315.0	16919.3	3604.3	32064.7
其他机械和设备修理业						
电力、热力、燃气及水生产和供应业	**344**	**61189503.4**	**39525431.1**	**69159801.9**	**28734503.6**	**13275513.3**
电力、热力生产和供应业	306	56083389.3	37175159.0	66124951.4	28066100.0	11991638.3
电力生产	284	38921402.9	27416834.4	47060348.6	18784791.8	7199906.5
电力供应	NA	14609271.1	8760268.7	17481346.2	8721077.6	3847849.5
热力生产和供应	19	2552715.3	998055.9	1583256.6	560230.6	943882.3
燃气生产和供应业	9	3005060.9	1564612.3	1871181.1	293438.8	342325.2
燃气生产和供应业	9	3005060.9	1564612.3	1871181.1	293438.8	342325.2
生物质燃气生产和供应业						
水的生产和供应业	29	2101053.2	785659.8	1163669.4	374964.8	941549.8
自来水生产和供应	24	1870329.6	752385.3	1117003.4	364511.2	830290.5
污水处理及其再生利用	5	230723.6	33274.5	46666.0	10453.6	111259.3
其他水的处理、利用与分配						

单位:万元

应收账款	存货	产成品	负债合计	流动负债合计	应付账款	所有者权益合计	实收资本	国家资本	集体资本
178429.90	97075.0	60259.7	1091038.4	641879.3	275632.4	1055624.0	1180400.0		
69860.8	68422.2	10466.0	1500351.7	1079193.3	324305.5	1030489.1	1070631.2	221873.4	
26501.8	10234.1		65513.0	65513.0	25182.7	21845.9	1990.0	1990.0	
26501.8	10234.1		65513.0	65513.0	25182.7	21845.9	1990.0	1990.0	
19095.5	6695.8		29712.5	29712.5	9325.3	20786.1	5530.5	5500.5	
1579.3			2510.7	2510.7	-38.0	338.8	30.0		
17516.2	6695.8		27201.8	27201.8	9363.3	20447.3	5500.5	5500.5	
4151379.0	**480972.2**	**17271.7**	**43043122.8**	**23143750.4**	**5944466.6**	**18146376.7**	**13856717.2**	**10472362.9**	**12663.6**
3943226.6	428315.9	14754.5	39125889.1	20025626.5	5660964.7	16957497.1	12782391.8	9550085.3	5143.6
2836271.9	342306.2	14724.7	27863262.8	13247478.5	2624237.2	11058137.1	9813508.5	6610481.3	5143.6
1016520.5	25588.0	29.8	9533989.2	5895929.8	2911888.9	5075281.9	2477916.3	2477916.3	
90434.2	60421.7		1728637.1	882218.2	124838.6	824078.1	490967.0	461687.7	
78480.0	34918.3	2300.1	2568060.5	2442900.6	213647.1	437000.4	562497.4	520829.4	
78480.0	34918.3	2300.1	2568060.5	2442900.6	213647.1	437000.4	562497.4	520829.4	
129672.4	17738.0	217.1	1349173.2	675223.3	69854.8	751879.2	511828.0	401448.2	7520.0
106139.9	17391.7	183.5	1171232.5	594638.1	60065.0	699096.3	470927.4	386767.6	3600.0
23532.5	346.3	33.6	177940.7	80585.2	9789.8	52782.9	40900.6	14680.6	3920.0

1-A-7 续表6

行 业	法人资本	个人资本	港澳台资本	外商资本	营业收入	营业成本
总 计	**15668893.1**	**745084.3**	**38389.8**	**389911.7**	**70356072.1**	**55229194.4**
采矿业	**2385188.1**	**241042.2**		**7337.7**	**15226328.1**	**8809646.0**
煤炭开采和洗选业	2298647.5	214477.0		4900.0	12889522.5	7230743.8
烟煤和无烟煤开采洗选	1770274.2	138399.3			9055972.7	4996905.3
褐煤开采洗选	528373.3	76077.7		4900.0	3833549.8	2233838.5
其他煤炭采选						
石油和天然气开采业					234452.6	233889.5
石油开采					234452.6	233889.5
天然气开采						
黑色金属矿采选业	4000.0				838089.3	669138.6
铁矿采选	4000.0				838089.3	669138.6
锰矿、铬矿采选						
有色金属矿采选业	77540.6	26075.2		2437.7	1227317.6	662323.1
常用有色金属矿采选	73490.6	7272.5			804718.7	440253.7
贵金属矿采选	4050.0	2450.0			3621.0	3269.9
稀有稀土金属矿采选		16352.7		2437.7	418977.9	218799.5
非金属矿采选业	5000.0	490.0			36946.1	13551.0
土砂石开采		490.0			32377.2	11144.4
化学矿开采						
采盐	5000.0				4568.9	2406.6
石棉及其他非金属矿采选						
开采专业及辅助性活动						
煤炭开采和洗选专业及辅助性活动						
石油和天然气开采专业及辅助性活动						
制造业	**10293624.5**	**339779.4**		**203617.0**	**33691760.8**	**27951231.1**
农副食品加工业					38784.0	32658.6
谷物磨制					10533.7	3378.7
饲料加工						
植物油加工					13534.9	13945.1
制糖业						
屠宰及肉类加工					14715.4	15334.8
水产品加工						
蔬菜、菌类、水果和坚果加工						
其他农副食品加工						
食品制造业	49431.9				685765.1	582378.0
焙烤食品制造						
糖果、巧克力及蜜饯制造						
方便食品制造						
乳制品制造	26160.0				526634.6	448611.70

单位:万元

销售费用	管理费用	财务费用			投资收益（损失以“-”号记）	营业利润	利润总额	亏损企业亏损额	平均用工人数（人）
			利息收入	利息支出					
1016334.7	**2833530.8**	**2857922.8**	**232194.2**	**2880862.0**	**132864.1**	**5409455.6**	**5414304.3**	**1782854.3**	**419238**
276276.3	**1173136.2**	**477334.9**	**82206.3**	**524381.5**	**-52831.2**	**3296500.5**	**3216394.5**	**357813.4**	**129330**
236617.1	971641.8	305775.8	41383.1	309400.2	-88963.3	3042682.4	2967660.2	204628.2	107144
144353.7	587751.4	172160.1	16569.9	175016.7	11346.5	2490970.7	2419663.9	15644.8	54266
92263.4	383890.4	133615.7	24813.2	134383.5	-100309.8	551711.7	547996.3	188983.4	52878
180.1	263.6	2291.6	519.3	2810.9		-17123.7	-18423.0	18504.8	3074
180.1	263.6	2291.6	519.3	2810.9		-17123.7	-18423.0	18504.8	3074
20560.2	112728.3	141579.2	42314.2	181795.0	34915.7	-113345.4	-110414.4	116500.6	10003
20560.2	112728.3	141579.2	42314.2	181795.0	34915.7	-113345.4	-110414.4	116500.6	10003
5987.4	84876.0	27090.1	-2019.0	29804.6	1216.4	379612.6	373004.9	18179.8	8424
3702.6	72602.6	20738.2	-2022.8	23447.7	1216.4	206010.4	199747.9		6205
6.9	1914.1	223.2	0.5	223.6		-1972.2	-1746.6	1746.6	70
2277.9	10359.3	6128.7	3.3	6133.3		175574.4	175003.6	16433.2	2149
12931.5	3626.5	598.2	8.7	570.8		4674.6	4566.8		685
12773.2	2390.7	294.8	8.2	288.8		4590.2	4453.7		443
158.3	1235.8	303.4	0.5	282.0		84.4	113.1		242
619381.5	**1370654.3**	**1075818.2**	**92884.2**	**1099522.8**	**110116.0**	**1086640.2**	**1094522.3**	**780587.5**	**168761**
3322.6	3409.2	3698.4	95.0	3839.0	25.4	-6490.8	-8462.8	10665.6	604
60.3	719.0	-20.4	-28.3			4384.1	2202.8		141
3058.1	2064.0	3718.3	121.9	3839.0	25.4	-9364.4	-9154.8	9154.8	256
204.2	626.2	0.5	1.4			-1510.5	-1510.8	1510.8	207
33683.5	26127.9	4257.0	3188.3	4708.1	6134.4	37861.9	36630.3	4073.3	6292
24547.3	14960.1	-17.7	-16.6	51.8		36206.9	35380.8	1240.0	2669

1-A-7 续表 7

行业	企业单位数(个)	资产总计	固定资产净额	固定资产原价	累计折旧	流动资产合计
罐头食品制造						
调味品、发酵制品制造	8666.0				74567.9	62043.6
其他食品制造	14605.9				84562.6	71722.7
酒、饮料和精制茶制造业	147574.0	9089.6			152020.2	85713.3
酒的制造	136567.2	9089.6			149917.7	83083.2
饮料制造	11006.8				2102.5	2630.1
精制茶加工						
烟草制品业	11308.6				1036806.6	286203.2
烟叶复烤						
卷烟制造	11308.6				1036806.6	286203.2
其他烟草制品制造						
纺织业						
棉纺织及印染精加工						
毛纺织及染整精加工						
麻纺织及染整精加工						
丝绢纺织及印染精加工						
化纤织造及印染精加工						
针织或钩针编织物及其制品制造						
家用纺织制成品制造						
产业用纺织制成品制造						
纺织服装、服饰业					21251.9	18748.2
机织服装制造					21251.9	18748.2
针织或钩针编织服装制造						
服饰制造						
皮革、毛皮、羽毛及其制品和制鞋业						
皮革制品制造						
羽毛(绒)加工及制品制造						
制鞋业						
木材加工和木、竹、藤、棕、草制品业						
木材加工						
人造板制造						
木质制品制造						
竹、藤、棕、草等制品制造						
家具制造业						
木质家具制造						
金属家具制造						
造纸和纸制品业	6538.4				58305.7	49778.9
纸浆制造					33171.0	27843.7
造纸						
纸制品制造	6538.4				25134.7	21935.2

单位:万元

销售费用	管理费用	财务费用			投资收益（损失以“－”号记）	营业利润	利润总额	亏损企业亏损额	平均用工人数（人）
			利息收入	利息支出					
2650.8	3474.9	3779.8	1.7	1248.1		1086.8	1150.2		983
6485.4	7692.9	494.9	3203.2	3408.2	6134.4	568.2	99.3	2833.3	2640
11570.4	25515.6	450.9	－155.3	847.7		8229.5	8217.1	7142.6	5311
11071.1	21594.9	359.6	－154.2	755.7		13387.3	13404.6	1955.1	5093
499.3	3920.7	91.3	－1.1	92.0		－5157.8	－5187.5	5187.5	218
19682.3	69132.5	－7369.7	7408.3			61246.0	58522.6		2663
19682.3	69132.5	－7369.7	7408.3			61246.0	58522.6		2663
723.1	3152.4	208.3	5.6	217.2		－1912.2	－1910.1	2499.0	1020
723.1	3152.4	208.3	5.6	217.2		－1912.2	－1910.1	2499.0	1020
2278.3	2910.2	12.5	30.7	43.5	322.9	2710.4	2534.7		1479
1143.9	2281.8	－3.6	4.0		294.8	1668.5	1670.8		934
1134.4	628.4	16.1	26.7	43.5	28.1	1041.9	863.9		545

1-A-7 续表8

行业	法人资本	个人资本	港澳台资本	外商资本	营业收入	营业成本
印刷和记录媒介复制业					10437.8	7021.4
印刷					10437.8	7021.4
装订及印刷相关服务						
记录媒介复制						
文教、工美、体育和娱乐用品制造业						
文教办公用品制造						
乐器制造						
工艺美术及礼仪用品制造						
体育用品制造						
玩具制造						
游艺器材及娱乐用品制造						
石油、煤炭及其他燃料加工业	164270.7	5298.5			3949752.6	2778346.4
精炼石油产品制造	3460.7				2735338.3	1797107.1
煤炭加工	160810.0	5298.5			1214414.3	981239.3
化学原料和化学制品制造业	2239678.0	2993.0		81620.0	5404908.5	4122077.9
基础化学原料制造	40952.5	2993.0			1391270.1	1191762.6
肥料制造	315865.5			81620.0	849812.6	622255.4
农药制造						
涂料、油墨、颜料及类似产品制造						
合成材料制造	1841585.0				3092769.4	2254203.9
专用化学产品制造	41275.0				71056.4	53856.0
炸药、火工及焰火产品制造						
日用化学产品制造						
医药制造业	360.0	600.0			94200.0	59478.6
化学药品原料药制造	360.0	600.0			13942.6	8001.8
化学药品制剂制造					19019.1	8967.1
中药饮片加工						
中成药生产					13532.1	3523.2
兽用药品制造					11823.5	7657.1
生物药品制品制造					35882.7	31329.4
卫生材料及医药用品制造						
化学纤维制造业						
纤维素纤维原料及纤维制造						
合成纤维制造						
橡胶和塑料制品业	769.3				30840.6	28655.2
橡胶制品业					26527.7	24666.3
塑料制品业	769.3				4312.9	3988.9
非金属矿物制品业	201437.3	11620.0			624339.8	507020.7

单位:万元

销售费用	管理费用	财务费用			投资收益（损失以“-”号记）	营业利润	利润总额	亏损企业亏损额	平均用工人数（人）
			利息收入	利息支出					
470.0	2403.8	-28.6	28.6			471.1	981.7		419
470.0	2403.8	-28.6	28.6			471.1	981.7		419
39058.2	132587.2	40483.5	2069.6	35235.0	715.7	246973.2	240245.2	2066.6	8352
5134.1	105425.7	11508.4	1826.1	13318.1		136637.3	130619.4		4066
33924.1	27161.5	28975.1	243.5	21916.9	715.7	110335.9	109625.8	2066.6	4286
94030.3	313850.8	406435.6	13913.6	412163.9	17641.9	338462.3	314251.0	178386.4	25719
11851.6	38388.7	52113.6	777.6	50890.1	-217.4	73555.1	71247.3	10855.2	7936
33934.8	57308.2	97385.3	2672.2	99885.5	18082.6	49377.2	31949.3	47162.5	3943
44409.7	214327.3	255327.9	10463.8	259733.6	-223.3	208084.1	206892.2	120368.7	13228
3834.2	3826.6	1608.8		1654.7		7445.9	4162.2		612
17966.9	12432.9	2215.7	34.2	2843.0	4843.0	5075.8	6802.6	3665.1	1902
404.3	3210.8	-16.0	16.2	0.8	4.9	2001.7	2824.1		343
6769.3	2460.9	302.0	4.2	306.2	4430.0	4534.4	5560.0		645
10396.4	2056.1	-1.6	2.8		408.1	-2390.9	-2391.8	2391.8	232
101.4	1696.5	0.4	0.9			2057.9	2083.6		193
295.5	3008.6	1930.9	10.1	2536.0		-1127.3	-1273.3	1273.3	489
296.4	1807.4	153.2	2.9	154.9		-229.0	-232.6	564.2	436
145.0	1167.0	152.9	1.8	154.1		329.7	331.6		339
151.4	640.4	0.3	1.1	0.8		-558.7	-564.2	564.2	97
23534.2	63395.0	46546.0	5616.1	52258.6	-436.1	-20367.4	-16908.6	42299.4	6187

1-A-7 续表9

行　业	法人资本	个人资本	港澳台资本	外商资本	营业收入	营业成本
水泥、石灰和石膏制造	135672.9	11620.0			364645.0	276272.3
石膏、水泥制品及类似制品制造	5200.0				43040.4	35197.2
砖瓦、石材等建筑材料制造						
玻璃制造						
玻璃制品制造					13477.4	8872.5
玻璃纤维和玻璃纤维增强塑料制品制造						
陶瓷制品制造						
耐火材料制品制造	15000.0				36117.1	31634.7
石墨及其他非金属矿物制品制造	45564.4				167059.9	155044.0
黑色金属冶炼和压延加工业	4558503.3	19677.5			7865060.5	6811051.2
炼铁						
炼钢						
钢压延加工	4558503.3	17727.5			7690278.8	6650176.0
铁合金冶炼		1950.0			174781.7	160875.2
有色金属冶炼和压延加工业	514848.4	254774.8		120529.2	7591273.7	6998604.8
常用有色金属冶炼	501496.7	31473.3		117810.0	6088896.4	5756527.9
贵金属冶炼	1351.7	265.2			284682.0	203498.7
稀有稀土金属冶炼		223036.3		2719.2	961884.2	786446.7
有色金属合金制造					89133.7	90668.8
有色金属压延加工	12000.0				166677.4	161462.7
金属制品业	3480.0	4100.0			892171.2	731929.7
结构性金属制品制造	3080.0	700.0			13872.9	10857.9
金属工具制造					14243.2	13000.4
集装箱及金属包装容器制造						
金属丝绳及其制品制造					677639.4	566641.2
建筑、安全用金属制品制造						
金属表面处理及热处理加工						
金属制日用品制造						
铸造及其他金属制品制造	400.0	3400.0			186415.7	141430.2
通用设备制造业	9250.0	4910.1			147793.1	136880.1
锅炉及原动设备制造	9250.0	2283.4			104892.8	98933.0
金属加工机械制造						
物料搬运设备制造						
泵、阀门、压缩机及类似机械制造						
轴承、齿轮和传动部件制造						
烘炉、风机、包装等设备制造						
文化、办公用机械制造						
通用零部件制造		2626.7			42900.3	37947.1
其他通用设备制造业						

单位:万元

销售费用	管理费用	财务费用			投资收益（损失以“-”号记）	营业利润	利润总额	亏损企业亏损额	平均用工人数（人）
			利息收入	利息支出					
15543.6	52352.9	42608.2	406.3	43290.9	-188.9	-23991.5	-20590.5	39216.2	3907
1123.0	2513.3	555.8	4.2	547.6		3352.1	3342.0	620.9	479
1560.9	726.5	174.3		172.8		1329.8	1323.2		261
2004.2	1366.0	22.2				692.0	694.8		220
3302.5	6436.3	3185.5	5205.6	8247.3	-247.2	-1749.8	-1678.1	2462.3	1320
242249.1	148020.0	254845.2	12446.9	217743.1	34206.7	405576.7	405392.8	31794.3	31113
236658.6	145773.6	250345.8	12448.5	213246.9	34206.7	404477.9	404295.2	31794.3	30497
5590.5	2246.4	4499.4	-1.6	4496.2		1098.8	1097.6		616
42270.6	157636.8	207312.5	18587.6	221511.6	19976.9	128741.1	128826.3	208093.9	29906
38127.9	87317.7	159357.8	13583.7	173110.2	15709.2	2145.3	-4587.5	191634.9	21644
89.7	41302.9	12498.0	963.2	9910.2		15791.4	19168.4	2209.7	4212
1053.2	21831.2	31309.6	3883.6	34332.6	4267.7	125227.3	128240.1	254.6	2902
806.3	3551.6	1614.9	115.4	1674.1		-10484.2	-10070.7	10070.7	384
2193.5	3633.4	2532.2	41.7	2484.5		-3938.7	-3924.0	3924.0	764
14812.5	75812.2	34151.6	2357.2	33465.8	150.7	20013.0	35177.3		13841
522.4	1288.5	-19.2		-24.5		1172.5	1098.3		246
52.1	639.3	-0.7	1.1			401.0	405.5		132
10381.5	55261.8	29370.4	1329.0	28531.8	150.7	-2280.4	6703.0		9883
3856.5	18622.6	4801.1	1027.1	4958.5		20719.9	26970.5		3580
1165.9	6156.3	1891.1	44.3	1920.7	2010.0	1996.6	2285.3	3029.4	1146
558.8	2991.8	1620.2	32.5	1642.5	2010.0	1489.7	1684.2	3029.4	420
607.1	3164.5	270.9	11.8	278.2		506.9	601.1		726

1-A-7 续表10

行业	法人资本	个人资本	港澳台资本	外商资本	营业收入	营业成本
专用设备制造业	2000.0	15000.0			107250.1	88690.0
采矿、冶金、建筑专用设备制造	2000.0				48286.9	41595.8
化工、木材、非金属加工专用设备制造					42000.6	35359.2
食品、饮料、烟草及饲料生产专用设备制造						
印刷、制药、日化及日用品生产专用设备制造						
纺织、服装和皮革加工专用设备制造						
电子和电工机械专用设备制造						
农、林、牧、渔专用机械制造					14454.6	9615.7
医疗仪器设备及器械制造		15000.0			2508.0	2119.3
环保、邮政、社会公共服务及其他专用设备制造						
汽车制造业	234143.6	11715.9			1100067.4	1170168.4
汽车整车制造	22800.0	11515.9			902669.6	977589.2
汽车用发动机制造						
改装汽车制造					21951.3	20612.2
电车制造						
汽车车身、挂车制造						
汽车零部件及配件制造	211343.6	200.0			175446.5	171967.0
铁路、船舶、航空航天和其他运输设备制造业					1896366.7	1668344.6
铁路运输设备制造					1586103.5	1384655.4
城市轨道交通设备制造						
船舶及相关装置制造						
航空、航天器及设备制造					310263.2	283689.2
摩托车制造						
非公路休闲车及零配件制造						
潜水救捞及其他未列明运输设备制造						
电气机械和器材制造业	122311.0				299638.5	265384.4
电机制造	16284.0				215554.6	185382.0
输配电及控制设备制造	106027.0				84083.9	80002.4
电线、电缆、光缆及电工器材制造						
电池制造						
家用电力器具制造						
非电力家用器具制造						
照明器具制造						
其他电气机械及器材制造						
计算机、通信和其他电子设备制造业	2027690.0			1467.8	1644518.7	1489713.6
计算机制造						
通信设备制造						
广播电视设备制造						
雷达及配套设备制造						

单位:万元

销售费用	管理费用	财务费用			投资收益（损失以“-”号记）	营业利润	利润总额	亏损企业亏损额	平均用工人数（人）
			利息收入	利息支出					
3463.9	12576.0	1361.9	560.5	969.8	5.8	1575.2	2178.8	3841.6	2171
1407.2	4024.8	403.2	66.4	444.7		1484.1	1685.2		912
318.3	4524.0	-29.3	28.1		5.8	2485.9	2635.8		731
602.7	1882.1	518.9	-3.5	522.5		1738.2	1699.4		318
1135.7	2145.1	469.1	469.5	2.6		-4133.0	-3841.6	3841.6	210
37489.8	51616.0	44252.3	2454.7	41808.6	7605.3	-192962.9	-176905.8	194549.5	6320
35073.5	42697.5	40545.0	2226.1	41409.9	7605.3	-181423.2	-165923.4	183457.4	5202
358.0	1467.3	-77.1	1.4	-119.4		-597.2	-132.9	242.6	234
2058.3	7451.2	3784.4	227.2	518.1		-10942.5	-10849.5	10849.5	884
14664.0	134230.3	-14353.2	20586.7	5963.4	11747.9	69347.1	70330.1		12868
14566.3	122934.9	-16060.8	20198.8	3876.8	11747.0	56315.6	57941.7		11030
97.7	11295.4	1707.6	387.9	2086.6	0.9	13031.5	12388.4		1838
4029.8	8116.0	3583.7	75.5	4124.5	-7.3	23712.0	25597.7	644.0	1169
3973.2	6655.4	1578.4	108.3	1878.4		24151.5	25996.2	132.2	870
56.6	1460.6	2005.3	-32.8	2246.1	-7.3	-439.5	-398.5	511.8	299
12619.7	114242.0	45035.7	3461.3	58958.7	5172.8	-44264.1	-39573.4	87272.6	8587

1-A-7　续表11

行　业	法人资本	个人资本	港澳台资本	外商资本	营业收入	营业成本
非专业视听设备制造						
智能消费设备制造						
电子器件制造	1180400.0				513348.0	491310.5
电子元件及电子专用材料制造	847290.0			1467.8	1131170.7	998403.1
其他电子设备制造						
仪器仪表制造业						
通用仪器仪表制造						
专用仪器仪表制造						
钟表与计时仪器制造						
光学仪器制造						
衡器制造						
其他仪器仪表制造业						
其他制造业						
日用杂品制造						
废弃资源综合利用业					23662.8	18895.8
金属废料和碎屑加工处理					23662.8	18895.8
非金属废料和碎屑加工处理						
金属制品、机械和设备修理业	30.0				16545.3	13488.1
金属制品修理	30.0				2776.1	2633.0
通用设备修理						
专用设备修理						
铁路、船舶、航空航天等运输设备修理						
电气设备修理					13769.2	10855.1
其他机械和设备修理业						
电力、热力、燃气及水生产和供应业	**2990080.5**	**164262.7**	**38389.8**	**178957.0**	**21437983.2**	**18468317.3**
电力、热力生产和供应业	2865337.2	144478.2	38389.8	178957.0	20668798.7	17841518.4
电力生产	2839727.2	140808.7	38389.8	178957.0	10302854.1	7792787.3
电力供应					9878554.3	9579979.3
热力生产和供应	25610.0	3669.5			487390.3	468751.8
燃气生产和供应业	23088.0	18580.0			482847.8	422196.7
燃气生产和供应业	23088.0	18580.0			482847.8	422196.7
生物质燃气生产和供应业						
水的生产和供应业	101655.3	1204.5			286336.7	204602.2
自来水生产和供应	79355.3	1204.5			249951.3	174252.5
污水处理及其再生利用	22300.0				36385.4	30349.7
其他水的处理、利用与分配						

单位:万元

销售费用	管理费用	财务费用			投资收益（损失以“-”号记）	营业利润	利润总额	亏损企业亏损额	平均用工人数（人）
			利息收入	利息支出					
8628.2	51682.4	25831.7	1791.7	39724.1		-88381.8	-87272.6	87272.6	2293
3991.5	62559.6	19204.0	1669.6	19234.6	5172.8	44117.7	47699.2		6294
	3308.4	259.6	40.0	298.9		719.8	262.4		471
	3308.4	259.6	40.0	298.9		719.8	262.4		471
	2215.4	415.0	31.9	446.8		154.9	279.7		785
	77.3	0.1				52.1	52.1		65
	2138.1	414.9	31.9	446.8		102.8	227.6		720
120676.9	**289740.3**	**1304769.7**	**57103.7**	**1256957.7**	**75579.3**	**1026314.9**	**1103387.5**	**644453.4**	**121147**
92865.9	226274.7	1269111.2	57433.8	1228119.4	75287.3	1043376.3	1101832.0	589529.9	107749
88513.0	168258.4	1059479.8	32799.2	998531.5	31264.4	981418.6	1001229.9	493245.6	50147
	9626.4	191954.9	23018.3	214951.4	42996.8	115790.8	118127.5	66034.7	46875
4352.9	48389.9	17676.5	1616.3	14636.5	1026.1	-53833.1	-17525.4	30249.6	10727
5076.8	19479.4	19071.4	-381.9	16556.4		11267.8	11726.4	31890.2	2578
5076.8	19479.4	19071.4	-381.9	16556.4		11267.8	11726.4	31890.2	2578
22734.2	43986.2	16587.1	51.8	12281.9	292.0	-28329.2	-10170.9	23033.3	10820
22722.3	40200.5	14169.6	58.3	11089.2	292.0	-28293.3	-13034.8	22063.6	10046
11.9	3785.7	2417.5	-6.5	1192.7		-35.9	2863.9	969.7	774

1-A-8 私营工业企业主要

行业	企业单位数(个)	资产总计	固定资产净额	固定资产原价	累计折旧	流动资产合计
总计	**963**	**37183851.3**	**9160822.7**	**14287370.7**	**4828267.9**	**16872855.3**
采矿业	**174**	**10579268.5**	**1554542.0**	**2697551.1**	**1136237.7**	**5249482.8**
煤炭开采和洗选业	117	8540234.4	1136096.7	1954946.1	812306.6	4322551.8
烟煤和无烟煤开采洗选	107	8026061.8	1073194.3	1819761.1	740024.1	3961992.7
褐煤开采洗选	10	514172.6	62902.4	135185.0	72282.5	360559.1
其他煤炭采选						
石油和天然气开采业	NA	54643.6	9225.9	38028.7	28802.7	36846.4
石油开采	NA	54643.6	9225.9	38028.7	28802.7	36846.4
天然气开采						
黑色金属矿采选业	21	880402.3	174308.0	344957.0	170426.2	471263.3
铁矿采选	21	880402.3	174308.0	344957.0	170426.2	471263.3
锰矿、铬矿采选						
其他黑色金属矿采选						
有色金属矿采选业	12	911715.8	190350.5	276431.0	86080.2	325206.8
常用有色金属矿采选	10	288377.4	97883.9	126387.6	28503.5	113448.3
贵金属矿采选						
稀有稀土金属矿采选	NA	623338.4	92466.6	150043.4	57576.7	211758.5
非金属矿采选业	21	192272.4	44560.9	83188.3	38622.0	93614.5
土砂石开采	17	146214.4	39478.9	71689.3	32205.2	74420.9
化学矿开采						
采盐						
石棉及其他非金属矿采选	4	46058.0	5082.0	11499.0	6416.8	19193.6
开采专业及辅助性活动						
石油和天然气开采专业及辅助性活动						
其他开采专业及辅助性活动						
其他采矿业						
制造业	**697**	**20732217.5**	**5631132.5**	**8487569.4**	**2617252.8**	**9786940.3**
农副食品加工业	154	1484515.4	359680.3	569101.4	162570.2	855777.7
谷物磨制	17	148014.9	42592.1	53673.2	11013.1	69177.6
饲料加工	14	88834.4	21025.2	32910.4	11130.1	57852.0
植物油加工	8	91200.2	11728.0	19284.8	7556.7	32949.1
制糖业	NA	152092.8	21928.2	68657.1	7818.7	67285.1
屠宰及肉类加工	91	639503.0	178790.3	228241.7	44114.5	383174.2
水产品加工						
蔬菜、菌类、水果和坚果加工	12	83157.3	7406.8	18159.4	8972.1	69114.7
其他农副食品加工	10	281712.8	76209.7	148174.8	71965.0	176225.0
食品制造业	26	400860.4	110165.7	165002.1	54836.2	154525.4
焙烤食品制造	NA	27995.5	16899.9	24743.9	7843.9	8907.3
糖果、巧克力及蜜饯制造						
方便食品制造	NA	8962.9	233.5	337.3	103.8	5193.3
乳制品制造	9	97750.1	34513.3	52000.0	17486.8	48450.5

经济指标(大、中类行业)

单位:万元

应收账款	存货	产成品	负债合计	流动负债合计	应付账款	所有者权益合计	实收资本	国家资本	集体资本
3537470.6	**2680067.5**	**1206940.9**	**24982823.0**	**20065814.2**	**4696085.8**	**12201020.7**	**19472005.7**	**38693.7**	**189636.1**
808264.9	**413066.4**	**214376.2**	**6825684.2**	**5964784.0**	**1275597.8**	**3753581.7**	**1508886.6**		**53337.6**
708147.8	303250.0	154101.6	5395732.8	4782147.9	1118102.5	3144500.3	1088886.5		52337.6
517454.4	287894.0	150340.9	5164511.5	4571410.0	1093144.6	2861549.1	1016893.2		49507.6
190693.4	15356.0	3760.7	231221.3	210737.9	24957.9	282951.2	71993.3		2830.00
12672.5	3163.8	1824.8	53102.3	53102.3	4856.9	1541.3	3300.0		
12672.5	3163.8	1824.8	53102.3	53102.3	4856.9	1541.3	3300.0		
40352.2	47749.5	23017.5	603915.4	527108.3	69509.9	276486.2	189526.0		
40352.2	47749.5	23017.5	603915.4	527108.3	69509.9	276486.2	189526.0		
7855.2	29466.2	14371.8	631921.9	463220.1	63751.8	279793.7	181420.0		
7794.8	21724.9	10830.0	167440.0	105681.1	16341.2	120937.3	92981.0		
60.4	7741.3	3541.8	464481.9	357539.0	47410.6	158856.4	88439.0		
39237.2	29436.9	21060.5	141011.8	139205.4	19376.7	51260.2	45754.1		1000.0
36231.3	19546.3	12489.1	109655.8	109570.8	16262.3	36558.3	35554.1		1000.0
3005.9	9890.6	8571.4	31356.0	29634.6	3114.4	14701.9	10200.0		
2319362.3	**2205955.5**	**985678.5**	**14828173.8**	**12007870.7**	**3018371.4**	**5904039.1**	**16476843.2**	**28228.7**	**129548.5**
156571.7	378660.0	224281.0	1046829.4	955572.4	256340.3	437683.9	12840147.7	574.0	12681.2
9300.6	40030.5	9651.9	80383.8	74544.7	11769.8	67630.6	37583.4	500.0	
12927.4	11342.9	1560.8	46677.8	43925.4	9096.1	42156.1	22391.3		500.0
1255.2	8748.7	4069.1	69107.8	67815.9	18688.4	22092.3	19938.0		
-3464.5	48947.8	35025.3	105750.9	65071.1	49297.4	46341.8	27000.0		
74920.1	172576.9	152521.7	365896.6	340776.0	52196.2	273605.9	11639845.4	74.0	10381.2
34426.7	16780.9	4032.9	70638.1	64163.2	29147.9	12519.0	60310.8		1800.0
27206.2	80232.3	17419.3	308374.4	299276.1	86144.5	-26661.8	1033078.8		
15060.3	47470.6	18548.1	246778.7	222349.8	29062.2	154081.1	103504.1		1714.3
1278.9	2187.4	45.1	7336.0	7336.0	3174.4	20659.6	15737.8		
873.8	69.3	34.7	6909.6	6909.6	45.6	2053.3	3500.0		
4759.4	14505.4	2576.0	55531.4	40613.7	13574.0	42218.5	18014.3		1714.3

1-A-8 续表1

行业	企业单位数(个)	资产总计	固定资产净额	固定资产原价	累计折旧	流动资产合计
罐头食品制造	NA	8199.8	4373.2	5308.8	935.6	3326.5
调味品、发酵制品制造	NA	36149.9	7291.9	13011.7	5719.8	24440.8
其他食品制造	9	221802.2	46853.9	69600.4	22746.3	64207.0
酒、饮料和精制茶制造业	18	676200.5	98347.6	142802.8	42041.4	275378.3
酒的制造	13	615846.1	83314.7	122647.9	36929.6	248364.9
饮料制造	5	60354.4	15032.9	20154.9	5111.8	27013.4
精制茶加工						
烟草制品业						
其他烟草制品制造						
纺织业	31	398984.9	66155.2	98918.4	17176.8	246447.3
棉纺织及印染精加工	NA	2393.2	502.7	5888.1	5385.4	1890.5
毛纺织及染整精加工	24	262209.9	64957.0	75891.4	10569.3	144524.9
麻纺织及染整精加工						
丝绢纺织及印染精加工						
化纤织造及印染精加工						
针织或钩针编织物及其制品制造	6	134381.8	695.5	17138.9	1222.1	100031.9
家用纺织制成品制造						
产业用纺织制成品制造						
纺织服装、服饰业	12	69704.6	7375.9	16586.0	8229.3	58992.1
机织服装制造	4	19858.8	2141.5	5318.0	3176.5	16999.8
针织或钩针编织服装制造	NA	19602.2		2227.4	1246.6	17811.8
服饰制造	6	30243.6	5234.4	9040.6	3806.2	24180.5
皮革、毛皮、羽毛及其制品和制鞋业	NA	7065.1	247.3	868.5	621.2	6688.4
皮革鞣制加工						
皮革制品制造						
毛皮鞣制及制品加工						
羽毛(绒)加工及制品制造						
制鞋业	NA	7065.1	247.3	868.5	621.2	6688.4
木材加工和木、竹、藤、棕、草制品业	16	288190.5	9684.1	50797.6	12322.2	216868.3
木材加工	12	63745.5	9575.8	15811.6	5092.8	39957.7
人造板制造	NA	1671.3	55.2	556.1	28.3	1143.6
木质制品制造	NA	222773.7	53.1	34429.9	7201.1	175767.0
竹、藤、棕、草等制品制造						
家具制造业						
木质家具制造						
竹、藤家具制造						
金属家具制造						
塑料家具制造						
其他家具制造						
造纸和纸制品业	NA	34856.2	6535.1	15745.4	8123.3	25991.0
纸浆制造						

单位:万元

应收账款	存货	产成品	负债合计	流动负债合计	应付账款	所有者权益合计	实收资本	国家资本	集体资本
13.2	2308.8	2304.7	4178.8	1178.8	703.5	4020.9	5000.0		
1602.3	15109.1	5470.5	14568.9	14568.9	2255.3	21581.0	14000.0		
6532.7	13290.6	8117.1	158254.0	151742.8	9309.4	63547.8	47252.0		
11511.8	80555.4	44086.8	440157.0	237386.9	27894.3	236043.4	196041.6		
8454.4	66874.4	39322.1	398191.1	203621.0	26504.9	217655.0	175650.2		
3057.4	13681.0	4764.7	41965.9	33765.9	1389.4	18388.4	20391.4		
88055.4	80808.4	44823.9	326636.2	320303.7	41025.6	72348.2	53314.7	5000.0	
	860.0	464.2	1479.5	1479.5	371.4	913.7	2100.0		
60348.2	49623.2	33403.2	193713.0	187380.5	29149.5	68496.5	34762.5	5000.0	
27707.2	30325.2	10956.5	131443.7	131443.7	11504.7	2938.0	16452.2		
10339.9	40429.3	23915.4	40932.0	40661.6	15515.3	28772.8	26415.0		
1237.4	13581.5	11297.9	6334.2	6103.8	1296.6	13524.7	13055.0		
7438.0	8496.6	5246.0	16144.9	16144.9	8763.7	3457.3	3100.0		
1664.5	18351.2	7371.5	18452.9	18412.9	5455.0	11790.8	10260.0		
194.3	1788.2		1411.0	1411.0	1343.4	5654.0	5100.0		
194.3	1788.2		1411.0	1411.0	1343.4	5654.0	5100.0		
45182.1	19164.2	9773.5	304844.5	245750.4	46441.6	-16653.9	26939.9		1000.0
6515.8	16725.9	9707.1	57780.7	57780.7	14935.4	5965.0	15439.9		1000.0
734.7	66.4	66.4	659.0	659.0	403.5	1012.3	1000.0		
37931.6	2371.9		246404.8	187310.7	31102.7	-23631.2	10500.0		
15083.4	5580.0	2602.7	26865.2	25284.5	6894.0	7990.9	7035.0		

1-A-8 续表2

行业	企业单位数(个)	资产总计	固定资产净额	固定资产原价	累计折旧	流动资产合计
造纸	NA	14073.2		3856.2	2769.3	12397.8
纸制品制造	NA	20783.0	6535.1	11889.2	5354.0	13593.2
印刷和记录媒介复制业	NA	15172.0	7271.1	9283.2	2012.1	4266.3
印刷	NA	15172.0	7271.1	9283.2	2012.1	4266.3
装订及印刷相关服务						
记录媒介复制						
文教、工美、体育和娱乐用品制造业						
文教办公用品制造						
乐器制造						
工艺美术及礼仪用品制造						
体育用品制造						
玩具制造						
游艺器材及娱乐用品制造						
石油、煤炭及其他燃料加工业	19	2188242.6	610096.2	949608.6	318179.6	936561.2
精炼石油产品制造	NA	404512.5	50922.8	69273.9	18351.0	218460.0
煤炭加工	16	1783730.1	559173.4	880334.7	299828.6	718101.2
生物质燃料加工						
化学原料和化学制品制造业	75	5459726.7	1991474.8	2867226.2	871458.7	2037674.4
基础化学原料制造	50	2742470.3	779925.7	1175215.0	391025.1	1458696.9
肥料制造	5	22173.0	5717.7	10579.2	4833.4	14957.9
农药制造	NA	10499.6	127.0	383.6	256.6	5035.3
涂料、油墨、颜料及类似产品制造	NA	5905.2	1990.8	3981.6	1990.8	3652.4
合成材料制造	4	2428410.7	1104442.8	1553574.4	449131.3	423439.2
专用化学产品制造	12	227418.4	93697.6	114783.9	21086.2	118508.0
炸药、火工及焰火产品制造	NA	22849.5	5573.2	8708.5	3135.3	13384.7
日用化学产品制造						
医药制造业	13	1140768.9	307661.9	357152.7	49348.1	336438.1
化学药品原料药制造	NA	91904.8	29320.3	35599.7	6279.4	32029.5
化学药品制剂制造	NA	910491.2	256476.7	287211.6	30734.7	208326.7
中药饮片加工	4	21925.7	1009.0	1684.6	675.6	14451.6
中成药生产	NA	102632.6	19657.6	30906.0	11105.9	69090.5
兽用药品制造						
生物药品制品制造	NA	13814.6	1198.3	1750.8	552.5	12539.8
卫生材料及医药用品制造						
药用辅料及包装材料						
化学纤维制造业						
纤维素纤维原料及纤维制造						
合成纤维制造						
生物基材料制造						
橡胶和塑料制品业	20	272531.1	72195.5	90715.1	18519.5	171237.9
橡胶制品业	4	14325.2	2553.3	4382.8	1829.4	9710.4
塑料制品业	16	258205.9	69642.2	86332.3	16690.1	161527.5

单位:万元

应收账款	存货	产成品	负债合计	流动负债合计	应付账款	所有者权益合计	实收资本	国家资本	集体资本
7047.1	1586.2	464.7	13160.5	11624.3	1232.4	912.7	4035.0		
8036.3	3993.8	2138.0	13704.7	13660.2	5661.6	7078.2	3000.0		
1092.6	2747.3	748.2	8657.8	7674.5	4252.9	6514.1	1600.0		
1092.6	2747.3	748.2	8657.8	7674.5	4252.9	6514.1	1600.0		
75854.7	145616.4	50502.6	1304378.6	945127.7	156578.9	883863.9	529562.0		69793.0
8901.9	25428.9	10487.3	315401.1	104326.1	10371.7	89111.3	95000.0		
66952.8	120187.5	40015.3	988977.5	840801.6	146207.2	794752.6	434562.0		69793.0
580087.4	325739.7	121578.7	3558711.0	2897984.4	794076.9	1901015.5	861391.6	2505.1	
462095.9	218202.2	82423.5	2139645.5	1828307.7	616601.0	602825.1	322139.6		
1278.5	5004.6	3198.4	20697.4	20697.4	1715.3	1475.4	2860.1		
159.9	128.4	0.6	9140.4	834.9	201.3	1359.1	1000.0		
1911.1	1507.2	1000.5	4594.5	4594.5	1191.1	1310.6	300.0		
53768.8	65451.3	25162.4	1284687.1	951394.2	134250.1	1143723.6	503462.0		
55454.3	34302.4	8943.3	92889.5	88201.4	38014.9	134528.8	27114.6	2480.0	
5418.9	1143.6	850.0	7056.6	3954.3	2103.2	15792.9	4515.3	25.1	
54666.7	51819.7	17676.4	780252.1	364222.5	62798.6	360516.5	310674.4		
6781.0	7731.4	5664.3	47129.1	11839.8	5823.2	44775.7	30000.0		
28049.3	12999.9	5281.3	678480.9	304045.1	44811.6	232010.3	254263.8		
6445.2	3196.7	84.7	13237.8	9177.4	2867.4	8687.9	3550.0		
10182.8	21075.0	2843.3	38997.6	36753.5	8110.0	63634.8	22110.6		
3208.4	6816.7	3802.8	2406.7	2406.7	1186.4	11407.8	750.0		
56772.7	46547.3	27858.0	168428.7	163390.8	33631.9	104102.5	107567.7		
3983.8	4634.4	3042.1	9836.5	9656.8	2586.1	4488.6	3020.2		
52788.9	41912.9	24815.9	158592.2	153734.0	31045.8	99613.9	104547.5		

1-A-8 续表3

行业	企业单位数(个)	资产总计	固定资产净额	固定资产原价	累计折旧	流动资产合计
非金属矿物制品业	93	2102482.1	546644.1	962555.5	348896.1	1015932.5
水泥、石灰和石膏制造	32	941697.6	347937.6	644179.7	252180.0	416625.8
石膏、水泥制品及类似制品制造	27	234054.4	36898.7	97688.2	38136.6	160556.2
砖瓦、石材等建筑材料制造	6	71288.0	18033.2	28604.6	10571.4	36868.3
玻璃制造						
玻璃制品制造	NA	5501.0	437.4	3033.6	2596.2	4581.1
玻璃纤维和玻璃纤维增强塑料制品制造	4	17966.9	5328.0	6313.5	985.5	8608.5
陶瓷制品制造	NA	107198.3	8001.8	20332.2	12330.4	89952.4
耐火材料制品制造	NA	7538.9	2583.6	3146.1	562.5	4029.9
石墨及其他非金属矿物制品制造	18	717237.0	127423.8	159257.6	31533.5	294710.3
黑色金属冶炼和压延加工业	103	2893568.0	689076.0	1124568.9	431058.1	1873404.2
炼铁	NA	24909.6	572.7	5593.9	1955.6	15502.0
炼钢	NA	244941.4	19205.1	55369.2	36164.0	222300.3
钢压延加工	9	1457148.3	391539.3	669881.0	277756.0	871300.3
铁合金冶炼	91	1166568.7	277758.9	393724.8	115182.5	764301.6
有色金属冶炼和压延加工业	39	1197921.8	470532.5	672088.8	157911.8	391665.8
常用有色金属冶炼	14	807996.3	361111.4	500726.2	95977.3	214931.5
贵金属冶炼	5	157679.9	57357.8	89455.5	32097.5	15773.6
稀有稀土金属冶炼	6	56721.6	14372.8	22692.3	8312.8	38815.6
有色金属合金制造	NA	24651.5	5286.3	7077.8	1791.5	16059.8
有色金属压延加工	12	150872.5	32404.2	52137.0	19732.7	106085.3
金属制品业	20	249855.9	36717.6	64382.4	25812.7	163666.6
结构性金属制品制造	14	149924.5	23473.9	38948.9	13622.9	91343.7
金属工具制造						
集装箱及金属包装容器制造	NA	46406.6	4344.3	10658.0	6313.7	38634.9
金属丝绳及其制品制造						
建筑、安全用金属制品制造						
金属表面处理及热处理加工	NA	22989.0	3062.5	5187.4	2124.9	11883.4
搪瓷制品制造						
金属制日用品制造						
铸造及其他金属制品制造	NA	30535.8	5836.9	9588.1	3751.2	21804.6
通用设备制造业	9	92599.8	12482.9	24354.0	11849.0	69013.1
锅炉及原动设备制造	NA	482.5	73.0	464.1	391.1	13.5
金属加工机械制造	NA	18911.7	1098.4	1500.7	402.3	12458.2
物料搬运设备制造						
泵、阀门、压缩机及类似机械制造	NA	22172.5	6502.1	8635.2	2133.1	13300.6
轴承、齿轮和传动部件制造	NA	4571.1	1209.2	2893.3	1684.1	3361.8
烘炉、风机、包装等设备制造	NA	37429.7	2156.2	4537.9	2359.6	32582.0
文化、办公用机械制造						
通用零部件制造	NA	9032.3	1444.0	6322.8	4878.8	7297.0
其他通用设备制造业						

单位:万元

应收账款	存货	产成品	负债合计	流动负债合计	应付账款	所有者权益合计	实收资本	国家资本	集体资本
305968.7	241096.3	116471.7	1611793.1	1314740.8	415454.3	490688.4	389250.5	12000.0	23310.0
140755.2	85057.8	39511.5	737860.5	594655.7	181497.0	203837.2	207797.4		23310.0
92179.9	14806.0	4685.8	175766.4	172549.8	71367.5	58287.7	48721.0		
4859.7	13757.1	10458.7	52712.6	51005.6	8097.0	18575.3	13000.0		
1372.7	1346.8	512.1	910.9	910.9	-857.8	4590.1	50.0		
5132.6	1293.1	491.5	11665.4	9960.6	2142.5	6301.5	4087.5		
15935.4	30573.8	15134.3	100004.4	96054.4	57138.6	7193.8	5305.0		
1102.5	2077.9	587.3	4462.1	4457.2	2214.1	3076.8	1700.0		
44630.7	92183.8	45090.5	528410.8	385146.6	93855.4	188826.0	108589.6	12000.0	
430038.7	338320.1	151890.8	2327134.4	2268410.3	774057.6	566434.6	401480.7	3149.6	
1372.7	4079.8	1044.0	38477.6	16615.5	2300.4	-13567.8	13268.0		
189956.9	2173.5	2.4	338945.8	338945.8	263492.6	-94004.4	2800.0		
40958.4	115266.5	38678.1	1065800.9	1041387.6	178250.2	391347.3	108689.2		
197750.7	216800.3	112166.3	883910.1	871461.4	330014.4	282659.5	276723.5	3149.6	
33262.2	168257.8	66329.9	881444.4	590449.9	163913.5	316477.5	244780.8	5000.0	17500.0
7389.1	78258.6	14975.7	680681.6	403866.9	124466.9	127315.0	159686.2	5000.0	
	6202.5	1747.6	53980.7	53670.4	2531.1	103699.1	23450.0		17500.0
6469.6	22963.4	11897.4	33822.7	25696.7	15841.7	22899.0	11063.2		
1733.0	10022.2	632.4	21348.4	16973.4	13047.1	3303.1	4250.0		
17670.5	50811.1	37076.8	91611.0	90242.5	8026.7	59261.3	46331.4		
77415.9	38821.8	15366.8	165240.4	146264.0	39054.7	84615.0	40449.5		
47229.8	22432.9	11540.0	116515.2	105672.4	22791.9	33409.1	22300.4		
22088.3	2984.4	465.7	12772.6	12284.0	7430.4	33634.0	4800.0		
6080.1	2809.1	2677.8	13998.6	6353.6	566.7	8990.4	5381.6		
2017.7	10595.4	683.3	21954.0	21954.0	8265.7	8581.5	7967.5		
17873.0	32849.2	12746.9	62304.9	52375.1	20257.9	30294.8	22930.9		3000.0
						482.5	482.5		
1476.7	4093.8	1374.4	7185.4	7115.4	4680.4	11726.3	8548.8		
5404.4	5198.8	2494.6	12555.8	5618.9	2541.3	9616.7	6589.6		
1168.7	1024.9	241.7	3203.8	1119.4	1063.1	1367.3	800.0		
6406.2	21808.5	8561.3	34127.6	34127.6	11241.8	3302.0	3000.0		3000.0
3417.0	723.2	74.9	5232.3	4393.8	731.3	3800.0	3510.0		

1-A-8 续表4

行业	企业单位数(个)	资产总计	固定资产净额	固定资产原价	累计折旧	流动资产合计
专用设备制造业	15	137987.1	21248.5	39983.3	17998.0	83192.5
采矿、冶金、建筑专用设备制造	5	79192.4	9942.7	22971.9	13001.0	42579.4
化工、木材、非金属加工专用设备制造						
食品、饮料、烟草及饲料生产专用设备制造	NA	2364.7	19.7	45.1	25.4	2212.9
印刷、制药、日化及日用品生产专用设备制造						
纺织、服装和皮革加工专用设备制造						
电子和电工机械专用设备制造						
农、林、牧、渔专用机械制造	5	28287.3	9535.4	12963.5	2719.7	15017.7
医疗仪器设备及器械制造	NA	6697.9	534.8	1027.2	492.4	6022.8
环保、邮政、社会公共服务及其他专用设备制造	NA	21444.8	1215.9	2975.6	1759.5	17359.7
汽车制造业	8	1175046.5	63918.1	82298.0	18379.7	654599.5
汽车整车制造						
汽车用发动机制造	NA	1018630.7				578755.0
改装汽车制造						
低速汽车制造						
电车制造						
汽车车身、挂车制造	NA	46374.3	16175.5	23444.8	7269.2	21135.5
汽车零部件及配件制造	5	110041.5	47742.6	58853.2	11110.5	54709.0
铁路、船舶、航空航天和其他运输设备制造业	NA	19560.3	3226.1	5435.4	2209.3	13647.6
铁路运输设备制造	NA	19560.3	3226.1	5435.4	2209.3	13647.6
城市轨道交通设备制造						
船舶及相关装置制造						
航空、航天器及设备制造						
摩托车制造						
自行车和残疾人座车制造						
助动车制造						
非公路休闲车及零配件制造						
潜水救捞及其他未列明运输设备制造						
电气机械和器材制造业	5	160067.8	43021.8	61487.8	18466.3	57148.4
电机制造	NA	7293.1	1831.2	4338.0	2506.8	3050.1
输配电及控制设备制造	NA	84064.3	11391.3	15598.8	4207.5	31773.0
电线、电缆、光缆及电工器材制造	NA	22008.8	1338.1	2605.7	1267.6	15211.7
电池制造						
家用电力器具制造						
非电力家用器具制造						
照明器具制造	NA	46701.6	28461.2	38945.3	10484.4	7113.6
其他电气机械及器材制造						
计算机、通信和其他电子设备制造业	12	230541.0	87875.6	104104.9	16229.4	115707.5
计算机制造	NA	14824.4	3320.4	5730.3	2410.0	9806.2
通信设备制造						

单位:万元

应收账款	存货	产成品	负债合计	流动负债合计	应付账款	所有者权益合计	实收资本	国家资本	集体资本
16213.7	38517.1	5870.7	75365.4	67582.9	16323.4	62621.7	46261.0		550.0
9989.2	20695.1	251.2	39577.0	36521.3	2565.7	39615.4	32300.0		
1396.9	646.1	428.5	1397.7	1397.7	812.8	967.0	340.0		
1380.2	6565.1	3435.1	17878.9	13152.1	3193.7	10408.4	5352.0		550.0
2611.0	1343.3	1343.3	5330.2	5330.2	3409.3	1367.7	1000.0		
836.4	9267.5	412.6	11181.6	11181.6	6341.9	10263.2	7269.0		
233882.3	72321.4	8201.3	1133974.4	872435.7	14589.8	41071.8	72302.9		
208237.3	49999.7		1009561.7	779695.5		9069.0	40000.0		
6147.4	8952.8	220.7	55855.5	34842.8	3560.8	-9481.2	8000.0		
19497.6	13368.9	7980.6	68557.2	57897.4	11029.0	41484.0	24302.9		
7801.6	1093.0	522.1	3923.6	3923.6	1839.8	15636.7	10200.0		
7801.6	1093.0	522.1	3923.6	3923.6	1839.8	15636.7	10200.0		
26065.9	14609.7	5577.0	125332.1	125225.9	27044.1	34735.7	78088.4		
150.3	2845.1	2733.4	1524.6	1524.6	465.2	5768.5	1500.0		
15667.5	6687.7	443.5	49654.6	49654.5	22481.7	34409.7	64528.4		
10206.8	4848.1	2272.7	11924.4	11837.6	3853.2	10084.4	10060.0		
41.3	228.8	127.4	62228.5	62209.2	244.0	-15526.9	2000.0		
48726.0	29174.1	15321.2	160994.4	118454.5	66691.2	69546.2	93102.9		
3190.7	2774.6	2774.6	8136.4	8136.4	1882.0	6688.0	5434.8		

1-A-8 续表5

行业	企业单位数(个)	资产总计	固定资产净额	固定资产原价	累计折旧	流动资产合计
广播电视设备制造	NA	14922.1	1167.0	1860.7	693.7	9873.6
雷达及配套设备制造						
非专业视听设备制造						
智能消费设备制造						
电子器件制造	NA	38870.9	3354.0	4173.5	819.5	27392.4
电子元件及电子专用材料制造	8	161923.6	80034.2	92340.4	12306.2	68635.3
其他电子设备制造						
仪器仪表制造业	NA	5691.3	1405.1	2002.2	597.1	4114.8
通用仪器仪表制造						
专用仪器仪表制造	NA	5691.3	1405.1	2002.2	597.1	4114.8
钟表与计时仪器制造						
光学仪器制造						
衡器制造						
其他仪器仪表制造业						
其他制造业						
日用杂品制造						
废弃资源综合利用业	NA	30077.0	8093.5	10500.2	2406.7	18001.4
金属废料和碎屑加工处理	NA	30077.0	8093.5	10500.2	2406.7	18001.4
非金属废料和碎屑加工处理						
金属制品、机械和设备修理业						
金属制品修理						
通用设备修理						
专用设备修理						
铁路、船舶、航空航天等运输设备修理						
电气设备修理						
其他机械和设备修理业						
电力、热力、燃气及水生产和供应业	**92**	**5872365.3**	**1975148.2**	**3102250.2**	**1074777.4**	**1836432.2**
电力、热力生产和供应业	77	5422121.1	1781018.2	2733899.4	905602.4	1647741.9
电力生产	36	3957032.2	1183523.4	1712596.1	518620.8	1014783.6
电力供应						
热力生产和供应	41	1465088.9	597494.8	1021303.3	386981.6	632958.3
燃气生产和供应业	11	316493.1	114123.0	216196.9	97027.9	161123.5
燃气生产和供应业	11	316493.1	114123.0	216196.9	97027.9	161123.5
生物质燃气生产和供应业						
水的生产和供应业	4	133751.1	80007.0	152153.9	72147.1	27566.8
自来水生产和供应	NA	121679.1	70174.9	140380.2	70205.4	25371.4
污水处理及其再生利用	NA	12072.0	9832.1	11773.7	1941.7	2195.4
其他水的处理、利用与分配						

单位:万元

应收账款	存货	产成品	负债合计	流动负债合计	应付账款	所有者权益合计	实收资本	国家资本	集体资本
7319.2	305.5		7209.5	7209.5	111.5	7712.5	5020.0		
5989.0	4844.8	4844.8	30709.5	23359.5	7576.0	8161.4	8850.0		
32227.1	21249.2	7701.8	114939.0	79749.1	57121.7	46984.3	73798.1		
1568.6	896.3	320.6	952.1	952.1	558.5	4739.2	4739.2		
1568.6	896.3	320.6	952.1	952.1	558.5	4739.2	4739.2		
10072.7	3072.2	664.2	24832.4	19935.7	2730.7	5244.6	3962.7		
10072.7	3072.2	664.2	24832.4	19935.7	2730.7	5244.6	3962.7		
409843.4	**61045.6**	**6886.2**	**3328965.0**	**2093159.5**	**402116.6**	**2543399.9**	**1486275.9**	**10465.0**	**6750.0**
368458.1	53372.8	3133.1	3070868.0	1922588.9	392533.7	2351253.0	1402513.4	9465.0	
289280.7	22624.0	11.1	1850320.1	1135921.0	236910.7	2106711.5	1227890.0	9465.0	
79177.4	30748.8	3122.0	1220547.9	786667.9	155623.0	244541.5	174623.4		
34269.2	7046.4	3725.6	177566.2	150826.1	4573.1	138926.6	54650.0	1000.0	6750.0
34269.2	7046.4	3725.6	177566.2	150826.1	4573.1	138926.6	54650.0	1000.0	6750.0
7116.1	626.4	27.5	80530.8	19744.5	5009.8	53220.3	29112.5		
6381.8	521.5		80266.3	19480.0	4876.4	41412.8	26112.5		
734.3	104.9	27.5	264.5	264.5	133.4	11807.5	3000.0		

1-A-8 续表6

行业	法人资本	个人资本	港澳台资本	外商资本	营业收入	营业成本
总 计	**15056321.9**	**4186822.6**		**530.0**	**21724124.2**	**17769875.2**
采矿业	**850169.7**	**604849.0**		**530.0**	**5171596.3**	**3461252.0**
煤炭开采和洗选业	520559.2	515989.5			4606637.9	3147909.8
烟煤和无烟煤开采洗选	502786.3	464599.1			4394800.8	3020453.1
褐煤开采洗选	17772.9	51390.4			211837.1	127456.7
其他煤炭采选						
石油和天然气开采业	1000.0	2300.0			13342.7	12423.0
石油开采	1000.0	2300.0			13342.7	12423.0
天然气开采						
黑色金属矿采选业	133951.5	55574.4			309972.5	159336.4
铁矿采选	133951.5	55574.4			309972.5	159336.4
锰矿、铬矿采选						
其他黑色金属矿采选						
有色金属矿采选业	173961.0	7459.0			121346.3	57607.9
常用有色金属矿采选	86150.0	6831.0			81472.4	29899.1
贵金属矿采选						
稀有稀土金属矿采选	87811.0	628.0			39873.9	27708.8
非金属矿采选业	20698.0	23526.1		530.0	120296.9	83974.9
土砂石开采	10498.0	23526.1		530.0	107419.2	74300.2
化学矿开采						
采盐						
石棉及其他非金属矿采选	10200.0				12877.7	9674.7
开采专业及辅助性活动						
石油和天然气开采专业及辅助性活动						
其他开采专业及辅助性活动						
其他采矿业						
制造业	**13546305.2**	**2772759.7**			**15373084.6**	**13414701.2**
农副食品加工业	11185422.1	1641470.4			1494943.4	1381538.1
谷物磨制	27833.1	9250.3			87431.9	80650.8
饲料加工	14349.3	7542.0			112343.5	98890.8
植物油加工	4888.0	15050.0			48501.2	42784.4
制糖业	12000.0	15000.0			81693.1	74235.9
屠宰及肉类加工	10040629.2	1588761.0			753840.4	711010.7
水产品加工						
蔬菜、菌类、水果和坚果加工	55341.0	3169.8			116365.4	105869.6
其他农副食品加工	1030381.5	2697.3			294767.9	268095.9
食品制造业	51887.8	49902.0			244661.1	189001.6
焙烤食品制造	14657.8	1080.0			38005.7	25846.4
糖果、巧克力及蜜饯制造						
方便食品制造	1800.0	1700.0			1071.8	878.8
乳制品制造	12800.0	3500.0			107468.6	81624.1

单位:万元

销售费用	管理费用	财务费用	利息收入	利息支出	投资收益（损失以“-”号记）	营业利润	利润总额	亏损企业亏损额	平均用工人数（人）
607709.5	**850459.8**	**459150.2**	**26591.9**	**378743.7**	**483885.7**	**2058707.4**	**2092515.1**	**399807.5**	**143768**
130694.9	**240053.7**	**127420.7**	**7447.5**	**121885.9**	**53939.4**	**934992.7**	**906602.4**	**113813.6**	**26259**
116593.3	179827.5	97528.0	7714.7	93502.2	49874.8	813922.2	803827.5	91204.4	19957
109162.7	155888.4	91336.9	8019.4	86997.3	49282.9	788016.2	772956.7	82805.6	18023
7430.6	23939.1	6191.1	-304.7	6504.9	591.9	25906.0	30870.8	8398.8	1934
690.0	360.6	-236.3	-236.5			-740.3	-752.2	1187.4	145
690.0	360.6	-236.3	-236.5			-740.3	-752.2	1187.4	145
2353.8	32666.6	22412.2	52.7	20647.7	1164.6	77112.0	57591.9	13576.4	2741
2353.8	32666.6	22412.2	52.7	20647.7	1164.6	77112.0	57591.9	13576.4	2741
157.4	17821.7	6177.6	-86.3	6258.9	2900.0	33629.3	35000.2	6269.5	1613
98.5	8447.1	1907.4	-87.1	1987.9	2900.0	39842.9	39648.2	1621.5	1356
58.9	9374.6	4270.2	0.8	4271.0		-6213.6	-4648.0	4648.0	257
10900.4	9377.3	1539.2	2.9	1477.1		11069.5	10935.0	1575.9	1803
8834.7	8559.0	1533.2	2.8	1472.3		11027.5	10580.4	1575.9	1441
2065.7	818.3	6.0	0.1	4.8		42.0	354.6		362
461329.3	**544242.1**	**240241.3**	**12734.3**	**183022.6**	**75423.4**	**660975.8**	**686504.2**	**259839.0**	**108519**
34681.6	45876.7	24644.1	882.7	17511.7	1647.8	3237.2	11297.8	18800.5	11230
1307.3	4077.7	1567.5	47.9	1232.4		878.7	1208.8	872.2	654
6406.2	4563.1	784.5	8.6	237.8	0.4	1666.3	1877.2	1002.7	1125
1873.0	2977.0	3077.6	3.5	2569.1	28.6	-2055.1	-1207.4	2305.8	441
544.5	2294.4	882.5	594.3	1084.1	1610.2	1876.5	1719.4		751
12324.2	18882.5	9735.6	18.8	6053.8	-31.4	84.3	4430.6	10157.4	5915
5016.7	2761.9	928.4	50.5	835.4		1176.2	1139.6	622.8	678
7209.7	10320.1	7668.0	159.1	5499.1	40.0	-389.7	2129.6	3839.6	1666
25054.7	17208.5	2318.3	-46.4	1692.9	1237.4	8220.2	10192.7	7650.5	3874
4922.1	1182.8	14.5	2.6	2.1		5467.1	6132.7		728
403.0	325.2	529.7		40.1		-1064.9	-995.9	995.9	66
11441.3	7367.3	841.9	-39.8	803.6		5442.1	6833.7	1228.7	1482

1-A-8 续表7

行　业	法人资本	个人资本	港澳台资本	外商资本	营业收入	营业成本
罐头食品制造	5000.0				4010.7	3360.5
调味品、发酵制品制造		14000.0			51755.1	40787.8
其他食品制造	17630.0	29622.0			42349.2	36504.0
酒、饮料和精制茶制造业	160390.9	35650.7			179723.5	153799.8
酒的制造	153014.7	22635.5			151167.1	135022.0
饮料制造	7376.2	13015.2			28556.4	18777.8
精制茶加工						
烟草制品业						
其他烟草制品制造						
纺织业	18418.3	29896.4			207548.4	196003.8
棉纺织及印染精加工		2100.0			5890.0	5605.1
毛纺织及染整精加工	3326.1	26436.4			179340.9	169271.1
麻纺织及染整精加工						
丝绢纺织及印染精加工						
化纤织造及印染精加工						
针织或钩针编织物及其制品制造	15092.2	1360.0			22317.5	21127.6
家用纺织制成品制造						
产业用纺织制成品制造						
纺织服装、服饰业	16035.0	10380.0			68781.5	60500.7
机织服装制造	11935.0	1120.0			8733.8	6514.3
针织或钩针编织服装制造	100.0	3000.0			16990.8	15870.6
服饰制造	4000.0	6260.0			43056.9	38115.8
皮革、毛皮、羽毛及其制品和制鞋业		5100.0			3942.8	3456.1
皮革鞣制加工						
皮革制品制造						
毛皮鞣制及制品加工						
羽毛(绒)加工及制品制造						
制鞋业		5100.0			3942.8	3456.1
木材加工和木、竹、藤、棕、草制品业	19400.0	6539.9			64638.1	60809.1
木材加工	8900.0	5539.9			56120.5	51987.5
人造板制造	500.0	500.0			5627.0	5352.7
木质制品制造	10000.0	500.0			2890.6	3468.9
竹、藤、棕、草等制品制造						
家具制造业						
木质家具制造						
竹、藤家具制造						
金属家具制造						
塑料家具制造						
其他家具制造						
造纸和纸制品业	5035.0	2000.0			41723.2	37007.3
纸浆制造						

单位:万元

销售费用	管理费用	财务费用			投资收益（损失以“-”号记）	营业利润	利润总额	亏损企业亏损额	平均用工人数（人）
			利息收入	利息支出					
111.1	361.6	262.1		262.0		-87.3	-67.8	67.8	15
4915.1	2684.0	117.4	-15.0	75.6		2749.8	2647.1	42.1	711
3262.1	5287.6	552.7	5.8	509.5	1237.4	-4286.6	-4357.1	5316.0	872
7961.8	12308.0	5146.6	-0.1	5159.8	131.1	-6318.0	-5300.0	9733.3	3264
4002.0	9171.4	3961.7	0.1	3972.8	117.1	-7614.0	-6923.3	9445.9	2739
3959.8	3136.6	1184.9	-0.2	1187.0	14.0	1296.0	1623.3	287.4	525
3186.7	4731.8	7753.1	19.8	6796.6	3175.6	-1915.7	-175.2	5490.0	3153
	283.0	35.5				-40.7	-120.9	120.9	422
2120.2	3411.7	4802.3	8.7	4130.0	3175.6	2162.5	3578.6	1563.2	1734
1066.5	1037.1	2915.3	11.1	2666.6		-4037.5	-3632.9	3805.9	997
2437.8	4707.3	197.9	132.6	165.6		822.3	904.9	22.7	1873
526.2	1449.5	25.3	0.3	17.2		197.5	177.9		507
351.1	737.5	-297.0	-2.8			325.4	325.0	17.4	307
1560.5	2520.3	469.6	135.1	148.4		299.4	402.0	5.3	1059
18.5	428.3	-11.8	12.5	0.7		45.0	30.0		113
18.5	428.3	-11.8	12.5	0.7		45.0	30.0		113
2819.6	2965.8	1377.2	7.1	1070.3		-3684.3	-3458.4	4111.4	1403
2581.4	1945.9	1075.7	8.6	826.4		-1726.7	-1603.8	2154.5	965
15.5	46.3	104.9	0.1	105.0		101.6	101.6	0.7	164
222.7	973.6	196.6	-1.6	138.9		-2059.2	-1956.2	1956.2	274
836.4	1040.7	373.6	3.0	377.2		2098.2	2062.9	526.4	488

1-A-8 续表8

行 业					营业收入	营业成本
	法人资本	个人资本	港澳台资本	外商资本		
造纸	4035.0				982.5	1324.7
纸制品制造	1000.0	2000.0			40740.7	35682.6
印刷和记录媒介复制业		1600.0			8072.4	6616.5
印刷		1600.0			8072.4	6616.5
装订及印刷相关服务						
记录媒介复制						
文教、工美、体育和娱乐用品制造业						
文教办公用品制造						
乐器制造						
工艺美术及礼仪用品制造						
体育用品制造						
玩具制造						
游艺器材及娱乐用品制造						
石油、煤炭及其他燃料加工业	346369.0	113400.0			2031664.4	1697869.0
精炼石油产品制造	95000.0				149733.5	138640.5
煤炭加工	251369.0	113400.0			1881930.9	1559228.5
生物质燃料加工						
化学原料和化学制品制造业	667886.3	191000.2			2832735.2	2246952.4
基础化学原料制造	198856.3	123283.3			1283172.5	1090274.7
肥料制造	60.0	2800.1			36673.8	26880.2
农药制造		1000.0			2287.6	1700.0
涂料、油墨、颜料及类似产品制造		300.0			9317.7	6546.0
合成材料制造	453462.0	50000.0			1234545.8	912566.1
专用化学产品制造	12798.0	11836.6			256042.4	202775.6
炸药、火工及焰火产品制造	2710.0	1780.2			10695.4	6209.8
日用化学产品制造						
医药制造业	283002.8	27671.6			176687.1	119090.9
化学药品原料药制造	15000.0	15000.0			63039.8	51927.2
化学药品制剂制造	253263.8	1000.0			36988.3	23751.3
中药饮片加工	2251.0	1299.0			20928.8	18235.0
中成药生产	12488.0	9622.6			41518.9	15048.1
兽用药品制造						
生物药品制品制造		750.0			14211.3	10129.3
卫生材料及医药用品制造						
药用辅料及包装材料						
化学纤维制造业						
纤维素纤维原料及纤维制造						
合成纤维制造						
生物基材料制造						
橡胶和塑料制品业	18627.5	88940.2			121924.3	108018.2
橡胶制品业	1140.0	1880.2			19619.0	17426.6
塑料制品业	17487.5	87060.0			102305.3	90591.6

单位:万元

销售费用	管理费用	财务费用			投资收益（损失以“－”号记）	营业利润	利润总额	亏损企业亏损额	平均用工人数（人）
			利息收入	利息支出					
19.9	147.2	0.1				-521.9	-526.4	526.4	60
816.5	893.5	373.5	3.0	377.2		2620.1	2589.3		428
19.9	880.2	440.2				115.6	508.7		190
19.9	880.2	440.2				115.6	508.7		190
72754.4	33967.7	36994.2	417.8	32391.4	-1264.7	156295.0	150060.0	13313.0	7418
22.2	1886.8	1254.4	-0.1			6181.7	2183.6	6438.9	1043
72732.2	32080.9	35739.8	417.9	32391.4	-1264.7	150113.3	147876.4	6874.1	6375
116100.8	131667.9	79796.6	10564.7	62098.0	47466.3	276183.7	277286.4	25641.2	17609
47897.5	58197.2	33428.2	4636.8	20459.2	-1790.2	39080.7	37328.4	22590.2	9391
8064.1	917.5	788.5	-0.3	730.2		-50.7	-5.4	480.7	331
73.3	309.4	5.3	3.4	8.7		196.0	195.9		46
96.8	1053.2	-0.1				1584.1	1568.0		68
46354.9	62528.4	44445.4	5822.0	39783.8	49256.5	202896.6	204405.4		6352
13075.6	6859.0	1205.6	14.9	1104.5		30360.6	31731.9	2570.3	1188
538.6	1803.2	-76.3	87.9	11.6		2116.4	2062.2		233
27150.0	38187.0	6728.1	46.9	6622.1	20326.0	397.8	1406.0	29733.6	3714
382.9	3304.3	536.0	8.1	544.0		5949.4	5829.9		753
11952.1	24811.7	5172.7	-8.2	5180.2	159.8	-29257.3	-28314.2	29637.4	1977
187.0	878.3	251.0	-0.5	235.4		1344.7	1359.3	96.2	165
14128.7	7543.3	739.8	46.4	633.5	20166.2	20520.2	20581.4		726
499.3	1649.4	28.6	1.1	29.0		1840.8	1949.6		93
4118.3	6554.3	1098.2	45.4	739.8		2021.5	2206.3	1623.9	2223
340.5	1146.8	191.9	0.2	189.4		423.2	460.0	39.3	357
3777.8	5407.5	906.3	45.2	550.4		1598.3	1746.3	1584.6	1866

1-A-8 续表 9

行业	法人资本	个人资本	港澳台资本	外商资本	营业收入	营业成本
非金属矿物制品业	244113.0	109827.5			944096.4	799613.3
水泥、石灰和石膏制造	133607.6	50879.8			414371.2	360121.9
石膏、水泥制品及类似制品制造	24936.0	23785.0			169452.4	136845.3
砖瓦、石材等建筑材料制造	2000.0	11000.0			17281.2	14199.3
玻璃制造						
玻璃制品制造		50.0			2612.5	2174.8
玻璃纤维和玻璃纤维增强塑料制品制造	3187.5	900.0			30849.7	28524.3
陶瓷制品制造		5305.0			20317.1	11957.8
耐火材料制品制造	1600.0	100.0			17980.6	14844.6
石墨及其他非金属矿物制品制造	78781.9	17807.7			271231.7	230945.3
黑色金属冶炼和压延加工业	138614.8	259716.0			4955969.3	4490035.9
炼铁		13268.0			28945.9	25984.1
炼钢	2800.0				188818.6	178697.9
钢压延加工	8689.0	100000.0			2229418.4	1926850.6
铁合金冶炼	127125.8	146448.0			2508786.4	2358503.3
有色金属冶炼和压延加工业	185978.9	36301.9			1163606.7	1126796.5
常用有色金属冶炼	139280.0	15406.2			345439.6	345908.1
贵金属冶炼	2472.5	3477.5			33250.9	20555.0
稀有稀土金属冶炼	7500.0	3563.2			127707.3	121044.4
有色金属合金制造	4250.0				17741.0	17040.2
有色金属压延加工	32476.4	13855.0			639467.9	622248.8
金属制品业	11845.1	28604.4			134545.6	109241.1
结构性金属制品制造	7380.0	14920.4			82383.2	73173.0
金属工具制造						
集装箱及金属包装容器制造		4800.0			24012.2	14009.5
金属丝绳及其制品制造						
建筑、安全用金属制品制造						
金属表面处理及热处理加工	265.1	5116.5			14832.2	11978.5
搪瓷制品制造						
金属制日用品制造						
铸造及其他金属制品制造	4200.0	3767.5			13318.0	10080.1
通用设备制造业	1089.6	18841.3			61799.7	50676.3
锅炉及原动设备制造		482.5			2016.0	2014.5
金属加工机械制造		8548.8			15711.8	11951.4
物料搬运设备制造						
泵、阀门、压缩机及类似机械制造	1089.6	5500.0			9692.8	6865.2
轴承、齿轮和传动部件制造		800.0			5828.1	4690.6
烘炉、风机、包装等设备制造					18473.0	16368.9
文化、办公用机械制造						
通用零部件制造		3510.0			10078.0	8785.7
其他通用设备制造业						

单位:万元

销售费用	管理费用	财务费用			投资收益（损失以“-”号记）	营业利润	利润总额	亏损企业亏损额	平均用工人数（人）
			利息收入	利息支出					
39301.7	55362.7	18945.3	2352.9	16613.9	2730.0	23695.5	26076.3	28802.3	8735
8172.7	29648.2	7042.0	-62.2	6506.5		5437.4	5400.1	15710.7	3517
15976.0	7399.9	1320.3	4.3	1071.6	30.0	6976.2	6917.9	350.7	1388
1424.1	2043.4	592.1		592.2		-1810.0	-1807.8	3059.4	425
	214.8	0.9	0.3	1.2		184.7	144.3		92
555.5	1091.4	320.6	0.1	320.7		220.9	328.7	34.5	434
1822.7	4502.8	1870.6	2326.3	1438.0		-33.8	1235.9		730
1148.2	1012.7	13.9	-0.2	9.4		768.8	911.3		212
10202.5	9449.5	7784.9	84.3	6674.3	2700.0	11951.3	12945.9	9647.0	1937
94716.1	106089.7	13111.1	-1980.9	13996.3	923.5	233572.5	227929.3	39390.7	26714
1231.5	2459.9	310.7	-0.8	281.5		-3540.2	-8904.1	8904.1	120
	2550.9	160.5		160.5		5542.5	5556.2		1262
37930.9	60552.8	-3315.6	-5836.9	4144.9	543.7	199735.5	200676.4	301.4	12810
55553.7	40526.1	15955.5	3856.8	9409.4	379.8	31834.7	30600.8	30185.2	12522
12807.8	30820.2	11645.6	79.0	11453.5	-1021.0	-25336.9	-24923.9	35754.4	5977
3283.5	16140.0	6943.4	-9.6	6720.5	85.1	-29113.6	-30003.7	31801.8	2388
22.3	7394.3	905.4	4.5	911.7	-1119.3	1384.5	1651.3	1764.6	1810
1074.8	2053.6	411.9	38.5	460.1	1.2	2388.3	2176.4	160.9	558
96.2	601.2	74.1	5.4	41.4		-163.4	1097.3		106
8331.0	4631.1	3310.8	40.2	3319.8	12.0	167.3	154.8	2027.1	1115
1974.7	11233.4	2761.7	-27.0	2410.9	38.0	8375.7	11382.6	817.7	1932
984.3	5672.0	1749.4	11.3	1514.0	33.0	320.2	2136.4	635.4	991
162.7	3353.8	126.7	-29.5	82.6	5.0	5986.3	6761.4		573
441.7	989.1	792.1	-7.8	719.4		614.3	1048.9		95
386.0	1218.5	93.5	-1.0	94.9		1454.9	1435.9	182.3	273
1259.1	5939.6	779.2	26.2	810.0	36.0	2536.5	2907.8		1425
	0.9								20
289.6	1404.2	-15.8	27.8	11.5	19.5	2057.7	2077.7		523
288.6	1752.7	91.5	-0.9	91.4	16.5	229.8	229.2		248
212.8	574.2	-0.5	-0.5			333.0	329.8		150
248.9	1689.0	432.0		432.0		-323.8	36.2		352
219.2	518.6	272.0	-0.2	275.1		239.8	234.9		132

1-A-8 续表 10

行业	法人资本	个人资本	港澳台资本	外商资本	营业收入	营业成本
专用设备制造业	14299.0	31412.0			81643.1	61560.5
采矿、冶金、建筑专用设备制造	5300.0	27000.0			49034.4	35913.4
化工、木材、非金属加工专用设备制造						
食品、饮料、烟草及饲料生产专用设备制造		340.0			2378.8	1981.0
印刷、制药、日化及日用品生产专用设备制造						
纺织、服装和皮革加工专用设备制造						
电子和电工机械专用设备制造						
农、林、牧、渔专用机械制造	2030.0	2772.0			16681.2	12469.0
医疗仪器设备及器械制造		1000.0			4117.7	2539.0
环保、邮政、社会公共服务及其他专用设备制造	6969.0	300.0			9431.0	8658.1
汽车制造业	26502.9	45800.0			280109.4	259899.9
汽车整车制造						
汽车用发动机制造		40000.0			122526.6	122536.3
改装汽车制造						
低速汽车制造						
电车制造						
汽车车身、挂车制造	3000.0	5000.0			28961.3	27168.8
汽车零部件及配件制造	23502.9	800.0			128621.5	110194.8
铁路、船舶、航空航天和其他运输设备制造业	8510.0	1690.0			21003.3	16095.4
铁路运输设备制造	8510.0	1690.0			21003.3	16095.4
城市轨道交通设备制造						
船舶及相关装置制造						
航空、航天器及设备制造						
摩托车制造						
自行车和残疾人座车制造						
助动车制造						
非公路休闲车及零配件制造						
潜水救捞及其他未列明运输设备制造						
电气机械和器材制造业	63500.0	14588.4			126148.2	122925.7
电机制造	1500.0				12090.6	10387.9
输配电及控制设备制造	60000.0	4528.4			90790.7	85316.7
电线、电缆、光缆及电工器材制造		10060.0			17834.4	16983.8
电池制造						
家用电力器具制造						
非电力家用器具制造						
照明器具制造	2000.0				5432.5	10237.3
其他电气机械及器材制造						
计算机、通信和其他电子设备制造业	70675.3	22426.8			103506.3	97295.1
计算机制造	434.8	5000.0			1256.7	1077.8
通信设备制造						

单位:万元

销售费用	管理费用	财务费用			投资收益（损失以“-”号记）	营业利润	利润总额	亏损企业亏损额	平均用工人数（人）
			利息收入	利息支出					
4191.8	6375.0	2071.3	112.7	543.8		6808.9	7253.7	1485.1	1360
2290.7	2764.6	1491.7	-2.3	71.8		6061.2	6366.8	1157.5	644
60.0	151.5					180.5	210.1		19
906.2	2064.3	536.0	110.3	425.1		694.1	739.8		403
731.0	779.4	-0.3	-0.3			47.8	68.1		57
203.9	615.2	43.9	5.0	46.9		-174.7	-131.1	327.6	237
3264.0	13939.9	21565.7	65.0	1412.1		-20206.7	-20176.8	28028.1	2545
449.2	6270.7	19396.0				-26896.6	-26766.8	26766.8	312
412.0	1638.9	859.7		81.9		-1171.3	-1163.9	1261.3	425
2402.8	6030.3	1310.0	65.0	1330.2		7861.2	7753.9		1808
2012.8	979.6	-43.1	-46.4			1852.1	1840.7		249
2012.8	979.6	-43.1	-46.4			1852.1	1840.7		249
1650.6	5372.4	635.6	20.0	218.7		-5179.9	-5118.5	5530.7	907
743.5	444.0	0.4	0.2			320.1	324.6		50
513.2	4115.8	360.3	21.0			-2.8	40.2		705
373.2	141.5	224.9		218.7		49.4	47.4		72
20.7	671.1	50.0	-1.2			-5546.6	-5530.7	5530.7	80
2472.3	5939.5	1651.9	46.3	693.1	37.4	-3817.0	11137.3	3284.9	1675
387.9	811.5	263.0		263.0	25.0	-1268.2	-1258.8	1258.8	120

1-A-8　续表 11

行　　业	法人资本	个人资本	港澳台资本	外商资本	营业收入	营业成本
广播电视设备制造	5020.0				5868.0	4584.0
雷达及配套设备制造						
非专业视听设备制造						
智能消费设备制造						
电子器件制造		8850.0			14028.8	12074.2
电子元件及电子专用材料制造	65220.5	8576.8			82352.8	79559.1
其他电子设备制造						
仪器仪表制造业	4739.2				2910.3	2237.9
通用仪器仪表制造						
专用仪器仪表制造	4739.2				2910.3	2237.9
钟表与计时仪器制造						
光学仪器制造						
衡器制造						
其他仪器仪表制造业						
其他制造业						
日用杂品制造						
废弃资源综合利用业	3962.7				20700.9	17660.1
金属废料和碎屑加工处理	3962.7				20700.9	17660.1
非金属废料和碎屑加工处理						
金属制品、机械和设备修理业						
金属制品修理						
通用设备修理						
专用设备修理						
铁路、船舶、航空航天等运输设备修理						
电气设备修理						
其他机械和设备修理业						
电力、热力、燃气及水生产和供应业	**659847.0**	**809213.9**			**1179443.3**	**893922.0**
电力、热力生产和供应业	605154.5	787893.9			852831.2	632249.5
电力生产	498316.9	720108.1			477617.5	287416.7
电力供应						
热力生产和供应	106837.6	67785.8			375213.7	344832.8
燃气生产和供应业	28580.0	18320.0			282818.2	241536.8
燃气生产和供应业	28580.0	18320.0			282818.2	241536.8
生物质燃气生产和供应业						
水的生产和供应业	26112.5	3000.0			43793.9	20135.7
自来水生产和供应	26112.5				34132.6	14585.4
污水处理及其再生利用		3000.0			9661.3	5550.3
其他水的处理、利用与分配						

单位：万元

销售费用	管理费用	财务费用			投资收益（损失以“－”号记）	营业利润	利润总额	亏损企业亏损额	平均用工人数（人）
			利息收入	利息支出					
396.7	538.5	15.8	3.5	16.0		168.5	168.5		103
943.1	1133.4	830.3		50.0		－1099.4	－476.4	476.4	720
744.6	3456.1	542.8	42.8	364.1	12.4	－1617.9	12704.0	1549.7	732
137.9	454.2	11.8			－40.0	190.5	339.4		79
137.9	454.2	11.8			－40.0	190.5	339.4		79
400.0	1211.7	248.9	0.5	244.2		966.1	834.2	98.6	369
400.0	1211.7	248.9	0.5	244.2		966.1	834.2	98.6	369
15685.3	**66164.0**	**91488.2**	**6410.1**	**73835.2**	**354522.9**	**462738.9**	**499408.5**	**26154.9**	**8990**
11199.2	51795.4	83645.5	6664.2	67990.0	354522.9	426351.2	461853.2	22972.6	7644
2675.7	28912.7	59206.8	4973.9	46875.1	354231.9	448276.8	458373.0	6702.9	2894
8523.5	22882.7	24438.7	1690.3	21114.9	291.0	－21925.6	3480.2	16269.7	4750
4303.7	11991.7	5928.7	－199.1	3877.8		20463.5	20826.2	3068.9	1022
4303.7	11991.7	5928.7	－199.1	3877.8		20463.5	20826.2	3068.9	1022
182.4	2376.9	1914.0	－55.0	1967.4		15924.2	16729.1	113.4	324
76.4	2059.9	1918.8	－50.0	1967.4		12345.3	12537.5	113.4	242
106.0	317.0	－4.8	－5.0			3578.9	4191.6		82

1-A-9 外商投资和港澳台商投资工业

行业	企业单位数（个）	资产总计	固定资产净额	固定资产原价	累计折旧	流动资产合计
总计	**118**	**24841599.9**	**7541130.3**	**14583409.7**	**5530598.1**	**8536123.2**
采矿业	**7**	**6723846.6**	**844426.5**	**1442150.6**	**539208.6**	**2247093.3**
煤炭开采和洗选业	6	6710917.4	836570.4	1424777.3	529691.3	2243638.9
烟煤和无烟煤开采洗选	5	6645238.5	816932.9	1389050.2	513601.8	2216094.2
石油和天然气开采业						
石油开采						
天然气开采						
黑色金属矿采选业						
铁矿采选						
有色金属矿采选业	NA	12929.2	7856.1	17373.3	9517.3	3454.4
常用有色金属矿采选						
贵金属矿采选						
非金属矿采选业						
土砂石开采						
石棉及其他非金属矿采选						
开采专业及辅助性活动						
石油和天然气开采专业及辅助性活动						
制造业	**81**	**15918939.5**	**5353697.6**	**10610542.5**	**3852026.3**	**5691540.4**
农副食品加工业	11	540322.9	136735.7	238088.8	99757.3	344429.4
谷物磨制	NA	96789.3	4705.9	13150.5	8444.6	56863.5
饲料加工	NA	35897.5	11379.0	23444.7	12065.8	23380.3
植物油加工	NA	53191.5	9419.2	20967.1	11547.9	41462.0
制糖业	NA	138622.9	49662.3	69763.2	18505.0	70114.8
屠宰及肉类加工	NA	160954.8	21590.9	53883.7	32292.7	138822.8
水产品加工						
蔬菜、菌类、水果和坚果加工						
其他农副食品加工	NA	54866.9	39978.4	56879.6	16901.3	13786.0
食品制造业	13	989547.0	302052.1	713527.2	364446.3	426030.8
焙烤食品制造						
糖果、巧克力及蜜饯制造						
方便食品制造						
乳制品制造	7	246755.7	37911.5	184836.8	99896.5	138698.8
罐头食品制造	NA	12590.8	1902.0	9190.6	7288.6	10637.1
调味品、发酵制品制造	4	701602.6	249414.8	499440.6	250025.8	271628.0
其他食品制造	NA	28597.9	12823.8	20059.2	7235.4	5066.9
酒、饮料和精制茶制造业	6	159470.5	91596.0	177653.8	81875.9	37863.2
酒的制造	NA	66977.4	31607.7	68804.6	33037.2	16733.2
饮料制造	NA	92493.1	59988.3	108849.2	48838.7	21130.0
精制茶加工						

企业主要经济指标(大、中类行业)

单位:万元

应收账款	存货	产成品	负债合计	流动负债合计	应付账款	所有者权益合计	实收资本	国家资本	集体资本
1300116.2	**1277171.1**	**482334.4**	**13404262.1**	**9884544.0**	**2008947.8**	**11437337.8**	**6413641.3**	**613323.7**	**49556.0**
79599.1	**108003.3**	**89869.2**	**3523322.6**	**1985794.8**	**314188.3**	**3200524.9**	**573996.8**	**10560.5**	**3588.0**
79262.2	105318.3	88593.5	3515416.6	1977899.6	307062.1	3195501.6	564245.9	5100.0	3588.0
62585.9	104165.5	88323.3	3443312.7	1905970.7	303656.8	3201926.5	554245.9		3588.0
336.9	2685.0	1275.7	7906.0	7895.2	7126.2	5023.3	9750.9	5460.5	
940618.1	**1147523.0**	**390577.4**	**8763352.2**	**7335406.9**	**1547887.8**	**7155586.6**	**4952076.0**	**223436.0**	**45968.0**
16652.1	136930.7	56794.7	238736.2	191947.1	77130.5	301586.6	123716.4		2078.0
8379.2	37602.4	14485.8	64062.0	52955.4	2130.2	32727.3	15000.0		
4215.8	5368.2	1144.7	15153.0	15153.0	7034.5	20744.5	7948.7		
5802.2	17147.4	2232.3	9811.3	9811.3	2329.4	43380.2	9200.0		2078.0
1306.7	29711.0	16567.5	77864.1	42316.3	21796.2	60758.7	52000.0		
3078.3	27256.2	10760.0	23614.3	23485.5	6343.6	137340.5	9217.8		
-6130.1	19845.5	11604.4	48231.5	48225.6	37496.6	6635.4	30349.9		
208493.4	76884.2	13575.2	215735.4	203176.4	104085.5	773811.8	218649.0	5000.0	
52163.5	14725.9	6062.0	99283.8	98438.5	58479.0	147472.1	124812.6	5000.0	
492.8	3422.1	3251.0	1385.1	1385.1	1385.1	11205.7	4910.0		
154928.9	56813.7	4262.2	83391.1	78070.4	41776.3	618211.5	78093.1		
908.2	1922.5		31675.4	25282.4	2445.1	-3077.5	10833.3		
5968.5	22909.1	10931.0	104627.7	93795.8	18795.6	54842.7	38593.6	11000.0	
1954.6	13765.0	4130.0	31458.9	20627.0	2850.9	35518.4	22905.9	11000.0	
4013.9	9144.1	6801.0	73168.8	73168.8	15944.7	19324.3	15687.7		

1-A-9 续表1

行业	企业单位数（个）	资产总计	固定资产净额	固定资产原价	累计折旧	流动资产合计
纺织业	NA	13072.9	2614.3	3586.6	972.3	10014.9
棉纺织及印染精加工						
毛纺织及染整精加工	NA	13072.9	2614.3	3586.6	972.3	10014.9
麻纺织及染整精加工						
丝绢纺织及印染精加工						
化纤织造及印染精加工						
针织或钩针编织物及其制品制造						
家用纺织制成品制造						
产业用纺织制成品制造						
纺织服装、服饰业	NA	46848.8	2857.0	7219.8	4362.7	43825.8
机织服装制造	NA	10989.3	133.7	515.8	382.1	10833.2
针织或钩针编织服装制造						
服饰制造	NA	35859.5	2723.3	6704.0	3980.6	32992.6
皮革、毛皮、羽毛及其制品和制鞋业	NA	19275.3	2594.5	6774.3	4179.8	16658.0
皮革鞣制加工						
皮革制品制造						
毛皮鞣制及制品加工	NA	19275.3	2594.5	6774.3	4179.8	16658.0
羽毛(绒)加工及制品制造						
制鞋业						
木材加工和木、竹、藤、棕、草制品业						
木材加工						
人造板制造						
木质制品制造						
竹、藤、棕、草等制品制造						
家具制造业						
木质家具制造						
竹、藤家具制造						
金属家具制造						
塑料家具制造						
其他家具制造						
造纸和纸制品业	4	302806.4	81744.1	211230.2	129486.1	203043.2
纸浆制造						
造纸						
纸制品制造	4	302806.4	81744.1	211230.2	129486.1	203043.2
印刷和记录媒介复制业						
印刷						
装订及印刷相关服务						
记录媒介复制						

单位:万元

应收账款	存货	产成品	负债合计	流动负债合计	应付账款	所有者权益合计	实收资本	国家资本	集体资本
4091.7	3943.4	1641.2	10587.2	10216.2	7593.3	2485.7			
4091.7	3943.4	1641.2	10587.2	10216.2	7593.3	2485.7			
9168.3	33178.3	6009.8	29125.1	28067.9	9688.7	17723.7	16361.7		
8094.5	1820.7	464.7	10052.1	10052.1	4572.1	937.2	800.0		
1073.8	31357.6	5545.1	19073.0	18015.8	5116.6	16786.5	15561.7		
4648.9	4270.3	1110.8	8195.2	8195.2	206.4	11080.1	2930.0		
4648.9	4270.3	1110.8	8195.2	8195.2	206.4	11080.1	2930.0		
30911.9	48726.1	8047.2	133221.0	133148.6	33026.2	169585.3	54034.6		
30911.9	48726.1	8047.2	133221.0	133148.6	33026.2	169585.3	54034.6		

1-A-9 续表2

行业	企业单位数(个)	资产总计	固定资产净额	固定资产原价	累计折旧	流动资产合计
文教、工美、体育和娱乐用品制造业						
文教办公用品制造						
乐器制造						
工艺美术及礼仪用品制造						
体育用品制造						
玩具制造						
游艺器材及娱乐用品制造						
石油、煤炭及其他燃料加工业						
精炼石油产品制造						
煤炭加工						
生物质燃料加工						
化学原料和化学制品制造业	13	3117452.2	2043022.3	2559365.9	516343.5	559569.2
基础化学原料制造	7	1672608.8	997062.7	1297680.8	300618.1	281405.2
肥料制造	NA	1371466.0	1020354.4	1224690.7	204336.3	249611.1
农药制造						
涂料、油墨、颜料及类似产品制造	NA	21981.1	7656.6	8491.6	835.0	12127.4
合成材料制造	NA	35073.2	10418.6	20043.0	9624.3	13998.6
专用化学产品制造	NA	16323.1	7530.0	8459.8	929.8	2426.9
炸药、火工及焰火产品制造						
日用化学产品制造						
医药制造业	4	933956.4	618767.7	963200.3	344432.6	199238.8
化学药品原料药制造	4	933956.4	618767.7	963200.3	344432.6	199238.8
化学药品制剂制造						
中药饮片加工						
中成药生产						
兽用药品制造						
生物药品制品制造						
卫生材料及医药用品制造						
药用辅料及包装材料						
化学纤维制造业						
纤维素纤维原料及纤维制造						
合成纤维制造						
生物基材料制造						
橡胶和塑料制品业						
橡胶制品业						
塑料制品业						
非金属矿物制品业	4	353677.1	159690.9	265990.9	105960.1	152581.9
水泥、石灰和石膏制造	NA	251267.6	97453.8	180521.1	82727.4	126015.7

单位:万元

应收账款	存货	产成品	负债合计	流动负债合计	应付账款	所有者权益合计	实收资本	国家资本	集体资本
13665.0	64677.8	19119.7	2074295.9	1429852.4	195710.4	1043155.9	826169.0		
5117.5	31680.3	6610.1	1038128.5	656535.8	132097.1	634480.0	468534.4		
633.0	26543.9	9028.3	1010742.2	750907.7	64667.6	360723.7	315700.0		
4942.2	1653.7	1540.7	5196.5	3154.5	690.6	16784.6	10389.0		
2860.8	3323.1	892.6	12768.7	12768.7	-1139.2	22304.5	23075.6		
111.5	1476.8	1048.0	7460.0	6485.7	-605.7	8863.1	8470.0		
22289.0	84614.2	38010.2	624445.8	579003.6	170971.2	309510.7	313149.4		
22289.0	84614.2	38010.2	624445.8	579003.6	170971.2	309510.7	313149.4		
19325.9	31109.1	18881.1	122426.5	105112.3	27032.6	231250.6	91000.0		
17522.2	8782.4	4811.6	86464.0	77128.4	25152.4	164803.6	51000.0		

1-A-9 续表3

行 业	企业单位数(个)	资产总计	固定资产净额	固定资产原价	累计折旧	流动资产合计
石膏、水泥制品及类似制品制造						
砖瓦、石材等建筑材料制造						
玻璃制造	NA	102409.5	62237.1	85469.8	23232.7	26566.2
玻璃制品制造						
玻璃纤维和玻璃纤维增强塑料制品制造						
陶瓷制品制造						
耐火材料制品制造						
石墨及其他非金属矿物制品制造						
黑色金属冶炼和压延加工业	4	6842039.9	1642431.6	2923221.2	1172730.9	2963030.7
炼铁						
炼钢						
钢压延加工						
铁合金冶炼	4	6842039.9	1642431.6	2923221.2	1172730.9	2963030.7
有色金属冶炼和压延加工业	9	2347474.9	227891.8	2456216.9	984716.0	557865.5
常用有色金属冶炼	NA	1769813.4	102895.7	2197840.0	851335.2	334582.5
贵金属冶炼	NA	508758.5	110243.4	222717.1	112473.7	175595.1
稀有稀土金属冶炼	NA	25288.4	7685.0	16652.7	8967.7	17478.0
有色金属合金制造	NA	15734.7	3939.0	9021.6	5082.6	11561.1
有色金属压延加工	NA	27879.9	3128.7	9985.5	6856.8	18648.8
金属制品业	NA	19309.3	3781.1	11575.6	7794.5	11444.1
结构性金属制品制造						
金属工具制造						
集装箱及金属包装容器制造						
金属丝绳及其制品制造	NA	19309.3	3781.1	11575.6	7794.5	11444.1
建筑、安全用金属制品制造						
金属表面处理及热处理加工						
搪瓷制品制造						
金属制日用品制造						
铸造及其他金属制品制造						
通用设备制造业						
锅炉及原动设备制造						
金属加工机械制造						
物料搬运设备制造						
泵、阀门、压缩机及类似机械制造						
轴承、齿轮和传动部件制造						
烘炉、风机、包装等设备制造						
文化、办公用机械制造						
通用零部件制造						
其他通用设备制造业						

单位:万元

应收账款	存货	产成品	负债合计	流动负债合计	应付账款	所有者权益合计	实收资本	国家资本	集体资本
1803.7	22326.7	14069.5	35962.5	27983.9	1880.2	66447.0	40000.0		
532666.6	264874.7	137170.9	3611064.3	3159651.9	701161.4	3230975.6	2695780.9		
532666.6	264874.7	137170.9	3611064.3	3159651.9	701161.4	3230975.6	2695780.9		
20239.1	331768.1	51766.8	1457491.5	1276091.9	170126.5	889983.3	480646.9	207436.0	43890.0
5413.2	195884.5	48222.0	1192313.9	1012313.0	143266.2	577499.5	411455.4	168300.0	43890.0
	125827.4	0.3	244988.7	244965.8	17395.2	263769.7	48474.3	34086.0	
6445.0	2679.0	1367.7	2723.7	2723.7	746.5	22564.7	7769.2	5050.0	
4398.1	4227.8	1412.3	6679.5	5313.4	1619.8	9055.2	7615.0		
3982.8	3149.4	764.5	10785.7	10776.0	7098.8	17094.2	5333.0		
3219.3	4832.9	2173.7	9672.9	9672.9	4707.9	9636.4	10477.5		
3219.3	4832.9	2173.7	9672.9	9672.9	4707.9	9636.4	10477.5		

1-A-9 续表4

行业	企业单位数(个)	资产总计	固定资产净额	固定资产原价	累计折旧	流动资产合计
专用设备制造业	NA	63108.9	517.7	5368.5	4850.8	49729.8
采矿、冶金、建筑专用设备制造	NA	63108.9	517.7	5368.5	4850.8	49729.8
化工、木材、非金属加工专用设备制造						
食品、饮料、烟草及饲料生产专用设备制造						
印刷、制药、日化及日用品生产专用设备制造						
纺织、服装和皮革加工专用设备制造						
电子和电工机械专用设备制造						
农、林、牧、渔专用机械制造						
医疗仪器设备及器械制造						
环保、邮政、社会公共服务及其他专用设备制造						
汽车制造业	NA	15512.0				15240.0
汽车整车制造						
汽车用发动机制造						
改装汽车制造						
汽车车身、挂车制造						
汽车零部件及配件制造	NA	15512.0				15240.0
铁路、船舶、航空航天和其他运输设备制造业						
铁路运输设备制造						
城市轨道交通设备制造						
船舶及相关装置制造						
航空、航天器及设备制造						
摩托车制造						
自行车和残疾人座车制造						
助动车制造						
非公路休闲车及零配件制造						
潜水救捞及其他未列明运输设备制造						
电气机械和器材制造业	4	69382.2	20695.9	31981.0	11285.1	37651.1
电机制造	NA	38900.0	8219.9	15223.9	7004.0	27592.8
输配电及控制设备制造	NA	26295.9	11345.8	14199.2	2853.4	7109.1
电线、电缆、光缆及电工器材制造	NA	4186.3	1130.2	2557.9	1427.7	2949.2
电池制造						
家用电力器具制造						
非电力家用器具制造						
照明器具制造						
其他电气机械及器材制造						
计算机、通信和其他电子设备制造业	NA	85682.8	16704.9	35541.5	18832.4	63324.0
计算机制造						

单位:万元

应收账款	存货	产成品	负债合计	流动负债合计	应付账款	所有者权益合计	实收资本	国家资本	集体资本
16605.3	16862.3	16862.3	20281.6	20281.6	13162.1	42827.2	4533.8		
16605.3	16862.3	16862.3	20281.6	20281.6	13162.1	42827.2	4533.8		
2912.2	7439.4		1636.7	1636.7	499.0	13875.2	5000.0		
2912.2	7439.4		1636.7	1636.7	499.0	13875.2	5000.0		
21907.4	9722.0	5673.1	38623.2	22370.4	9255.2	30759.0	36877.5		
18350.8	6181.7	5386.8	17863.1	17863.1	6541.7	21036.9	24511.6		
3267.2	1375.3	286.3	18055.5	1984.3	1672.5	8240.4	10332.5		
289.4	2165.0		2704.6	2523.0	1041.0	1481.7	2033.4		
7853.5	4780.4	2809.7	63186.0	63186.0	4735.3	22496.8	34155.7		

1-A-9 续表5

行业	企业单位数(个)	资产总计	固定资产净额	固定资产原价	累计折旧	流动资产合计
通信设备制造						
广播电视设备制造						
雷达及配套设备制造						
非专业视听设备制造						
智能消费设备制造						
电子器件制造						
电子元件及电子专用材料制造	NA	85682.8	16704.9	35541.5	18832.4	63324.0
其他电子设备制造						
仪器仪表制造业						
通用仪器仪表制造						
专用仪器仪表制造						
钟表与计时仪器制造						
光学仪器制造						
衡器制造						
其他仪器仪表制造业						
其他制造业						
日用杂品制造						
废弃资源综合利用业						
金属废料和碎屑加工处理						
非金属废料和碎屑加工处理						
金属制品、机械和设备修理业						
金属制品修理						
通用设备修理						
专用设备修理						
铁路、船舶、航空航天等运输设备修理						
其他机械和设备修理业						
电力、热力、燃气及水生产和供应业	**30**	**2198813.8**	**1343006.2**	**2530716.6**	**1139363.2**	**597489.5**
电力、热力生产和供应业	24	1667629.7	1205788.2	2253132.1	1018722.0	313904.8
电力生产	24	1667629.7	1205788.2	2253132.1	1018722.0	313904.8
电力供应						
热力生产和供应						
燃气生产和供应业	NA	388784.9	87528.0	149428.4	61900.4	213087.4
燃气生产和供应业	NA	388784.9	87528.0	149428.4	61900.4	213087.4
水的生产和供应业	NA	142399.2	49690.0	128156.1	58740.8	70497.3
自来水生产和供应	NA	142399.2	49690.0	128156.1	58740.8	70497.3
污水处理及其再生利用						

单位:万元

应收账款	存货		负债合计	流动负债合计		所有者权益合计	实收资本		
		产成品			应付账款			国家资本	集体资本
7853.5	4780.4	2809.7	63186.0	63186.0	4735.3	22496.8	34155.7		
279899.0	**21644.8**	**1887.8**	**1117587.3**	**563342.3**	**146871.7**	**1081226.3**	**887568.5**	**379327.2**	
150557.1	12655.6	13.2	877363.6	363472.3	57993.0	790265.9	766745.5	360828.0	
150557.1	12655.6	13.2	877363.6	363472.3	57993.0	790265.9	766745.5	360828.0	
66850.3	8304.9	1874.6	167922.6	144857.2	62255.8	220862.3	83880.1	18499.2	
66850.3	8304.9	1874.6	167922.6	144857.2	62255.8	220862.3	83880.1	18499.2	
62491.6	684.3		72301.1	55012.8	26622.9	70098.1	36942.9		
62491.6	684.3		72301.1	55012.8	26622.9	70098.1	36942.9		

1-A-9 续表6

行业	法人资本	个人资本	港澳台资本	外商资本	营业收入	营业成本
总 计	**3750991.2**	**284631.8**	**841214.9**	**873923.5**	**11498502.4**	**9102569.9**
采矿业	**325400.7**	**128512.1**	**90185.8**	**15749.7**	**2511445.1**	**1800742.4**
煤炭开采和洗选业	325400.7	126659.4	90185.8	13312.0	2504906.3	1793843.2
烟煤和无烟煤开采洗选	325400.7	126659.4	90185.8	8412.0	2462207.4	1783224.9
石油和天然气开采业						
石油开采						
天然气开采						
黑色金属矿采选业						
铁矿采选						
有色金属矿采选业		1852.7		2437.7	6538.8	6899.2
常用有色金属矿采选						
贵金属矿采选						
非金属矿采选业						
土砂石开采						
石棉及其他非金属矿采选						
开采专业及辅助性活动						
石油和天然气开采专业及辅助性活动						
制造业	**3326970.2**	**124067.1**	**637632.5**	**594002.2**	**8529233.1**	**6975171.0**
农副食品加工业	45585.0	8064.0	38749.5	29239.9	548113.1	454215.9
谷物磨制	13000.0	1000.0	1000.0		73463.5	62084.4
饲料加工	585.0			7363.7	97095.0	80217.8
植物油加工		4064.0		3058.0	46896.9	38857.4
制糖业	32000.0	3000.0		17000.0	84817.0	76045.1
屠宰及肉类加工			7399.6	1818.2	211347.1	172230.0
水产品加工						
蔬菜、菌类、水果和坚果加工						
其他农副食品加工			30349.9		34493.6	24781.2
食品制造业	26631.7	99322.6	61268.0	26426.7	889899.6	782806.0
焙烤食品制造						
糖果、巧克力及蜜饯制造						
方便食品制造						
乳制品制造	15458.0	91010.0		13344.6	482085.9	427777.8
罐头食品制造				4910.0	5330.7	4578.4
调味品、发酵制品制造	1090.4	7562.6	61268.0	8172.1	397350.8	346314.0
其他食品制造	10083.3	750.0			5132.2	4135.8
酒、饮料和精制茶制造业	4800.0		2097.8	20695.8	165460.0	122848.3
酒的制造			2097.8	9808.1	64432.3	38198.6
饮料制造	4800.0			10887.7	101027.7	84649.7
精制茶加工						

单位:万元

销售费用	管理费用	财务费用			投资收益（损失以“-”号记）	营业利润	利润总额	亏损企业亏损额	平均用工人数（人）
			利息收入	利息支出					
306242.6	**522755.1**	**390255.8**	**33113.9**	**375883.7**	**419384.4**	**1313485.3**	**1325026.5**	**73164.3**	**42220**
43113.3	**174065.0**	**119985.0**	**7793.1**	**122966.6**	**160267.0**	**413505.7**	**413053.5**	**9293.4**	**5197**
43103.3	170696.9	119987.1	7790.2	122966.6	160267.0	417298.9	416883.8	5463.1	4743
23647.8	168220.5	117544.8	7790.2	120589.0	160267.0	413670.9	413235.2	5463.1	4565
10.0	3368.1	-2.1	2.9			-3793.2	-3830.3	3830.3	454
258987.4	**326651.2**	**236374.2**	**22548.0**	**218642.5**	**258006.5**	**828347.9**	**831517.3**	**48300.0**	**33647**
21158.5	18286.3	73.4	-3635.2	3013.7	751.0	40958.2	41972.3	11329.2	3494
1596.3	2944.9	2295.2	-49.4	1866.4		-6588.0	-6490.1	11067.7	229
5416.9	4084.0	-281.7	-302.5	27.9		7477.8	7612.5		380
1116.1	2209.0	37.2	-6.9	44.1		4283.0	4305.5	261.5	268
1346.8	6286.5	559.0	-94.5	675.5	751.0	515.3	717.3		572
7066.4	1474.5	-3183.7	-3186.8			31550.6	32099.4		1793
4616.0	1287.4	647.4	4.9	399.8		3719.5	3727.7		252
47304.1	31813.1	3502.4	-884.7	8289.3	-1050.0	16060.8	15769.4	20123.4	4531
28257.9	10949.7	1807.9	-453.3	1666.6		11246.0	7897.7	14947.4	1879
540.8	163.0	-163.0	163.0			126.3	126.3		61
17961.4	16653.1	273.3	-589.7	5006.8	-1050.0	9867.7	12921.4		2442
544.0	4047.3	1584.2	-4.7	1615.9		-5179.2	-5176.0	5176.0	149
16807.7	9649.2	2053.5	43.7	2087.7	240.1	3483.7	5242.3	1840.0	1943
4667.4	8391.8	121.8	21.4	142.7		2722.7	2799.2	1840.0	1252
12140.3	1257.4	1931.7	22.3	1945.0	240.1	761.0	2443.1		691

1-A-9 续表 7

行　业					营业收入	营业成本
	法人资本	个人资本	港澳台资本	外商资本		
纺织业					17279.5	15906.2
棉纺织及印染精加工						
毛纺织及染整精加工					17279.5	15906.2
麻纺织及染整精加工						
丝绢纺织及印染精加工						
化纤织造及印染精加工						
针织或钩针编织物及其制品制造						
家用纺织制成品制造						
产业用纺织制成品制造						
纺织服装、服饰业	593.3	15561.7	206.7		22817.0	20453.9
机织服装制造	593.3		206.7		7525.0	6651.2
针织或钩针编织服装制造						
服饰制造		15561.7			15292.0	13802.7
皮革、毛皮、羽毛及其制品和制鞋业	2930.0				8551.5	6389.1
皮革鞣制加工						
皮革制品制造						
毛皮鞣制及制品加工	2930.0				8551.5	6389.1
羽毛(绒)加工及制品制造						
制鞋业						
木材加工和木、竹、藤、棕、草制品业						
木材加工						
人造板制造						
木质制品制造						
竹、藤、棕、草等制品制造						
家具制造业						
木质家具制造						
竹、藤家具制造						
金属家具制造						
塑料家具制造						
其他家具制造						
造纸和纸制品业	8325.0		13665.0	32044.6	495235.9	346559.5
纸浆制造						
造纸						
纸制品制造	8325.0		13665.0	32044.6	495235.9	346559.5
印刷和记录媒介复制业						
印刷						
装订及印刷相关服务						
记录媒介复制						

单位:万元

销售费用	管理费用	财务费用			投资收益（损失以“-”号记）	营业利润	利润总额	亏损企业亏损额	平均用工人数（人）
			利息收入	利息支出					
30.2	133.1	-4.7				1295.1	1293.8		70
30.2	133.1	-4.7				1295.1	1293.8		70
312.4	1587.4	365.1	10.1	355.0		-38.6	153.0		484
37.6	435.8	331.9	10.1	321.8		39.5	50.5		122
274.8	1151.6	33.2		33.2		-78.1	102.5		362
496.4	1178.3	83.0	-3.8	114.8		404.7	387.4		540
496.4	1178.3	83.0	-3.8	114.8		404.7	387.4		540
17890.4	36817.7	-421.0	-527.3	241.9	1411.3	94033.4	96165.8		1080
17890.4	36817.7	-421.0	-527.3	241.9	1411.3	94033.4	96165.8		1080

1-A-9 续表 8

行　业	法人资本	个人资本	港澳台资本	外商资本	营业收入	营业成本
文教、工美、体育和娱乐用品制造业						
文教办公用品制造						
乐器制造						
工艺美术及礼仪用品制造						
体育用品制造						
玩具制造						
游艺器材及娱乐用品制造						
石油、煤炭及其他燃料加工业						
精炼石油产品制造						
煤炭加工						
生物质燃料加工						
化学原料和化学制品制造业	385083.2	1118.8	112789.2	327177.8	881607.6	603728.4
基础化学原料制造	168262.0		53066.2	247206.2	523020.8	395616.8
肥料制造	196547.0		51533.0	67620.0	320217.3	177918.9
农药制造						
涂料、油墨、颜料及类似产品制造	1080.2	1118.8	8190.0		7324.2	4468.0
合成材料制造	10724.0			12351.6	12653.4	11326.4
专用化学产品制造	8470.0				18391.9	14398.3
炸药、火工及焰火产品制造						
日用化学产品制造						
医药制造业			313149.4		556563.6	472843.4
化学药品原料药制造			313149.4		556563.6	472843.4
化学药品制剂制造						
中药饮片加工						
中成药生产						
兽用药品制造						
生物药品制品制造						
卫生材料及医药用品制造						
药用辅料及包装材料						
化学纤维制造业						
纤维素纤维原料及纤维制造						
合成纤维制造						
生物基材料制造						
橡胶和塑料制品业						
橡胶制品业						
塑料制品业						
非金属矿物制品业	88500.0			2500.0	132737.0	87410.8
水泥、石灰和石膏制造	51000.0				62752.8	48386.1

单位：万元

销售费用	管理费用	财务费用			投资收益（损失以“-”号记）	营业利润	利润总额	亏损企业亏损额	平均用工人数（人）
			利息收入	利息支出					
41414.5	67874.4	70662.2	3607.8	69134.6	22177.5	111806.5	113648.8	3210.5	3799
3076.5	27506.3	18989.8	334.1	15369.3	4095.6	76290.1	77336.0	2018.1	2157
34365.3	36725.0	51068.9	3126.8	53266.7	18076.0	35734.0	35754.2		1246
926.1	699.1	-109.3	146.2	18.4	0.7	1627.5	1626.5		72
226.8	2106.2	481.8	0.7	480.2	5.2	-1884.6	-1192.4	1192.4	96
2819.8	837.8	231.0				39.5	124.5		228
7335.5	29984.0	17113.3	-185.0	13653.3		20344.8	17722.9		7137
7335.5	29984.0	17113.3	-185.0	13653.3		20344.8	17722.9		7137
1036.8	14620.6	1790.3	-341.1	2824.3	145.0	28412.3	28521.2	628.8	1011
780.6	11262.9	1512.2	-341.1	2824.3	145.0	1754.0	1955.6	628.8	740

1-A-9 续表9

行业	法人资本	个人资本	港澳台资本	外商资本	营业收入	营业成本
石膏、水泥制品及类似制品制造						
砖瓦、石材等建筑材料制造						
玻璃制造	37500.0			2500.0	69984.2	39024.7
玻璃制品制造						
玻璃纤维和玻璃纤维增强塑料制品制造						
陶瓷制品制造						
耐火材料制品制造						
石墨及其他非金属矿物制品制造						
黑色金属冶炼和压延加工业	2693941.3		600.0	1239.6	2840149.6	2282715.0
炼铁						
炼钢						
钢压延加工						
铁合金冶炼	2693941.3		600.0	1239.6	2840149.6	2282715.0
有色金属冶炼和压延加工业	49067.8		37692.0	142561.1	1867377.0	1701986.1
常用有色金属冶炼	44035.4		37420.0	117810.0	1642939.7	1523285.8
贵金属冶炼	719.4			13668.9	155911.0	119128.5
稀有稀土金属冶炼				2719.2	19224.1	15329.7
有色金属合金制造	313.3			7301.7	20783.0	18895.8
有色金属压延加工	3999.7		272.0	1061.3	28519.2	25346.3
金属制品业			10477.5		14109.7	12544.8
结构性金属制品制造						
金属工具制造						
集装箱及金属包装容器制造						
金属丝绳及其制品制造			10477.5		14109.7	12544.8
建筑、安全用金属制品制造						
金属表面处理及热处理加工						
搪瓷制品制造						
金属制日用品制造						
铸造及其他金属制品制造						
通用设备制造业						
锅炉及原动设备制造						
金属加工机械制造						
物料搬运设备制造						
泵、阀门、压缩机及类似机械制造						
轴承、齿轮和传动部件制造						
烘炉、风机、包装等设备制造						
文化、办公用机械制造						
通用零部件制造						
其他通用设备制造业						

单位:万元

销售费用	管理费用	财务费用			投资收益(损失以“－”号记)	营业利润	利润总额	亏损企业亏损额	平均用工人数(人)
			利息收入	利息支出					
256.2	3357.7	278.1				26658.3	26565.6		271
89584.7	76085.4	86572.2	24245.4	70307.2	234724.7	460078.4	465648.0	3411.4	2249
89584.7	76085.4	86572.2	24245.4	70307.2	234724.7	460078.4	465648.0	3411.4	2249
8388.7	30075.4	53275.8	218.5	47815.5	－393.1	43682.9	37348.1	3728.9	6142
6759.2	15714.1	45157.9	183.6	42524.3	－393.1	29898.1	25831.3		4918
2.9	9828.0	7885.0	172.3	5087.1		12133.0	9948.3	2209.7	747
620.8	1983.8	－133.4	－92.9			1036.3	1006.6		211
397.3	2023.6	406.2	－1.2	204.1		－1329.1	－1382.7	1519.2	119
608.5	525.9	－39.9	－43.3			1944.6	1944.6		147
820.9	421.8	586.5	－1.7			－440.1	－441.5	441.5	160
820.9	421.8	586.5	－1.7			－440.1	－441.5	441.5	160

1-A-9 续表 10

行业	法人资本	个人资本	港澳台资本	外商资本	营业收入	营业成本
专用设备制造业				4533.8	35355.5	19824.3
采矿、冶金、建筑专用设备制造				4533.8	35355.5	19824.3
化工、木材、非金属加工专用设备制造						
食品、饮料、烟草及饲料生产专用设备制造						
印刷、制药、日化及日用品生产专用设备制造						
纺织、服装和皮革加工专用设备制造						
电子和电工机械专用设备制造						
农、林、牧、渔专用机械制造						
医疗仪器设备及器械制造						
环保、邮政、社会公共服务及其他专用设备制造						
汽车制造业	2500.0			2500.0	14990.0	11365.9
汽车整车制造						
汽车用发动机制造						
改装汽车制造						
汽车车身、挂车制造						
汽车零部件及配件制造	2500.0			2500.0	14990.0	11365.9
铁路、船舶、航空航天和其他运输设备制造业						
铁路运输设备制造						
城市轨道交通设备制造						
船舶及相关装置制造						
航空、航天器及设备制造						
摩托车制造						
自行车和残疾人座车制造						
助动车制造						
非公路休闲车及零配件制造						
潜水救捞及其他未列明运输设备制造						
电气机械和器材制造业	7283.0		24511.6	5082.9	14304.7	12136.5
电机制造			24511.6		5432.0	4669.8
输配电及控制设备制造	5249.6			5082.9	6476.5	5702.2
电线、电缆、光缆及电工器材制造	2033.4				2396.2	1764.5
电池制造						
家用电力器具制造						
非电力家用器具制造						
照明器具制造						
其他电气机械及器材制造						
计算机、通信和其他电子设备制造业	11729.9		22425.8		24681.8	21436.9
计算机制造						

单位:万元

销售费用	管理费用	财务费用			投资收益（损失以“-”号记）	营业利润	利润总额	亏损企业亏损额	平均用工人数（人）
			利息收入	利息支出					
4759.0	3342.4	-332.4				7506.2	7496.8		231
4759.0	3342.4	-332.4				7506.2	7496.8		231
682.4	272.6	-105.7	-9.2			2410.1	2370.8		35
682.4	272.6	-105.7	-9.2			2410.1	2370.8		35
762.5	3778.7	1000.1	7.9	644.5		-3551.7	-3577.0	3577.0	477
277.2	2286.2	-1.0	1.5			-1953.2	-1977.9	1977.9	264
218.2	904.8	1017.4	6.4	644.5		-1391.7	-1391.7	1391.7	43
267.1	587.7	-16.3				-206.8	-207.4	207.4	170
202.7	730.8	160.2	2.6	160.7		1901.2	1795.2	9.3	264

1-A-9 续表11

行业	法人资本	个人资本	港澳台资本	外商资本	营业收入	营业成本
通信设备制造						
广播电视设备制造						
雷达及配套设备制造						
非专业视听设备制造						
智能消费设备制造						
电子器件制造						
电子元件及电子专用材料制造	11729.9		22425.8		24681.8	21436.9
其他电子设备制造						
仪器仪表制造业						
通用仪器仪表制造						
专用仪器仪表制造						
钟表与计时仪器制造						
光学仪器制造						
衡器制造						
其他仪器仪表制造业						
其他制造业						
日用杂品制造						
废弃资源综合利用业						
金属废料和碎屑加工处理						
非金属废料和碎屑加工处理						
金属制品、机械和设备修理业						
金属制品修理						
通用设备修理						
专用设备修理						
铁路、船舶、航空航天等运输设备修理						
其他机械和设备修理业						
电力、热力、燃气及水生产和供应业	**98620.3**	**32052.6**	**113396.6**	**264171.6**	**457824.2**	**326656.5**
电力、热力生产和供应业	57747.1	12060.8	71937.8	264171.6	267579.5	183552.8
电力生产	57747.1	12060.8	71937.8	264171.6	267579.5	183552.8
电力供应						
热力生产和供应						
燃气生产和供应业	9774.6	14147.5	41458.8		157445.3	119974.9
燃气生产和供应业	9774.6	14147.5	41458.8		157445.3	119974.9
水的生产和供应业	31098.6	5844.3			32799.4	23128.8
自来水生产和供应	31098.6	5844.3			32799.4	23128.8
污水处理及其再生利用						

单位:万元

销售费用	管理费用	财务费用	利息收入	利息支出	投资收益（损失以“-”号记）	营业利润	利润总额	亏损企业亏损额	平均用工人数（人）
202.7	730.8	160.2	2.6	160.7		1901.2	1795.2	9.3	264
4141.9	**22038.9**	**33896.6**	**2772.8**	**34274.6**	**1110.9**	**71631.7**	**80455.7**	**15570.9**	**3376**
	6197.9	32761.6	1396.3	31956.2	844.7	49083.2	54296.8	15465.3	967
	6197.9	32761.6	1396.3	31956.2	844.7	49083.2	54296.8	15465.3	967
4141.9	13915.8	26.4	1386.5	1222.1	266.2	18740.6	22351.6	105.6	1962
4141.9	13915.8	26.4	1386.5	1222.1	266.2	18740.6	22351.6	105.6	1962
	1925.2	1108.6	-10.0	1096.3		3807.9	3807.3		447
	1925.2	1108.6	-10.0	1096.3		3807.9	3807.3		447

1-A-10 大中型工业企业主要

行业	企业单位数(个)	资产总计	固定资产净额	固定资产原价	累计折旧	流动资产合计	应收账款
总计	**562**	**228138320.2**	**85527515.9**	**149425033.9**	**56759050.6**	**78314560.1**	**11662966.7**
采矿业	**140**	**68977297.8**	**16936669.3**	**30949828.3**	**12177457.7**	**25501346.6**	**2541098.4**
煤炭开采和洗选业	107	56309453.9	14445905.6	26316511.6	10477033.0	21476833.2	2233509.2
烟煤和无烟煤开采洗选	78	42289839.2	10823164.7	19261119.8	7559874.9	16902094.6	1282567.3
褐煤开采洗选	29	14019614.7	3622740.9	7055391.8	2917158.1	4574738.6	950941.9
其他煤炭采选							
石油和天然气开采业	NA	693816.4	174196.5	330279.9	156083.4	44377.6	889.5
石油开采	NA	693816.4	174196.5	330279.9	156083.4	44377.6	889.5
天然气开采							
黑色金属矿采选业	11	8926600.3	801000.6	2145073.1	961088.1	2938947.0	210853.0
铁矿采选	11	8926600.3	801000.6	2145073.1	961088.1	2938947.0	210853.0
锰矿、铬矿采选							
其他黑色金属矿采选							
有色金属矿采选业	19	3016682.3	1506993.9	2134387.6	568249.8	1023223.2	87402.9
常用有色金属矿采选	15	2466398.6	1202638.6	1687830.6	481574.3	622934.2	79128.7
贵金属矿采选	NA	112719.2	22271.7	38221.6	15949.9	66121.0	
稀有稀土金属矿采选	NA	437564.5	282083.6	408335.4	70725.6	334168.0	8274.2
非金属矿采选业	NA	30744.9	8572.7	23576.1	15003.4	17965.6	8443.8
土砂石开采	NA	19877.5	4215.1	8869.3	4654.2	11455.8	8443.8
化学矿开采							
采盐							
石棉及其他非金属矿采选	NA	10867.4	4357.6	14706.8	10349.2	6509.8	
开采专业及辅助性活动							
制造业	**342**	**119090313.9**	**44577258.3**	**72711959.3**	**23137366.9**	**43898122.7**	**7108316.6**
农副食品加工业	20	2033913.3	678789.5	980423.7	260716.0	1007647.7	157990.0
谷物磨制							
饲料加工	NA	587950.0	389771.3	485846.0	96037.3	174829.6	28247.3
植物油加工							
制糖业	5	397472.4	93218.1	165874.8	32150.6	182599.9	-2443.1
屠宰及肉类加工	10	814090.3	129125.5	204526.6	75026.3	501538.5	103338.1
水产品加工							
蔬菜、菌类、水果和坚果加工							
其他农副食品加工	NA	234400.6	66674.6	124176.3	57501.8	148679.7	28847.7
食品制造业	29	10733252.5	1257565.1	3005706.2	1434040.0	4995586.3	898935.9
焙烤食品制造	NA	16090.4	11716.3	15354.2	3637.9	2772.2	950.9
糖果、巧克力及蜜饯制造							
方便食品制造							
乳制品制造	18	7925651.9	366521.1	802257.4	421804.3	3927829.7	626197.7
罐头食品制造							

经济指标(大、中类行业)

单位:万元

存货	产成品	负债合计	流动负债合计	应付账款	所有者权益合计	实收资本	国家资本	集体资本
13131434.0	**4297651.8**	**139861595.2**	**96698720.3**	**23606956.0**	**88276720.5**	**52490229.4**	**20286830.2**	**2014147.2**
1931451.7	**763200.3**	**34778300.1**	**22461726.7**	**4197778.4**	**34198996.3**	**14070763.3**	**8838705.2**	**462626.7**
1268649.4	583837.4	28366008.2	17871817.9	3574973.4	27943444.9	11538013.8	6790587.0	416526.7
942563.9	355223.4	19819465.2	11629564.2	2594315.9	22470373.7	8754105.3	4726806.5	381590.0
326085.5	228614.0	8546543.0	6242253.7	980657.5	5473071.2	2783908.5	2063780.5	34936.7
13593.8	12893.0	32870.1	29555.6	15937.5	660946.3			
13593.8	12893.0	32870.1	29555.6	15937.5	660946.3			
165693.6	52522.1	4979834.6	3417234.5	410808.0	3946765.4	1980655.8	1814483.5	
165693.6	52522.1	4979834.6	3417234.5	410808.0	3946765.4	1980655.8	1814483.5	
481291.3	113914.6	1377523.1	1121127.1	194995.8	1639158.9	550774.7	233634.7	46100.0
161147.7	93548.5	793989.6	669184.8	128741.3	1672408.7	471023.8	208174.2	600.0
7005.0	783.9	67943.1	22419.1		44776.1	50000.0		45500.0
313138.6	19582.2	515590.4	429523.2	66254.5	-78025.9	29750.9	25460.5	
2223.6	33.2	22064.1	21991.6	1063.7	8680.8	1319.0		
1512.7		15183.9	15183.9	456.9	4693.6	500.0		
710.9	33.2	6880.2	6807.7	606.8	3987.2	819.0		
10784606.7	**3518683.0**	**77029584.0**	**56967929.6**	**14427619.5**	**42060726.7**	**30023295.3**	**5755410.4**	**1551520.5**
348666.0	160862.1	1215172.0	875006.6	390856.6	818741.1	334230.8		20000.0
41196.9	9465.3	411304.6	222637.9	97018.9	176645.5	103600.0		
123324.6	84282.2	276398.4	195022.2	121251.3	121073.9	63106.0		
108645.3	57590.4	326363.0	261783.5	83104.6	487727.1	133324.8		20000.0
75499.2	9524.2	201106.0	195563.0	89481.8	33294.6	34200.0		
722567.9	309942.7	4634820.0	4499034.5	921894.9	6098432.6	1692116.3	74103.1	1714.3
848.5		2238.5	2238.5	1730.3	13851.9	12000.0		
317439.5	228029.6	3704415.8	3672643.9	718087.5	4221236.2	1130506.2	17000.0	1714.3

1-A-10 续表1

行业	企业单位数(个)	资产总计	固定资产净额	固定资产原价	累计折旧	流动资产合计
调味品、发酵制品制造	6	1949481.8	644430.2	1796793.2	854235.1	652978.8
其他食品制造	4	842028.4	234897.5	391301.4	154362.7	412005.6
酒、饮料和精制茶制造业	17	1008648.3	340384.5	581240.8	227888.4	444855.3
酒的制造	16	981112.2	327905.7	562093.1	221219.5	432327.6
饮料制造	NA	27536.1	12478.8	19147.7	6668.9	12527.7
精制茶加工						
烟草制品业	NA	979448.3	143701.3	317470.8	173769.5	808223.5
烟叶复烤						
卷烟制造	NA	979448.3	143701.3	317470.8	173769.5	808223.5
其他烟草制品制造						
纺织业	5	344849.4	18063.8	73005.9	31780.6	264481.2
棉纺织及印染精加工	NA	2393.2	502.7	5888.1	5385.4	1890.5
毛纺织及染整精加工	NA	109025.6	4042.1	18354.8	5606.5	68747.3
麻纺织及染整精加工						
丝绢纺织及印染精加工						
化纤织造及印染精加工						
针织或钩针编织物及其制品制造	NA	233430.6	13519.0	48763.0	20788.7	193843.4
家用纺织制成品制造						
产业用纺织制成品制造						
纺织服装、服饰业	6	2035095.4	180227.9	332601.8	151504.1	755146.6
机织服装制造	NA	43089.7	4855.8	15610.1	10754.2	28644.1
针织或钩针编织服装制造	NA	1986513.7	173361.7	313920.9	139689.5	723375.8
服饰制造	NA	5492.0	2010.4	3070.8	1060.4	3126.7
皮革、毛皮、羽毛及其制品和制鞋业	NA	29984.1	5287.0	10049.6	4762.5	24518.6
皮革鞣制加工						
皮革制品制造						
毛皮鞣制及制品加工	NA	19275.3	2594.5	6774.3	4179.8	16658.0
羽毛(绒)加工及制品制造						
制鞋业	NA	10708.8	2692.5	3275.3	582.7	7860.6
木材加工和木、竹、藤、棕、草制品业						
木材加工						
人造板制造						
木质制品制造						
竹、藤、棕、草等制品制造						
家具制造业						
木质家具制造						
竹、藤家具制造						
金属家具制造						
塑料家具制造						
其他家具制造						
造纸和纸制品业	4	332249.6	94121.2	236005.2	141884.0	216698.6

单位:万元

应收账款	存货	产成品	负债合计	流动负债合计	应付账款	所有者权益合计	实收资本	国家资本	集体资本
213949.7	262905.7	55428.9	575836.9	495135.8	161160.7	1373644.9	373118.0	13300.0	
57837.6	141374.2	26484.2	352328.8	329016.3	40916.4	489699.6	176492.1	43803.1	
15545.4	261285.7	45977.3	432257.8	405602.5	64907.3	576390.5	335935.7	93511.0	4880.0
14745.0	254200.5	39873.9	412950.2	386294.9	60168.3	568162.0	331135.7	93511.0	4880.0
800.4	7085.2	6103.4	19307.6	19307.6	4739.0	8228.5	4800.0		
90867.1	240184.0	37999.5	319335.5	318877.5	110444.3	660112.8	134615.6	123307.0	
90867.1	240184.0	37999.5	319335.5	318877.5	110444.3	660112.8	134615.6	123307.0	
60757.5	112278.4	79464.6	194390.6	169926.1	22892.9	150458.8	45933.0		
	860.0	464.2	1479.5	1479.5	371.4	913.7	2100.0		
13195.7	15565.2	7494.0	63111.6	38647.1	11012.9	45914.0	35833.0		
47561.8	95853.2	71506.4	129799.5	129799.5	11508.6	103631.1	8000.0		
140516.0	196945.8	75167.6	1274570.3	1044050.1	96267.7	760525.2	154001.0	10800.0	
13241.1	9955.0	2820.6	17977.3	17319.7	7839.6	25112.4	10800.0	10800.0	
127258.4	184428.4	72324.8	1254226.1	1024363.5	87493.9	732287.7	141201.0		
16.5	2562.4	22.2	2366.9	2366.9	934.2	3125.1	2000.0		
7050.8	6762.2	2734.8	13981.9	13981.9	5377.7	16002.2	5230.0		
4648.9	4270.3	1110.8	8195.2	8195.2	206.4	11080.1	2930.0		
2401.9	2491.9	1624.0	5786.7	5786.7	5171.3	4922.1	2300.0		
21722.2	59851.1	17254.0	153195.3	153169.1	39981.4	179053.9	62690.8	16981.2	

1-A-10 续表2

行业	企业单位数(个)	资产总计	固定资产净额	固定资产原价	累计折旧	流动资产合计
纸浆制造	NA	55994.0	19680.6	41893.7	22213.1	31708.0
造纸						
纸制品制造	NA	276255.6	74440.6	194111.5	119670.9	184990.6
印刷和记录媒介复制业	NA	17170.7		16551.0	9459.8	9059.8
印刷	NA	17170.7		16551.0	9459.8	9059.8
装订及印刷相关服务						
文教、工美、体育和娱乐用品制造业						
文教办公用品制造						
乐器制造						
工艺美术及礼仪用品制造						
体育用品制造						
玩具制造						
游艺器材及娱乐用品制造						
石油、煤炭及其他燃料加工业	30	6653619.2	2490020.8	5675633.2	2025897.1	2737076.9
精炼石油产品制造	4	2145453.7	1038885.2	3101602.7	1187475.3	706372.6
煤炭加工	26	4508165.5	1451135.6	2574030.5	838421.8	2030704.3
化学原料和化学制品制造业	76	32135637.3	18706984.6	26331631.1	6380067.3	6852467.3
基础化学原料制造	37	11751131.1	5553527.2	7163070.7	1598226.0	3333957.3
肥料制造	10	4138287.1	2817576.7	4216513.0	1305428.3	762186.6
农药制造	NA	335620.9	44218.2	279887.0	104066.7	131908.4
涂料、油墨、颜料及类似产品制造	NA	153985.4	47318.5	84215.4	36896.9	91601.5
合成材料制造	17	15080257.7	10021031.7	14236492.6	3207727.1	2204945.0
专用化学产品制造	5	557509.4	212903.3	324575.7	111549.8	277130.9
炸药、火工及焰火产品制造	NA	118845.7	10409.0	26876.7	16172.5	50737.6
日用化学产品制造						
医药制造业	14	2719831.4	1054131.3	1586332.1	512853.0	877812.7
化学药品原料药制造	5	1106190.2	667281.9	1055593.0	387651.8	245204.7
化学药品制剂制造	NA	1022225.6	267432.4	300123.7	32691.2	314327.4
中药饮片加工						
中成药生产	NA	44191.5	26046.7	30567.6	4520.8	13709.6
兽用药品制造	NA	327412.7	34303.2	63025.3	26922.4	191412.0
生物药品制品制造	4	219811.4	59067.1	137022.5	61066.8	113159.0
卫生材料及医药用品制造						
药用辅料及包装材料						
化学纤维制造业						
纤维素纤维原料及纤维制造						
合成纤维制造						
生物基材料制造						
橡胶和塑料制品业	4	645112.2	58152.4	85649.7	27497.4	501331.1

单位:万元

应收账款	存货	产成品	负债合计	流动负债合计	应付账款	所有者权益合计	实收资本	国家资本	集体资本
2836.0	13883.0	8980.0	31123.0	31096.8	10350.0	24870.7	16364.0	16364.0	
18886.2	45968.1	8274.0	122072.3	122072.3	29631.4	154183.2	46326.8	617.2	
3787.1	1349.9		6142.4	1022.2	618.5	11028.3	6672.1	6672.1	
3787.1	1349.9		6142.4	1022.2	618.5	11028.3	6672.1	6672.1	
229187.9	534035.0	228556.5	4935791.5	3484003.5	753467.7	1717827.3	1144459.5	109414.4	69793.0
24741.0	181681.9	71076.0	1203426.2	654349.8	178590.2	942027.4	330290.0		
204446.9	352353.1	157480.5	3732365.3	2829653.7	574877.5	775799.9	814169.5	109414.4	69793.0
1016722.0	1188230.7	382631.6	22217380.8	12787183.3	3370727.1	9918256.2	8755012.6	2490880.5	590561.7
610814.5	503265.5	168154.9	7822234.6	4445624.2	1346052.2	3928896.3	2862957.6	676633.7	259010.0
65642.9	144109.8	60445.3	3510399.0	1938068.8	392840.6	627887.9	1444023.9	621607.8	
30129.9	26701.0	10157.6	101347.1	91680.6	32229.5	234273.8	49000.0		
50869.3	29138.7	10232.4	88317.1	88317.1	23724.1	65668.2	21400.0		
140693.3	411110.6	103759.90	10460931.20	6010132.1	1515502.6	4619326.8	4226734.5	1189268.0	306551.7
108905.9	69766.0	28457.3	209101.1	189101.5	51668.1	348408.1	143366.7	3371.0	25000.0
9666.2	4139.1	1424.2	25050.7	24259.0	8710.0	93795.1	7529.9		
192969.7	161272.0	75442.7	1649341.3	1169526.2	299713.8	1070489.7	761582.2	42879.5	3018.0
26189.6	98202.0	49522.7	678079.0	614129.5	184463.8	428111.1	377062.6		
50784.3	16809.7	6792.9	745327.2	369886.9	43942.0	276898.2	250185.8	4422.0	
5678.4	5092.6		27922.3	11372.7	3202.3	16269.2	6261.0	795.0	
77578.8	13348.1	5085.8	53151.8	39630.0	27090.9	274260.8	50000.0		
32738.6	27819.6	14041.3	144861.0	134507.1	41014.8	74950.4	78072.8	37662.5	3018.0
76958.7	242307.5	19869.7	410528.9	372713.0	105085.8	234583.2	102373.7	8073.7	

1-A-10 续表3

行业	企业单位数(个)	资产总计	固定资产净额	固定资产原价	累计折旧	流动资产合计
橡胶制品业	NA	71917.9	31049.3	44702.1	13652.9	35306.9
塑料制品业	NA	573194.3	27103.1	40947.6	13844.5	466024.2
非金属矿物制品业	19	1943934.2	530442.5	1170177.0	528635.9	1082363.3
水泥、石灰和石膏制造	9	990203.5	300067.2	815459.2	404375.8	476841.9
石膏、水泥制品及类似制品制造	NA	5076.9	758.3	3248.3	2490.0	3192.6
砖瓦、石材等建筑材料制造						
玻璃制造	NA	61798.3	39713.6	57898.5	18184.9	15007.9
玻璃制品制造						
玻璃纤维和玻璃纤维增强塑料制品制造						
陶瓷制品制造	NA	104083.7	5100.2	17356.2	12256.0	89803.9
耐火材料制品制造	NA	33769.3	11988.5	23855.7	11867.2	19006.5
石墨及其他非金属矿物制品制造	6	749002.5	172814.7	252359.1	79462.0	478510.5
黑色金属冶炼和压延加工业	34	26370587.4	9617676.8	16297534.0	6425456.1	9781115.5
炼铁	NA	24622.6	8770.8	14329.3	5558.4	15779.3
炼钢	4	984195.3	275000.5	446452.7	171452.1	600894.9
钢压延加工	10	17214488.6	7246903.5	12337965.6	4944720.1	5472458.8
铁合金冶炼	19	8147280.9	2087002.0	3498786.4	1303725.5	3691982.5
有色金属冶炼和压延加工业	42	18277907.7	5234302.2	9965542.6	3244338.4	7151511.9
常用有色金属冶炼	26	13784702.6	4327086.0	8726602.7	2949822.7	4786928.0
贵金属冶炼	7	879082.9	246917.5	495892.4	218065.7	260258.1
稀有稀土金属冶炼	NA	1998347.1	60826.6	95875.3	33164.6	1426548.9
有色金属合金制造						
有色金属压延加工	7	1615775.1	599472.1	647172.2	43285.4	677776.9
金属制品业	5	1798921.3	369740.7	606898.5	219347.7	1089200.4
结构性金属制品制造						
金属工具制造						
集装箱及金属包装容器制造	NA	46406.6	4344.3	10658.0	6313.7	38634.9
金属丝绳及其制品制造	NA	1096769.7	110017.5	194007.9	78516.5	745770.8
建筑、安全用金属制品制造	NA	30383.6	15059.3	20160.7	5101.4	11270.3
金属表面处理及热处理加工						
搪瓷制品制造						
金属制日用品制造						
铸造及其他金属制品制造	NA	625361.4	240319.6	382071.9	129416.1	293524.4
通用设备制造业	4	75229.6	9695.0	21249.6	11532.4	59882.4
锅炉及原动设备制造						
金属加工机械制造	NA	4993.0	11.0	16.7	5.7	4981.7
物料搬运设备制造						
泵、阀门、压缩机及类似机械制造						
轴承、齿轮和传动部件制造						
烘炉、风机、包装等设备制造	NA	37429.7	2156.2	4537.9	2359.6	32582.0

单位:万元

应收账款	存货	产成品	负债合计	流动负债合计	应付账款	所有者权益合计	实收资本	国家资本	集体资本
13455.2	9967.6	4236.9	17863.2	16577.8	9355.2	54054.7	14073.7	8073.7	
63503.5	232339.9	15632.8	392665.7	356135.2	95730.6	180528.5	88300.0		
153463.4	213644.3	59638.9	1535454.4	1416234.6	260603.3	408479.5	400560.3	61222.1	
84325.1	69936.9	15315.0	815494.1	748017.0	106808.5	174709.3	269376.0	50764.1	
1257.1	1678.1		4673.4	4673.4	1101.7	403.5			
776.1	6930.5	4274.9	38913.4	25531.5	3904.3	22884.8	12837.9		
15849.2	30554.0	15114.5	97189.8	93239.8	56680.0	6893.8	5005.0		
9999.8	3821.4	376.2	4754.8	4267.5	2306.0	29014.5	21000.0		
41256.1	100723.4	24558.3	574428.9	540505.4	89802.8	174573.6	92341.4	10458.0	
1551352.6	2829395.8	1209895.8	16909572.5	14725494.5	4608727.5	9461014.3	8165380.8	25423.0	
33.0	10705.4	5555.8	16796.5	16796.5	-941.2	7826.0	1500.0		
245201.9	144450.6	68436.6	771063.9	771063.9	361552.6	213131.3	343815.9		
524278.0	2271415.1	872456.4	11675296.8	10156690.4	3303739.9	5539191.7	4751332.3	24423.0	
781839.7	402824.7	263447.0	4446415.3	3780943.7	944376.2	3700865.3	3068732.6	1000.0	
1155299.5	2567446.1	530927.8	12530306.8	8782799.2	1316635.3	5747600.6	4357203.7	1552265.1	780395.4
586556.8	1402549.6	189560.3	10108407.6	6857112.5	1057380.9	3676295.0	3490824.1	1301693.2	762895.4
44847.1	135325.3	3039.5	375526.8	373744.2	29345.9	503556.1	91093.0	69593.0	17500.0
294552.4	814209.5	209797.6	836818.2	422747.3	29651.6	1161528.9	368186.6	146278.9	
229343.2	215361.7	128530.4	1209554.2	1129195.2	200256.9	406220.6	407100.0	34700.0	
137037.5	343495.4	80250.0	1445372.9	971695.3	435299.4	353548.4	375860.2	311171.3	53888.9
22088.3	2984.4	465.7	12772.6	12284.0	7430.4	33634.0	4800.0		
111235.8	180488.7	50549.4	989607.6	782742.3	363863.7	107162.1	233651.1	179762.2	53888.9
	7685.0	4615.8	12853.4	12853.4	9866.5	17530.2	6000.0		
3713.4	152337.3	24619.1	430139.3	163815.6	54138.8	195222.1	131409.1	131409.1	
11901.8	34265.0	13544.8	63888.5	61245.3	23469.5	11341.1	13796.8	2714.4	5906.9
1090.2	2058.7	1237.2	2444.2	2444.2	1990.7	2548.8	2548.8		
6406.2	21808.5	8561.3	34127.6	34127.6	11241.8	3302.0	3000.0		3000.0

1-A-10 续表4

行业	企业单位数(个)	资产总计	固定资产净额	固定资产原价	累计折旧	流动资产合计
文化、办公用机械制造						
通用零部件制造	NA	32806.9	7527.8	16695.0	9167.1	22318.7
其他通用设备制造业						
专用设备制造业	NA	41052.2	10184.9	33598.2	23412.0	30054.7
采矿、冶金、建筑专用设备制造						
化工、木材、非金属加工专用设备制造	NA	21379.2	4793.5	17615.1	12820.4	15965.7
食品、饮料、烟草及饲料生产专用设备制造						
印刷、制药、日化及日用品生产专用设备制造						
纺织、服装和皮革加工专用设备制造						
电子和电工机械专用设备制造						
农、林、牧、渔专用机械制造	NA	19673.0	5391.4	15983.1	10591.6	14089.0
医疗仪器设备及器械制造						
环保、邮政、社会公共服务及其他专用设备制造						
汽车制造业	5	1933256.4	318017.5	722502.1	368761.7	1269980.3
汽车整车制造	NA	1745763.4	243363.1	581180.5	313716.9	1169024.3
汽车用发动机制造						
改装汽车制造						
低速汽车制造						
电车制造						
汽车车身、挂车制造						
汽车零部件及配件制造	NA	187493.0	74654.4	141321.6	55044.8	100956.0
铁路、船舶、航空航天和其他运输设备制造业	5	3519661.0	385309.3	764651.6	341899.2	2219513.5
铁路运输设备制造	NA	3154355.5	289254.4	593442.1	266749.2	2055337.6
城市轨道交通设备制造						
船舶及相关装置制造						
航空、航天器及设备制造	NA	365305.5	96054.9	171209.5	75150.0	164175.9
摩托车制造						
自行车和残疾人座车制造						
助动车制造						
非公路休闲车及零配件制造						
潜水救捞及其他未列明运输设备制造						
电气机械和器材制造业	4	336707.1	37322.3	101923.9	44309.8	205470.3
电机制造	NA	191631.7	24508.3	47424.0	22915.8	131820.3
输配电及控制设备制造	NA	145075.4	12814.0	54499.9	21394.0	73650.0
电线、电缆、光缆及电工器材制造						
电池制造						
家用电力器具制造						
非电力家用器具制造						
照明器具制造						
其他电气机械及器材制造						

单位:万元

应收账款	存货	产成品	负债合计	流动负债合计	应付账款	所有者权益合计	实收资本	国家资本	集体资本
4405.4	10397.8	3746.3	27316.7	24673.5	10237.0	5490.3	8248.0	2714.4	2906.9
5539.9	11489.6	3407.5	41972.0	41231.1	8367.3	-919.9	16191.6	12429.3	3762.3
2622.8	3892.4	12.3	30666.2	30255.3	6418.0	-9287.0	11191.6	9454.8	1736.8
2917.1	7597.2	3395.2	11305.8	10975.8	1949.3	8367.1	5000.0	2974.5	2025.5
517912.7	124684.2	63350.9	2089016.7	1859917.7	405490.4	-155760.3	243943.2	190427.3	
500144.3	112564.6	56663.8	1929790.8	1795457.8	382968.4	-184027.3	201943.2	190427.3	
17768.4	12119.6	6687.1	159225.9	64459.9	22522.0	28267.0	42000.0		
171676.9	312696.5	40262.6	1929454.7	1692967.1	367281.0	1590206.3	388965.9	388365.9	600.0
124163.6	258197.9	40248.2	1727638.5	1538819.1	298516.7	1426717.0	377738.8	377138.8	600.0
47513.3	54498.6	14.4	201816.2	154148.0	68764.3	163489.3	11227.1	11227.1	
140103.2	37198.7	6485.6	250648.0	247366.5	142537.1	86059.1	84430.0	6050.0	
96664.4	23558.9	4161.3	132254.5	131667.0	82972.3	59377.1	22334.0	6050.0	
43438.8	13639.8	2324.3	118393.5	115699.5	59564.8	26682.0	62096.0		

1-A-10 续表5

行业	企业单位数(个)	资产总计	固定资产净额	固定资产原价	累计折旧	流动资产合计
计算机、通信和其他电子设备制造业	8	4972711.3	2978052.6	3718842.7	529906.3	1428756.4
计算机制造						
通信设备制造						
广播电视设备制造						
雷达及配套设备制造						
非专业视听设备制造	NA	29961.2	11866.9	18940.7	7073.8	16590.9
智能消费设备制造						
电子器件制造	NA	2146662.4	1580269.2	1842383.6	262114.4	550710.0
电子元件及电子专用材料制造	6	2796087.7	1385916.5	1857518.4	260718.1	861455.5
其他电子设备制造						
仪器仪表制造业						
通用仪器仪表制造						
专用仪器仪表制造						
钟表与计时仪器制造						
光学仪器制造						
衡器制造						
其他仪器仪表制造业						
其他制造业						
日用杂品制造						
废弃资源综合利用业	NA	103884.9	45770.1	59818.7	14043.4	53303.7
金属废料和碎屑加工处理	NA	87359.0	39146.6	51853.4	12701.6	43419.6
非金属废料和碎屑加工处理	NA	16525.9	6623.5	7965.3	1341.8	9884.1
金属制品、机械和设备修理业	NA	47649.1	13315.0	16919.3	3604.3	32064.7
通用设备修理						
专用设备修理						
铁路、船舶、航空航天等运输设备修理						
电气设备修理	NA	47649.1	13315.0	16919.3	3604.3	32064.7
其他机械和设备修理业						
电力、热力、燃气及水生产和供应业	**80**	**40070708.5**	**24013588.3**	**45763246.3**	**21444226.0**	**8915090.8**
电力、热力生产和供应业	66	35490372.8	21918440.2	43108504.6	20885919.5	7749119.6
电力生产	51	18479868.9	12178677.9	24069933.3	11603867.3	2975562.2
电力供应	NA	14530638.6	8717167.2	17424987.7	8707820.5	3814227.0
热力生产和供应	13	2479865.3	1022595.1	1613583.6	574231.7	959330.4
燃气生产和供应业	4	3743651.5	1907596.5	2309847.6	402251.1	611710.1
燃气生产和供应业	4	3743651.5	1907596.5	2309847.6	402251.1	611710.1
水的生产和供应业	10	836684.2	187551.6	344894.1	156055.4	554261.1
自来水生产和供应	9	746852.5	187413.2	342634.8	155180.8	471946.9
污水处理及其再生利用	NA	89831.7	138.4	2259.3	874.6	82314.2

单位:万元

应收账款	存货	产成品	负债合计	流动负债合计	应付账款	所有者权益合计	实收资本	国家资本	集体资本
298376.0	217220.5	75016.0	2675507.4	1773521.7	636084.2	2297203.7	2432519.0	221229.0	17000.0
14761.2	1356.6		21174.1	21174.1	19561.0	8787.1	10000.0		
178429.9	97075.0	60259.7	1091038.4	641879.3	275632.4	1055624.0	1180400.0		
105184.9	118788.9	14756.3	1563294.9	1110468.3	340890.8	1232792.6	1242119.0	221229.0	17000.0
35126.6	10638.6		74280.0	74158.3	31525.5	29604.8	4090.0	1990.0	
26501.8	10234.1		65513.0	65513.0	25182.7	21845.9	1990.0	1990.0	
8624.8	404.5		8767.0	8645.3	6342.8	7758.9	2100.0		
17516.2	6695.8		27201.8	27201.8	9363.3	20447.3	5500.5	5500.5	
17516.2	6695.8		27201.8	27201.8	9363.3	20447.3	5500.5	5500.5	
2013551.7	**415375.6**	**15768.5**	**28053711.1**	**17269064.0**	**4981558.1**	**12016997.5**	**8396170.8**	**5692714.6**	
1815859.2	349560.0	10739.2	24439761.9	14089427.9	4660932.8	11050611.1	7619824.4	5134398.0	
740452.7	265315.6	10709.4	13266954.6	7348724.6	1601627.7	5212914.7	4737552.0	2275569.4	
993587.4	25334.8	29.8	9473637.0	5835577.6	2911642.5	5057001.6	2464268.3	2464268.3	
81819.1	58909.6		1699170.3	905125.7	147662.6	780694.8	418004.1	394560.3	
151073.1	53190.4	4830.2	2960161.9	2821901.0	282394.3	783489.6	744880.1	527596.6	
151073.1	53190.4	4830.2	2960161.9	2821901.0	282394.3	783489.6	744880.1	527596.6	
46619.4	12625.2	199.1	653787.3	357735.1	38231.0	182896.8	31466.3	30720.0	
46500.7	12593.8	199.1	560580.9	339278.0	35659.3	186271.4	29297.8	28551.5	
118.7	31.4		93206.4	18457.1	2571.7	-3374.6	2168.5	2168.5	

1-A-10 续表6

行业	法人资本	个人资本	港澳台资本	外商资本	营业收入	营业成本
总计	**24408447.1**	**4727514.3**	**608953.5**	**444336.5**	**115885688.7**	**90137067.5**
采矿业	**3552071.1**	**1104450.7**	**92932.1**	**19977.2**	**26075688.9**	**15412654.2**
煤炭开采和洗选业	3303046.1	917382.2	92932.1	17539.5	22904475.4	13628075.1
烟煤和无烟煤开采洗选	2741150.6	814372.4	90185.8		17728176.8	10692741.1
褐煤开采洗选	561895.5	103009.8	2746.3	17539.5	5176298.6	2935334.0
其他煤炭采选						
石油和天然气开采业					227500.9	208804.0
石油开采					227500.9	208804.0
天然气开采						
黑色金属矿采选业	126671.5	39500.7			1073486.7	728963.0
铁矿采选	126671.5	39500.7			1073486.7	728963.0
锰矿、铬矿采选						
其他黑色金属矿采选						
有色金属矿采选业	121534.5	147067.8		2437.7	1826388.7	813107.2
常用有色金属矿采选	121534.5	140715.1			1371581.1	579840.1
贵金属矿采选		4500.0			53732.7	28583.0
稀有稀土金属矿采选		1852.7		2437.7	401074.9	204684.1
非金属矿采选业	819.0	500.0			43837.2	33704.9
土砂石开采		500.0			27157.3	19464.4
化学矿开采						
采盐						
石棉及其他非金属矿采选	819.0				16679.9	14240.5
开采专业及辅助性活动						
石油和天然气开采专业及辅助性活动						
制造业	**18944091.3**	**2871367.6**	**476546.0**	**424359.3**	**72042738.3**	**58689078.1**
农副食品加工业	233371.3	54641.7	7399.6	18818.2	1898977.3	1677169.8
谷物磨制						
饲料加工	103600.0				571762.8	484327.1
植物油加工						
制糖业	17000.0	29106.0		17000.0	179792.9	163889.2
屠宰及肉类加工	92771.3	11335.7	7399.6	1818.2	802843.2	715162.8
水产品加工						
蔬菜、菌类、水果和坚果加工						
其他农副食品加工	20000.0	14200.0			344578.4	313790.7
食品制造业	416635.8	1130403.1	61268.0	7992.0	10384114.4	7854831.8
焙烤食品制造	12000.0				27534.1	17822.0
糖果、巧克力及蜜饯制造						
方便食品制造						
乳制品制造	344758.0	760241.9		6792.0	8413731.6	6223098.5
罐头食品制造						

单位:万元

销售费用	管理费用	财务费用			投资收益（损失以“-”号记）	营业利润	利润总额	亏损企业亏损额	平均用工人数（人）
			利息收入	利息支出					
3547320.2	**4479246.3**	**3272750.9**	**368021.7**	**3273703.6**	**1652926.1**	**11920292.7**	**11921607.9**	**1879206.0**	**650939**
420369.4	**1656217.5**	**865551.4**	**115006.4**	**804040.1**	**219955.4**	**6097980.4**	**5982040.8**	**393064.9**	**184433**
390510.7	1412310.9	681644.3	68180.7	575264.6	186748.3	5398334.6	5307427.4	250467.8	155945
273969.3	954501.4	534368.0	42588.2	427934.1	284107.9	4414686.0	4341596.5	53579.4	95836
116541.4	457809.5	147276.3	25592.5	147330.5	-97359.6	983648.6	965830.9	196888.4	60109
	152.1	2291.6	519.3	2810.9		1908.0	81.8		2963
	152.1	2291.6	519.3	2810.9		1908.0	81.8		2963
21267.3	151027.2	160562.2	42064.0	199898.0	30855.0	-21840.6	-35755.2	128535.2	13068
21267.3	151027.2	160562.2	42064.0	199898.0	30855.0	-21840.6	-35755.2	128535.2	13068
6556.5	91274.4	19937.8	4241.3	25106.3	2352.1	714488.9	705155.6	14061.9	11788
4313.2	78754.9	14805.7	55.5	15786.7	2352.1	517862.8	510538.6	193.6	9509
	4837.0	811.4	4183.8	4995.2		18667.9	17048.5		365
2243.3	7682.5	4320.7	2.0	4324.4		177958.2	177568.5	13868.3	1914
2034.9	1452.9	1115.5	1.1	960.3		5089.5	5131.2		669
1314.2	501.6	910.7	0.6	915.8		4689.4	4729.9		354
720.7	951.3	204.8	0.5	44.5		400.1	401.3		315
3007654.1	**2579261.4**	**1671429.2**	**202520.5**	**1736718.6**	**1026450.4**	**5076492.5**	**5138892.8**	**935457.4**	**357420**
61207.4	65249.7	19253.5	-4640.2	20820.4	10708.0	84372.3	92678.0	4134.4	12519
28977.1	31816.5	10322.2	24.6	9734.5	7700.0	31520.8	31589.6		2579
1595.2	9082.6	2422.2	-1424.0	4633.5	1610.2	995.4	720.1	1630.2	2042
25127.6	16634.6	1090.7	-3403.8	3208.1	1397.8	41767.9	47991.5	2504.2	6410
5507.5	7716.0	5418.4	163.0	3244.3		10088.2	12376.8		1488
1535150.9	275080.2	-32266.6	84773.4	62853.9	496591.8	1179901.6	1184043.1	63144.8	40149
3984.2	326.6	-1.7	3.8	2.1		4983.5	5630.5		460
1478745.8	183912.8	-53663.5	78134.3	30705.4	473968.3	1017106.0	1015469.6	52804.0	23287

1-A-10 续表7

行业					营业收入	营业成本
	法人资本	个人资本	港澳台资本	外商资本		
调味品、发酵制品制造	787.4	296562.6	61268.0	1200.0	1715320.0	1446943.5
其他食品制造	59090.4	73598.6			227528.7	166967.8
酒、饮料和精制茶制造业	212386.1	23060.8	2097.8		473440.7	321709.9
酒的制造	207586.1	23060.8	2097.8		421420.2	283787.0
饮料制造	4800.0				52020.5	37922.9
精制茶加工						
烟草制品业	11308.6				1036806.6	286203.2
烟叶复烤						
卷烟制造	11308.6				1036806.6	286203.2
其他烟草制品制造						
纺织业	36727.6	6541.4		2664.0	168224.0	139610.5
棉纺织及印染精加工		2100.0			5890.0	5605.1
毛纺织及染整精加工	30167.6	3001.4		2664.0	45514.5	42693.9
麻纺织及染整精加工						
丝绢纺织及印染精加工						
化纤织造及印染精加工						
针织或钩针编织物及其制品制造	6560.0	1440.0			116819.5	91311.5
家用纺织制成品制造						
产业用纺织制成品制造						
纺织服装、服饰业	105900.0	37301.0			372170.2	272725.6
机织服装制造					21251.9	18748.2
针织或钩针编织服装制造	103900.0	37301.0			328301.0	234586.9
服饰制造	2000.0				22617.3	19390.5
皮革、毛皮、羽毛及其制品和制鞋业	5230.0				34489.1	28233.3
皮革鞣制加工						
皮革制品制造						
毛皮鞣制及制品加工	2930.0				8551.5	6389.1
羽毛(绒)加工及制品制造						
制鞋业	2300.0				25937.6	21844.2
木材加工和木、竹、藤、棕、草制品业						
木材加工						
人造板制造						
木质制品制造						
竹、藤、棕、草等制品制造						
家具制造业						
木质家具制造						
竹、藤家具制造						
金属家具制造						
塑料家具制造						
其他家具制造						
造纸和纸制品业			13665.0	32044.6	498649.8	349250.5

单位:万元

销售费用	管理费用	财务费用			投资收益（损失以“-”号记）	营业利润	利润总额	亏损企业亏损额	平均用工人数（人）
			利息收入	利息支出					
37347.9	64685.1	17969.2	-100.7	20161.2	15566.0	139112.3	144479.2		11704
15073.0	26155.7	3429.4	6736.0	11985.2	7057.5	18699.8	18463.8	10340.8	4698
38109.1	43154.5	4997.1	-146.5	5150.4	4168.0	19241.2	24265.3	7967.0	10456
25968.8	42495.0	4827.3	-162.7	4964.4	3927.9	18400.8	23321.3	7967.0	9973
12140.3	659.5	169.8	16.2	186.0	240.1	840.4	944.0		483
19682.3	69132.5	-7369.7	7408.3			61246.0	58522.6		2663
19682.3	69132.5	-7369.7	7408.3			61246.0	58522.6		2663
4721.7	6028.7	4410.9	59.9	4067.5	47.4	13077.4	14733.3	6058.2	3042
	283.0	35.5				-40.7	-120.9	120.9	422
946.6	2487.0	460.2	1.9	400.2	47.4	-1173.8	-205.0	2487.6	1393
3775.1	3258.7	3915.2	58.0	3667.3		14291.9	15059.2	3449.7	1227
10579.4	34785.4	51420.3	4894.2	40552.7	117150.7	113009.7	113183.0	2499.0	7520
723.1	3152.4	208.3	5.6	217.2		-1912.2	-1910.1	2499.0	1020
8605.6	30208.2	50902.2	4754.5	40335.5	117150.7	114699.9	114870.9		5896
1250.7	1424.8	309.8	134.1			222.0	222.2		604
672.4	2407.9	262.1	-4.9	114.8		2736.8	3009.5		2040
496.4	1178.3	83.0	-3.8	114.8		404.7	387.4		540
176.0	1229.6	179.1	-1.1			2332.1	2622.1		1500
18429.8	37417.3	-668.4	-523.2		1706.1	93998.3	96154.1		1868

1-A-10 续表 8

行业	法人资本	个人资本	港澳台资本	外商资本	营业收入	营业成本
纸浆制造					33171.0	27843.7
造纸						
纸制品制造			13665.0	32044.6	465478.8	321406.8
印刷和记录媒介复制业					7714.4	5201.3
印刷					7714.4	5201.3
装订及印刷相关服务						
文教、工美、体育和娱乐用品制造业						
文教办公用品制造						
乐器制造						
工艺美术及礼仪用品制造						
体育用品制造						
玩具制造						
游艺器材及娱乐用品制造						
石油、煤炭及其他燃料加工业	819659.7	145592.3			7324408.7	5486995.6
精炼石油产品制造	330290.0				2816446.0	1854430.2
煤炭加工	489369.7	145592.3			4507962.7	3632565.4
化学原料和化学制品制造业	4788009.8	594355.0	51533.0	239672.6	13012492.9	9694510.4
基础化学原料制造	1387644.1	381882.5		157787.3	4542019.9	3652311.1
肥料制造	689263.1		51533.0	81620.0	1424370.7	1028557.0
农药制造	49000.0				312620.3	196769.4
涂料、油墨、颜料及类似产品制造	21288.2	111.8			205231.9	164128.5
合成材料制造	2543682.0	187232.8			6000214.8	4355976.5
专用化学产品制造	90077.0	24653.4		265.3	425253.8	254089.9
炸药、火工及焰火产品制造	7055.4	474.5			102781.5	42678.0
日用化学产品制造						
医药制造业	363095.7	49426.4	303162.6		1116999.8	695882.6
化学药品原料药制造	28900.0	45000.0	303162.6		683238.0	553443.0
化学药品制剂制造	245763.8				138245.4	44137.4
中药饮片加工						
中成药生产	2564.6	2901.4			27050.0	7345.2
兽用药品制造	50000.0				162529.3	34234.6
生物药品制品制造	35867.3	1525.0			105937.1	56722.4
卫生材料及医药用品制造						
药用辅料及包装材料						
化学纤维制造业						
纤维素纤维原料及纤维制造						
合成纤维制造						
生物基材料制造						
橡胶和塑料制品业	86000.0	8300.0			259556.3	201484.7

单位：万元

销售费用	管理费用	财务费用	利息收入	利息支出	投资收益（损失以“-”号记）	营业利润	利润总额	亏损企业亏损额	平均用工人数（人）
1143.9	2281.8	-3.6	4.0		294.8	1668.5	1670.8		934
17285.9	35135.5	-664.8	-527.2		1411.3	92329.8	94483.3		934
470.0	2164.5	-1.2	1.2			-205.7	305.0		354
470.0	2164.5	-1.2	1.2			-205.7	305.0		354
172431.6	191763.7	127779.2	13212.2	108525.7	-2538.4	580622.7	573851.0	6242.7	21939
3918.1	115609.5	16751.1	1904.9	18633.1		143515.7	137930.5		5194
168513.5	76154.2	111028.1	11307.3	89892.6	-2538.4	437107.0	435920.5	6242.7	16745
406397.5	690813.1	654406.6	23693.1	628910.2	73828.3	1426796.7	1394214.8	205979.6	68681
125577.7	186633.9	163864.4	5376.1	148229.2	431.4	359007.7	355825.1	38142.2	28361
68791.8	87944.6	119837.0	2.2	124618.9	18158.6	136561.4	106547.4	47162.5	6070
3615.4	21956.5	2121.8	-342.1	2520.2		83811.9	83008.2	306.2	2542
4421.5	3704.2	3050.8	48.5	3183.8		29162.1	29495.9		972
175421.2	364134.6	359251.5	18702.5	344789.8	48475.9	649134.9	653251.3	120368.7	27361
25188.7	20713.9	5190.1	-72.6	4466.7	-6.3	113913.4	111105.0		2409
3381.2	5725.4	1091.0	-21.5	1101.6	6768.7	55205.3	54981.9		966
112764.3	100707.4	26360.8	686.4	23996.9	4863.7	165899.7	166293.6	42043.9	14740
8456.2	45442.5	18922.6	-180.0	15436.1		45027.5	44058.1		9339
36417.0	24941.0	5504.9	3.8	5311.1	4430.0	29219.6	30739.9	29289.8	2971
15618.0	3396.4	352.7		352.7		-249.0	1171.0		300
19802.7	14300.5	-537.0	525.8	11.7	431.2	92207.5	92184.2		723
32470.4	12627.0	2117.6	336.8	2885.3	2.5	-305.9	-1859.6	12754.1	1407
5068.3	8722.1	10197.9	1579.6	10384.1	465.1	34234.1	34285.9		2139

1-A-10 续表9

行业					营业收入	营业成本
	法人资本	个人资本	港澳台资本	外商资本		
橡胶制品业	6000.0				93057.6	76823.1
塑料制品业	80000.0	8300.0			166498.7	124661.6
非金属矿物制品业	185059.7	148920.6		5357.9	853901.5	729042.0
水泥、石灰和石膏制造	101611.9	117000.0			285456.5	220862.7
石膏、水泥制品及类似制品制造					2427.0	1465.5
砖瓦、石材等建筑材料制造						
玻璃制造	7449.4	30.6		5357.9	29786.5	26007.7
玻璃制品制造						
玻璃纤维和玻璃纤维增强塑料制品制造						
陶瓷制品制造		5005.0			17886.9	9972.0
耐火材料制品制造	21000.0				31304.3	22651.8
石墨及其他非金属矿物制品制造	54998.4	26885.0			487040.3	448082.3
黑色金属冶炼和压延加工业	7770004.9	369952.9			16590615.1	14349664.6
炼铁	1500.0				42180.9	40111.0
炼钢	163800.0	180015.9			963449.1	848053.4
钢压延加工	4604192.3	122717.0			10451402.5	9044892.3
铁合金冶炼	3000512.6	67220.0			5133582.6	4416607.9
有色金属冶炼和压延加工业	1593932.1	275381.0	37420.0	117810.0	12005803.7	11166337.4
常用有色金属冶炼	1239532.1	31473.3	37420.0	117810.0	9624969.6	9071333.1
贵金属冶炼	2000.0	2000.0			271570.1	198330.2
稀有稀土金属冶炼		221907.7			908436.4	740948.9
有色金属合金制造						
有色金属压延加工	352400.0	20000.0			1200827.6	1155725.2
金属制品业		10800.0			910963.3	745239.0
结构性金属制品制造						
金属工具制造						
集装箱及金属包装容器制造		4800.0			24012.2	14009.5
金属丝绳及其制品制造					677639.4	566641.2
建筑、安全用金属制品制造		6000.0			44856.6	40177.7
金属表面处理及热处理加工						
搪瓷制品制造						
金属制日用品制造						
铸造及其他金属制品制造					164455.1	124410.6
通用设备制造业		5175.5			68717.7	60746.6
锅炉及原动设备制造						
金属加工机械制造		2548.8			7344.4	6430.6
物料搬运设备制造						
泵、阀门、压缩机及类似机械制造						
轴承、齿轮和传动部件制造						
烘炉、风机、包装等设备制造					18473.0	16368.9

单位:万元

销售费用	管理费用	财务费用			投资收益（损失以“-”号记）	营业利润	利润总额	亏损企业亏损额	平均用工人数（人）
			利息收入	利息支出					
897.0	2418.1	234.6	-19.4	243.1		11917.1	11935.5		969
4171.3	6304.0	9963.3	1599.0	10141.0	465.1	22317.0	22350.4		1170
17431.9	56117.3	33562.6	6736.0	39083.9	-186.4	17715.3	25691.1	26234.8	8657
8901.8	40114.9	25067.4	-433.7	26495.7		-10532.2	-3843.7	22688.9	3989
244.3	648.4	0.3				-1.5	0.2		318
623.5	1879.6	1946.0	-612.1	1333.9	60.8	-1352.0	-1494.1	1494.1	403
1766.0	4474.3	1870.6	2326.3	1438.0		-368.5	901.2		712
2033.8	997.8	-2.3				6043.6	6096.7		370
3862.5	8002.3	4680.6	5455.5	9816.3	-247.2	23925.9	24030.8	2051.8	2865
445137.4	339003.8	362051.6	16326.9	329665.6	268088.4	1216085.6	1221010.4	47528.2	60385
1437.6	799.6	-10.6				-252.5	-312.6	312.6	700
21858.6	12222.7	4795.3		4790.6	157.7	71075.8	76113.6		3744
281708.2	213974.1	249611.2	6220.6	219652.4	34750.4	642654.8	637167.3	31794.3	45424
140133.0	112007.4	107655.7	10106.3	105222.6	233180.3	502607.5	508042.1	15421.3	10517
72474.8	233853.3	307117.7	19766.9	318755.1	26266.1	166387.5	187050.6	241234.4	46454
52547.2	160025.3	248054.6	14934.8	259520.9	23117.7	44454.7	61379.7	225759.1	35010
55.5	41461.8	11359.8	954.9	8761.3	-1119.3	8163.3	8019.2	3974.3	5418
305.3	18441.5	31075.7	3975.7	33980.0	4267.7	121982.8	125050.8		2303
19566.8	13924.7	16627.6	-98.5	16492.9		-8213.3	-7399.1	11501.0	3723
13773.5	76853.2	34090.4	2316.7	33360.1	155.7	24948.2	40879.9		16698
162.7	3353.8	126.7	-29.5	82.6	5.0	5986.3	6761.4		573
10381.5	55261.8	29370.4	1329.0	28531.8	150.7	-2280.4	6703.0		9883
13.6	1496.5	2.7		2.7		2597.4	2539.5		2946
3215.7	16741.1	4590.6	1017.2	4743.0		18644.9	24876.0		3296
1095.9	5435.4	714.3	11.8	721.6		257.5	714.6		1489
239.9	581.9	11.4		11.4		74.4	77.3		411
248.9	1689.0	432.0		432.0		-323.8	36.2		352

1-A-10 续表 10

行业	法人资本	个人资本	港澳台资本	外商资本	营业收入	营业成本
文化、办公用机械制造						
通用零部件制造		2626.7			42900.3	37947.1
其他通用设备制造业						
专用设备制造业					56455.2	44974.9
采矿、冶金、建筑专用设备制造						
化工、木材、非金属加工专用设备制造					42000.6	35359.2
食品、饮料、烟草及饲料生产专用设备制造						
印刷、制药、日化及日用品生产专用设备制造						
纺织、服装和皮革加工专用设备制造						
电子和电工机械专用设备制造						
农、林、牧、渔专用机械制造					14454.6	9615.7
医疗仪器设备及器械制造						
环保、邮政、社会公共服务及其他专用设备制造						
汽车制造业	42000.0	11515.9			911341.1	973241.8
汽车整车制造		11515.9			754773.8	833784.0
汽车用发动机制造						
改装汽车制造						
低速汽车制造						
电车制造						
汽车车身、挂车制造						
汽车零部件及配件制造	42000.0				156567.3	139457.8
铁路、船舶、航空航天和其他运输设备制造业					1889468.7	1662406.0
铁路运输设备制造					1579205.5	1378716.8
城市轨道交通设备制造						
船舶及相关装置制造						
航空、航天器及设备制造					310263.2	283689.2
摩托车制造						
自行车和残疾人座车制造						
助动车制造						
非公路休闲车及零配件制造						
潜水救捞及其他未列明运输设备制造						
电气机械和器材制造业	78380.0				225927.4	192755.6
电机制造	16284.0				101008.2	73614.2
输配电及控制设备制造	62096.0				124919.2	119141.4
电线、电缆、光缆及电工器材制造						
电池制造						
家用电力器具制造						
非电力家用器具制造						
照明器具制造						
其他电气机械及器材制造						

单位:万元

销售费用	管理费用	财务费用			投资收益（损失以“－”号记）	营业利润	利润总额	亏损企业亏损额	平均用工人数（人）
			利息收入	利息支出					
607.1	3164.5	270.9	11.8	278.2		506.9	601.1		726
921.0	6406.1	489.6	24.6	522.5	5.8	4224.1	4335.2		1049
318.3	4524.0	－29.3	28.1		5.8	2485.9	2635.8		731
602.7	1882.1	518.9	－3.5	522.5		1738.2	1699.4		318
37508.6	48256.3	41514.1	2527.0	42638.5	7605.3	－178208.7	－162757.8	185992.8	6905
33816.9	41050.6	40544.7	2217.8	41407.4	7605.3	－182219.1	－166736.2	183457.4	4964
3691.7	7205.7	969.4	309.2	1231.1		4010.4	3978.4	2535.4	1941
14624.2	133862.5	－14349.7	20584.3	5964.0	11747.9	69045.5	69911.5		13300
14526.5	122567.1	－16057.3	20196.4	3877.4	11747.0	56014.0	57523.1		11462
97.7	11295.4	1707.6	387.9	2086.6	0.9	13031.5	12388.4		1838
4588.0	12660.5	153.3	－4.9			21694.8	23725.0	2161.0	1789
3986.8	6467.8	－208.4	－25.9			23517.7	25527.5	358.5	963
601.2	6192.7	361.7	21.0			－1822.9	－1802.5	1802.5	826

1-A-10 续表 11

行业	法人资本	个人资本	港澳台资本	外商资本	营业收入	营业成本
计算机、通信和其他电子设备制造业	2194290.0				1881225.4	1702658.6
计算机制造						
通信设备制造						
广播电视设备制造						
雷达及配套设备制造						
非专业视听设备制造	10000.0				87244.0	83081.2
智能消费设备制造						
电子器件制造	1180400.0				513348.0	491310.5
电子元件及电子专用材料制造	1003890.0				1280633.4	1128266.9
其他电子设备制造						
仪器仪表制造业						
通用仪器仪表制造						
专用仪器仪表制造						
钟表与计时仪器制造						
光学仪器制造						
衡器制造						
其他仪器仪表制造业						
其他制造业						
日用杂品制造						
废弃资源综合利用业	2100.0				46505.8	37347.3
金属废料和碎屑加工处理					23662.8	18895.8
非金属废料和碎屑加工处理	2100.0				22843.0	18451.5
金属制品、机械和设备修理业					13769.2	10855.1
通用设备修理						
专用设备修理						
铁路、船舶、航空航天等运输设备修理						
电气设备修理					13769.2	10855.1
其他机械和设备修理业						
电力、热力、燃气及水生产和供应业	**1912284.7**	**751696.0**	**39475.4**		**17767261.5**	**16035335.2**
电力、热力生产和供应业	1762257.8	723168.5			16930449.4	15375829.5
电力生产	1744515.8	717466.5			6581840.2	5351958.1
电力供应					9869123.6	9575909.9
热力生产和供应	17742.0	5702.0			479485.6	447961.5
燃气生产和供应业	149280.6	28527.5	39475.4		667087.0	542154.9
燃气生产和供应业	149280.6	28527.5	39475.4		667087.0	542154.9
水的生产和供应业	746.3				169725.1	117350.8
自来水生产和供应	746.3				157820.4	105661.2
污水处理及其再生利用					11904.7	11689.6

单位:万元

销售费用	管理费用	财务费用			投资收益（损失以“－”号记）	营业利润	利润总额	亏损企业亏损额	平均用工人数（人）
			利息收入	利息支出					
14414.1	132453.2	46417.6	3166.1	59875.3	5776.9	－43701.7	－29991.3	94236.6	10673
149.5	1287.2	－1.2	1.2			1062.0	1062.0		430
8628.2	51682.4	25831.7	1791.7	39724.1		－88381.8	－87272.6	87272.6	2293
5636.4	79483.6	20587.1	1373.2	20151.2	5776.9	43618.1	56219.3	6964.0	7950
	4794.7	470.3	39.7	308.6		3010.8	2556.8		1191
	3308.4	259.6	40.0	298.9		719.8	262.4		471
	1486.3	210.7	－0.3	9.7		2291.0	2294.4		720
	2138.1	414.9	31.9	446.8		102.8	227.6		720
	2138.1	414.9	31.9	446.8		102.8	227.6		720
119296.7	**243767.4**	**735770.3**	**50494.8**	**732944.9**	**406520.3**	**745819.8**	**800674.3**	**550683.7**	**109086**
93003.0	181216.7	718111.7	49536.1	716890.0	406254.1	703426.9	744588.2	512007.7	96092
88910.6	122187.8	499612.0	24390.4	477368.3	362143.2	643530.5	650403.9	422575.9	39302
	9626.4	191954.9	23018.3	214951.4	42996.8	110627.3	111715.4	66034.7	46846
4092.4	49402.5	26544.8	2127.4	24570.3	1114.1	－50730.9	－17531.1	23397.1	9944
7323.8	32386.3	17400.9	926.6	15862.1	266.2	60702.1	65185.3	28429.4	4593
7323.8	32386.3	17400.9	926.6	15862.1	266.2	60702.1	65185.3	28429.4	4593
18969.9	30164.4	257.7	32.1	192.8		－18309.2	－9099.2	10246.6	8401
18969.9	27695.7	265.8	42.1	192.8		－16044.6	－8129.5	9276.9	7894
	2468.7	－8.1	－10.0			－2264.6	－969.7	969.7	507

B. 地区部分

1-B-1 按地区分组的规模以上

地区	企业单位数（个）	资产总计	固定资产净额	固定资产原价	累计折旧	流动资产合计	应收账款
总计	**2696**	**303648165.5**	**116179486.1**	**197165233.1**	**72019710.8**	**106502528.8**	**19738132.5**
呼和浩特市	228	24999568.9	7833931.1	14329366.4	6023242.0	10848449.5	2164960.4
包头市	385	52193117.6	17435277.1	29552678.2	11385898.3	21596567.3	4114645.6
呼伦贝尔市	142	12755806.2	6170327.2	11652506.4	4567785.2	3604709.7	551740.3
兴安盟	101	3480376.8	1456652.0	2458614.0	801012.8	1298291.8	252219.0
通辽市	205	15900352.7	5606024.2	11384587.9	4408574.3	5192822.6	1186856.8
赤峰市	301	20673977.9	8601758.3	13314955.2	4592589.3	7548577.6	1383186.3
锡林郭勒盟	254	15763715.6	7458385.1	13048167.2	4168881.9	3373392.3	1056628.9
乌兰察布市	215	12920466.3	6994975.3	11144657.6	3822736.5	3522107.0	1054677.6
鄂尔多斯市	397	98644007.8	35365794.4	54755509.9	16956178.7	33657048.7	4187547.1
巴彦淖尔市	232	11109466.6	4710001.4	8022035.6	2770838.5	4271997.8	1110572.1
乌海市	128	13963122.9	3260984.0	6055194.0	2563126.9	5051631.9	1181826.3
阿拉善盟	106	6713547.6	2568208.8	4021973.0	1251025.9	2722705.6	499684.7

1-B-1 续表

地区	法人资本	个人资本	港澳台资本	外商资本	营业收入	营业成本	销售费用
总计	**57868001.2**	**13982609.8**	**878804.4**	**922005.6**	**147918671.4**	**115422293.0**	**4439893.9**
呼和浩特市	2109880.1	1037048.5	161347.8	59718.7	18424036.0	13449694.6	1672272.5
包头市	6290225.8	5954311.2	74425.8	98615.8	26399285.9	22667947.6	587011.5
呼伦贝尔市	16210471.6	379779.6	21788.3	97437.0	5101021.5	3702604.3	101397.3
兴安盟	324444.3	82919.2		23594.3	1656962.2	1218633.7	45598.1
通辽市	2114601.2	452156.1	42266.8	147767.1	8287783.2	6895876.4	200621.6
赤峰市	1308246.3	430288.8		96422.9	9602461.0	7843182.6	168887.8
锡林郭勒盟	1127836.3	1835431.2	32763.9	49767.0	5247846.0	3761562.7	71717.9
乌兰察布市	1960001.1	291039.9	75000.1	22953.3	7116213.0	6221269.0	197171.3
鄂尔多斯市	12786127.6	1839326.2	141925.5	260718.2	37360676.1	24639651.7	865214.0
巴彦淖尔市	11196999.7	262543.4	318620.0	36632.2	6759380.1	5679186.2	176359.2
乌海市	1841303.5	1256060.7	1066.2	5887.9	8412157.4	6801292.4	248533.2
阿拉善盟	597863.7	161705.0	9600.0	22491.2	3681725.4	2965481.9	105109.5

工业企业主要经济指标

单位:万元

存货	产成品	负债合计	流动负债合计	应付账款	所有者权益合计	实收资本	国家资本	集体资本
16941754.7	**6079498.6**	**192203828.7**	**131312768.1**	**30933256.1**	**111444310.0**	**102085769.3**	**26004958.6**	**2374186.3**
1557734.8	564583.2	14470330.5	11447009.6	2596510.3	10529235.5	5155874.6	1749550.8	38328.7
5706853.1	1826910.9	33640643.6	25297076.6	6985249.7	18552470.0	16899238.9	4366362.1	115297.0
604623.3	258497.7	9252286.8	5767489.8	1076426.0	3503518.4	18852699.7	2061883.9	81338.6
312633.8	122131.9	2515705.6	1556512.7	319871.8	964670.6	651211.3	210848.1	9405.4
833728.5	205998.6	9276347.3	6201476.5	1258571.3	6624001.9	5053424.1	1180794.1	1115838.5
1615853.9	400056.7	14642236.6	10678494.9	1871691.7	6031737.1	4379527.2	2499064.4	45504.5
516777.3	239341.8	12664619.7	8971689.5	1354696.7	3099093.7	4851479.1	1779600.6	26080.0
747896.5	395805.2	9283619.4	5665155.6	1541955.2	3636844.8	3212108.7	769839.9	93274.3
2642342.6	1129953.4	55353196.7	33884381.5	6721015.5	43290808.5	20693597.3	5236347.9	429151.2
1105395.8	361699.6	7434683.5	5224092.5	1359950.6	3674781.5	12577206.8	660297.5	46914.0
714648.0	331521.1	9186096.0	7438028.2	2093750.8	4777026.1	5851323.7	2632104.8	114900.6
557932.3	242968.7	5010426.0	3345783.1	841924.0	1703120.3	1443809.6	393996.2	258153.5

单位:万元

管理费用	财务费用	利息收入	利息支出	投资收益（损失以“-”号记）	营业利润	利润总额	亏损企业亏损额	平均用工人数（人）
5848039.0	**4644906.6**	**397899.5**	**4452459.7**	**1727674.3**	**14343128.2**	**14406552.2**	**2742929.4**	**845002**
690606.2	181169.5	103511.9	308129.7	499426.5	1778426.1	1806382.3	220764.8	82757
928768.5	764832.8	86043.0	776786.9	101172.7	1266270.2	1348715.0	442536.0	152634
383430.4	276062.5	9111.6	269497.2	-121711.4	277910.2	297633.8	366489.4	54276
85074.2	63590.7	5511.2	61151.0	3905.5	57965.7	57853.3	60879.8	15509
239464.0	235973.6	4530.8	226545.6	67915.1	582959.0	620678.6	108257.2	52729
488233.7	309917.1	14472.4	315471.6	31003.9	672309.4	685256.7	188463.3	92720
243216.7	308283.2	11891.4	284985.2	1168.6	568942.4	555741.3	235780.0	40097
218186.0	278998.4	11283.2	222653.5	22769.4	182486.8	190815.3	182693.1	40200
1877277.1	1470933.9	113363.1	1256501.8	669211.3	7162359.2	7052849.4	473441.5	159662
210600.8	215733.0	-2614.6	184627.3	12834.2	359552.0	352277.0	186194.5	38405
357790.7	223857.2	11928.4	212529.8	389900.3	997372.0	1009393.3	146551.9	43916
115764.3	123599.8	5848.8	118628.7	7081.4	325947.9	317240.8	64843.2	25251

1-B-2　按地区分组的国有控股

地　　区	资产总计	固定资产净　额	固定资产原　价	累计折旧	流动资产合　计	应收账款	存货
总　　计	**165920859.4**	**79339976.9**	**138399716.7**	**52407388.1**	**48526900.1**	**9040660.7**	**8127891.5**
呼和浩特市	11124395.0	5825750.1	10467881.6	4355895.3	4009841.6	712097.9	658693.9
包 头 市	39960140.5	14019584.3	23795776.6	9225702.5	14842250.7	1936067.8	4420383.3
呼伦贝尔市	8549181.8	4918805.9	9234127.1	3764817.4	2023204.0	339867.4	287678.3
兴 安 盟	1799487.3	991149.7	1538512.7	474522.0	492488.2	148565.0	65893.8
通 辽 市	7218051.4	2892604.3	7112443.4	2939874.0	1859700.4	613157.0	230752.7
赤 峰 市	12812097.5	6048115.9	9555230.3	3462457.5	3628172.5	675011.9	667850.9
锡林郭勒盟	12695629.7	6156376.9	11058263.4	3525918.5	2249963.0	855887.5	248933.3
乌兰察布市	7083262.2	4900106.0	8173537.1	3058568.5	1333780.7	632007.2	189485.4
鄂尔多斯市	41023940.7	20797818.5	32349561.7	9917804.8	11579089.3	1380979.2	805384.3
巴彦淖尔市	4270506.0	2131394.1	3962456.3	1431296.9	1117829.1	378100.6	304737.8
乌 海 市	3430453.1	1215594.7	2512583.0	1087576.6	1047909.3	259385.0	72780.6
阿 拉 善 盟	1423075.6	725509.3	1214355.8	455133.6	528444.3	115946.8	149982.4

1-B-2　续表

地　　区	个人资本	港澳台资本	外商资本	营业收入	营业成本	销售费用	管理费用
总　　计	**745084.3**	**38389.8**	**389911.7**	**70356072.1**	**55229194.4**	**1016334.7**	**2833530.8**
呼和浩特市	3809.9		14000.0	7037887.3	5147017.6	52417.7	273670.1
包 头 市	295534.8		4187.0	16570416.8	14048165.5	355192.8	650720.3
呼伦贝尔市	16712.6		91384.4	3200809.2	2313530.1	52122.7	244072.3
兴 安 盟	7350.0		5508.2	634950.9	349876.4	7229.0	32115.2
通 辽 市	56828.5	8372.2	125909.4	3028098.0	2376510.9	26542.2	70491.7
赤 峰 市	41371.0		93758.9	4756739.8	3899231.3	69195.6	256866.9
锡林郭勒盟	43725.5	30017.6	14001.7	3659229.5	2587592.9	48626.9	165122.7
乌兰察布市	15647.9		4392.0	2067014.0	1724122.4	33116.8	56364.0
鄂尔多斯市	200771.7		14000.0	14513650.6	9076113.7	291306.8	829387.2
巴彦淖尔市	36715.4		22770.1	1996916.4	1643637.4	23212.1	45607.7
乌 海 市	17717.0			2179171.6	1838635.6	29294.5	172423.6
阿 拉 善 盟	8900.0			842064.4	648850.7	28077.6	27062.7

工业企业主要经济指标

单位:万元

产成品	负债合计	流动负债合计	应付账款	所有者权益合计	实收资本	国家资本	集体资本	法人资本
2192013.2	**107336293.3**	**68651595.7**	**16974772.8**	**58584560.2**	**42811493.4**	**25579070.1**	**390143.5**	**15668893.1**
132363.7	7648858.6	5179579.0	1115784.4	3475535.9	2991435.1	1686751.6	11628.7	1275245.0
1330945.4	25029340.6	17952401.2	4696818.1	14930799.5	9653796.1	4242298.2	77927.1	5033849.0
132444.2	6387920.1	3808352.3	548294.9	2161261.1	2869657.9	2038020.5	32288.6	691251.2
17104.5	1299495.4	639124.9	144614.4	499991.8	335129.5	209393.1		112878.2
23092.1	3845553.7	2601049.5	535469.0	3372496.9	1724165.3	1162077.1	45784.6	325193.5
130625.8	9305631.0	6402328.2	703266.6	3506465.4	2948911.1	2422596.3	900.0	390284.9
69464.1	10792656.9	7514128.0	1077615.9	1902972.4	2507369.2	1742345.3	860.0	676419.0
55597.1	5217551.5	2617781.6	563546.8	1865709.6	1852554.9	740130.2	61250.0	1031134.8
201188.6	21848568.6	11612223.3	3045722.0	19175371.9	10887177.3	5220907.9	113701.5	5337795.8
37267.7	2889631.9	1577119.9	528710.3	1380873.7	1028725.9	650461.5	45803.0	272976.0
25344.0	2701554.3	2250000.2	934365.7	728898.9	3139003.7	2632079.7		489207.0
36546.2	895893.7	661930.0	168922.2	527181.5	409299.1	367740.4		32658.7

单位:万元

财务费用	利息收入	利息支出	投资收益（损失以“-”号记）	营业利润	利润总额	亏损企业亏损额	平均用工人数（人）
2857922.8	**232194.2**	**2880862.0**	**132864.1**	**5409455.6**	**5414304.3**	**1782854.3**	**419238**
183845.9	17362.8	229681.0	9287.9	296020.3	308504.7	150829.0	30605
647161.0	98383.5	662978.5	97629.5	753463.3	798921.8	373511.9	96991
223234.0	4559.2	220342.2	-135875.0	139229.0	140715.8	267253.8	35330
38211.8	3764.7	40199.1		28600.9	27592.0	31489.4	3436
128252.1	8951.8	131998.4	64329.7	354018.2	353535.4	49675.1	17523
207868.8	20213.6	211337.6	26643.6	241465.7	238766.1	135269.8	45999
267519.2	10944.7	248917.0	5085.9	349630.2	337382.5	197513.4	25832
188871.1	1622.6	161421.9	1028.6	57941.3	57072.1	115418.7	11248
618924.5	37449.4	616730.9	11498.1	2774979.3	2710640.0	261238.3	74782
100029.0	-1245.7	83727.7	2688.8	156805.7	164614.3	66312.3	7788
48618.5	1396.5	42069.8	1514.1	28751.9	47875.5	60833.4	14954
13432.0	5772.8	16506.5	6036.1	117922.5	116968.7	7474.5	7904

1-B-3 按地区分组的有限责任公司

地　　区	资产总计	固定资产净额	固定资产原价	累计折旧	流动资产合计		
						应收账款	存货
总　　计	**183681924.7**	**82940337.0**	**138048818.0**	**49513187.6**	**58745814.4**	**11630357.1**	**8044517.3**
呼和浩特市	11244480.1	5717756.9	10102093.9	3994368.6	3852368.6	951150.2	417633.9
包　头　市	25868897.7	8253166.0	13499007.3	4996639.2	10643166.8	2150303.3	1842054.4
呼伦贝尔市	9528391.8	4717662.5	9618957.4	4053333.6	2663804.4	396560.6	484469.3
兴　安　盟	2539670.3	1095839.4	1924207.1	629912.3	892947.1	169479.4	227155.6
通　辽　市	10411105.1	4458788.3	7118050.2	2559684.1	3334499.8	711664.6	387969.4
赤　峰　市	16313295.3	7196311.4	10854107.7	3610808.6	5454289.3	906285.0	1331697.9
锡林郭勒盟	12426428.4	6571852.0	11069384.5	3417993.1	2294256.4	700871.2	312299.2
乌兰察布市	8448548.1	5196427.9	8358652.5	2876435.4	1956127.2	757482.2	320412.4
鄂尔多斯市	54598155.9	24231716.4	36140356.3	10395183.8	17434157.3	2149256.5	1573610.6
巴彦淖尔市	6259605.9	2931971.9	5165444.3	1758159.2	2170580.1	779688.4	444307.4
乌　海　市	6649944.2	1763565.2	3455894.6	1482917.1	2409043.9	632143.5	339515.9
阿拉善盟	4862763.3	2088111.9	3317674.5	1029932.1	1826346.5	331884.8	338056.5

1-B-3　续表

地　　区				营业收入	营业成本	销售费用	管理费用
	个人资本	港澳台资本	外商资本				
总　　计	**2749928.0**	**20118.5**	**45819.0**	**84542090.0**	**66007467.3**	**1510304.9**	**3381485.8**
呼和浩特市	66652.3			5293155.3	4329078.8	93047.4	234558.6
包　头　市	327146.0			12152093.3	10311132.8	169007.3	488311.4
呼伦贝尔市	221825.7			4401277.1	3154921.4	73514.0	294256.1
兴　安　盟	25346.1		5508.2	1278548.7	937134.5	21549.8	56462.9
通　辽　市	261093.7	8372.2	18288.9	4591638.8	3780577.8	101608.4	141032.4
赤　峰　市	212502.4		2664.0	6940543.3	5648995.0	135730.7	365852.6
锡林郭勒盟	223939.5	2746.3		3733051.8	2621776.5	34062.0	163859.9
乌兰察布市	86864.7			3797771.4	3278467.4	77180.5	94198.9
鄂尔多斯市	641498.8		14000.0	21524154.6	13486862.8	503136.5	1127743.9
巴彦淖尔市	136587.2			3906735.7	3209657.1	100918.2	98340.7
乌　海　市	434045.6		5357.9	4191354.4	3394406.8	116942.3	221554.9
阿拉善盟	112426.0	9000.0		2862642.0	2278546.5	83607.8	85687.1

工业企业主要经济指标

单位:万元

产成品	负债合计	流动负债合计	应付账款	所有者权益合计	实收资本	国家资本	集体资本	法人资本
2690913.4	**121327438.3**	**76527623.1**	**17778471.7**	**62354468.9**	**59489920.5**	**22467961.8**	**1872455.3**	**32278436.3**
103026.2	7773541.7	5145652.9	1184577.3	3470937.2	3307017.1	1537641.3	28628.7	1674094.6
441325.3	16375766.9	10977514.4	2248457.8	9493128.0	5249876.7	3665031.7	43436.1	1214262.8
200575.4	6898227.8	4298078.7	845141.3	2630163.4	18062506.5	2026149.5	79788.6	15734742.2
91858.0	1952442.0	1126214.9	210359.3	587228.0	396057.2	172178.7	7300.0	185724.2
82392.5	6352622.9	3786836.3	616596.8	4058480.6	3022583.9	914009.9	1004632.7	816186.2
271618.4	11784174.8	8357372.1	1244526.5	4529118.2	3650340.5	2323240.6	25049.5	1086884.0
101857.4	10903295.8	7578859.2	1168285.8	1523131.1	2751432.4	1567139.4	5070.0	952537.1
190877.7	6187675.0	3479051.3	859385.3	2260871.5	2277786.0	710880.0	73250.0	1406791.3
694259.1	30454623.5	16932936.4	3830320.7	24143530.0	11713381.9	3631013.9	304632.2	7122236.6
171146.9	4035073.6	2366676.0	647379.9	2224530.4	1546355.2	540087.1	46914.0	767566.9
177210.8	5407956.1	4038910.9	1329303.7	1241987.4	3971243.9	2570542.8	25000.0	936297.6
164735.9	3728401.2	2603942.4	682494.8	1134361.5	1077070.9	345778.6	228753.5	381112.8

单位:万元

财务费用	利息收入	利息支出	投资收益(损失以"－"号记)	营业利润	利润总额	亏损企业亏损额	平均用工人数(人)
3113767.1	**205566.0**	**3073094.7**	**89623.4**	**7989682.1**	**8015696.8**	**1871232.9**	**494533**
195629.4	11872.4	228004.3	17213.5	387850.4	401411.3	147975.1	33649
354907.1	65880.5	411958.6	45635.3	642585.7	680823.3	260309.1	73801
211905.3	6491.3	205356.8	－139842.3	318105.4	334385.3	298531.8	43368
52262.8	3795.8	53225.8		26179.7	22530.5	53320.6	9429
160686.2	7285.9	150113.8	444.7	321689.4	348118.5	42096.9	28143
274211.5	22989.5	276094.6	26906.4	412233.7	412687.8	168181.4	65102
271041.5	7686.5	251314.1	－529.4	407733.4	398533.3	215010.9	23928
212609.3	2229.4	177624.7	－331.8	124350.2	122308.3	110880.7	17719
841417.7	54343.6	790877.1	77912.6	4415770.8	4342638.7	251494.3	91741
129560.2	－3406.4	112779.1	11482.3	298774.9	301306.8	127541.5	18639
128888.5	757.7	117493.0	7293.7	239365.4	257836.8	93361.0	23590
88692.7	2621.5	83301.4	441.6	284415.8	281400.8	36494.9	18578

1-B-4 按地区分组的股份有限公司

地　　区	资产总计	固定资产净　额	固定资产原　价	累计折旧	流动资产合　计	应收账款	存货
总　　计	**43902794.6**	**12048876.2**	**22032080.4**	**9032099.5**	**15736985.2**	**2316616.2**	**4274169.6**
呼和浩特市	9732282.5	1118337.3	2076710.6	903263.2	4570729.4	562402.5	469403.8
包 头 市	18451560.8	7122717.4	12559336.6	5028397.5	6463556.1	802270.8	3045415.6
呼伦贝尔市	242284.9	137136.8	200333.2	63196.4	22760.2	4843.3	5490.3
兴 安 盟	63514.2	12660.7	26128.2	13467.5	44456.8	4368.0	6954.2
通 辽 市	2422182.3	553955.2	1078807.1	524462.1	941446.3	301016.8	118624.2
赤 峰 市	627634.7	130306.9	309658.0	148010.8	282128.3	36316.1	73257.7
锡林郭勒盟	1565148.6	432373.0	1135262.5	412162.5	190554.0	22203.9	35620.0
乌兰察布市	467357.4	233611.3	617677.0	381767.4	91585.2	12642.9	29441.3
鄂尔多斯市	8699998.3	1724152.9	3103796.9	1218667.5	2453884.8	465813.2	218036.0
巴彦淖尔市	401126.3	119830.6	214060.8	94230.3	215932.7	13588.3	136152.1
乌 海 市	716371.3	360315.9	523882.6	163566.7	157480.0	49649.6	20253.0
阿 拉 善 盟	513333.3	103478.2	186426.9	80907.6	302471.4	41500.8	115521.4

1-B-4 续表

地　　区	个人资本	港澳台资本	外商资本	营业收入	营业成本	销售费用	管理费用
总　　计	**6744586.5**		**1733.1**	**24226981.6**	**18657279.3**	**1885747.7**	**727787.5**
呼和浩特市	833705.2			9970152.3	6911212.0	1469042.6	265194.1
包 头 市	5307128.5		1733.1	8936729.7	7663223.1	255203.7	182816.7
呼伦贝尔市				62475.5	36357.0		10797.3
兴 安 盟	971.0			16580.0	16273.0	87.8	911.6
通 辽 市	63749.9			1140486.3	849236.5	49086.0	45822.0
赤 峰 市	68925.9			376144.5	295635.8	5001.8	36456.1
锡林郭勒盟	1200.0			566967.7	412217.8	1111.3	34683.4
乌兰察布市	29788.5			361229.2	322725.7	29124.3	10872.7
鄂尔多斯市	416752.3			2187032.2	1671195.1	44945.7	114080.4
巴彦淖尔市	14065.2			116197.6	90814.9	9848.7	8553.8
乌 海 市				326209.7	250478.2	16832.2	7911.4
阿 拉 善 盟	8300.0			166776.9	137910.2	5463.6	9688.0

工业企业主要经济指标

单位:万元

产成品	负债合计	流动负债合计	应付账款	所有者权益合计	实收资本	国家资本	集体资本	法人资本
1536117.4	**25740471.5**	**19907244.3**	**5044832.9**	**18162321.7**	**13517189.5**	**621686.4**	**155787.6**	**5993395.8**
296103.2	4640948.5	4469728.4	766349.4	5091333.7	1083248.8	31122.7	6200.0	212221.1
1055999.4	11014954.2	8880377.7	2903887.7	7436606.6	10168152.1	176439.6	9693.0	4673157.9
2577.6	109853.0	55546.4	18000.2	132431.8	72870.6			72870.6
16.1	58408.1	46099.1	34853.1	5106.0	7422.0	1381.0		5070.0
38501.7	962783.8	758168.0	147152.2	1459398.0	352999.7	84876.3	59894.6	144478.9
37525.7	324305.1	247806.6	69017.8	303328.8	120209.4	23490.0		27793.2
23959.8	498170.8	372225.3	31464.5	1066977.7	210191.0	153146.5	20000.0	35844.5
15015.1	325339.9	235002.0	69830.5	142017.5	60916.1	2027.6		29100.0
34023.2	6714045.5	3856567.6	637736.5	1985953.0	1247925.3	58642.0	60000.0	712531.0
12132.3	330417.6	281566.4	156827.1	70708.8	55747.0	16814.4		24867.4
1238.1	526591.5	532270.9	170030.2	189780.2	65933.7	29943.2		35990.5
19025.2	234653.5	171885.9	39683.7	278679.6	71573.8	43803.1		19470.7

单位:万元

财务费用	利息收入	利息支出	投资收益（损失以“-”号记）	营业利润	利润总额	亏损企业亏损额	平均用工人数（人）
529050.2	**108086.5**	**472397.6**	**721588.4**	**2308378.7**	**2318254.7**	**226508.7**	**115542**
-36087.1	84515.5	54222.9	480062.4	1209974.5	1208895.2	41554.5	26596
295654.0	16094.4	258504.4	42956.9	592893.7	597511.7	4758.3	35716
3884.0	14.5	3866.5	-244.2	217.4	1844.7		2842
488.9	-0.5	489.1	64.7	-225.2	160.1	75.8	276
24616.6	-234.3	23927.6	65134.9	171779.2	182156.7	34782.9	8991
5001.5	-1865.3	6667.0	128.3	29054.7	32123.4	42.7	6440
14902.4	696.5	15494.3	884.5	70706.6	67434.8	2610.7	7750
7293.3	-125.0	7508.2	374.5	-16536.9	-16226.5	28944.0	3593
186037.1	5343.9	73020.6	125272.0	222652.0	212963.1	85144.9	15783
3755.0	15.7	3756.4	295.1	-12061.1	-8582.2	18566.9	2074
19197.7	415.4	17703.3	19.5	27824.7	28814.2	10028.0	2643
4306.8	3215.7	7237.3	6639.8	12099.1	11159.5		2838

1-B-5 按地区分组的私营

地　　区	资产总计	固定资产净　额	固定资产原　价	累计折旧	流动资产合　计	应收账款	存货
总　　计	**37183851.3**	**9160822.7**	**14287370.7**	**4828267.9**	**16872855.3**	**3537470.6**	**2680067.5**
呼和浩特市	970381.2	218334.1	404394.1	184052.6	658896.0	189743.6	220102.1
包 头 市	4473935.1	1065589.0	1725690.3	617418.4	2642248.7	702452.2	498479.8
呼伦贝尔市	1672625.6	461263.7	643885.4	154184.7	622374.6	106076.5	80772.1
兴 安 盟	557453.6	184495.5	258953.8	73038.7	240109.3	52813.4	54027.9
通 辽 市	997543.5	324368.3	533002.2	194346.9	485410.2	128342.3	153612.2
赤 峰 市	3009429.4	793358.0	1326559.9	490922.5	1654921.3	364163.8	196832.1
锡林郭勒盟	973439.6	253953.2	469125.8	184315.2	563210.1	104228.2	154572.6
乌兰察布市	3374644.0	1226126.1	1663965.0	401707.8	1243487.1	240843.4	328224.8
鄂尔多斯市	10858388.7	2509736.8	3705397.1	1184102.1	4482147.4	759588.7	321335.4
巴彦淖尔市	2594405.7	714252.9	1109794.3	329658.9	1315932.8	273334.2	224245.1
乌 海 市	6444637.4	1068325.1	1980451.9	890456.0	2409021.4	494058.9	353505.7
阿 拉 善 盟	1256967.5	341020.0	466150.9	124064.1	555096.4	121825.4	94357.7

1-B-5　续表

地　　区				营业收入	营业成本	销售费用	管理费用
	个人资本	港澳台资本	外商资本				
总　　计	**4186822.6**		**530.0**	**21724124.2**	**17769875.2**	**607709.5**	**850459.8**
呼和浩特市	109863.0			764844.7	642902.7	41347.3	46407.2
包 头 市	307975.9			3474183.3	3094083.6	99896.1	116383.3
呼伦贝尔市	66943.9			336359.9	310605.3	7321.2	37024.3
兴 安 盟	45995.5			211117.4	143011.0	17443.5	17153.3
通 辽 市	127258.2			910701.0	813912.7	22802.5	32131.7
赤 峰 市	148110.5			2152801.4	1811509.9	24503.1	77773.6
锡林郭勒盟	1597650.9			721923.5	603770.1	15682.1	23272.3
乌兰察布市	174386.7			2735773.0	2432853.2	83995.3	100581.2
鄂尔多斯市	642772.9			4485781.5	3028301.6	122398.2	193417.8
巴彦淖尔市	106871.0			1461708.1	1255384.2	44043.0	65133.5
乌 海 市	822015.1		530.0	3857552.3	3125324.4	113319.6	125133.9
阿 拉 善 盟	36979.0			611378.1	508216.5	14957.6	16047.7

工业企业主要经济指标

单位:万元

产成品	负债合计	流动负债合计	应付账款	所有者权益合计	实收资本	国家资本	集体资本	法人资本
1206940.9	**24982823.0**	**20065814.2**	**4696085.8**	**12201020.7**	**19472005.7**	**38693.7**	**189636.1**	**15056321.9**
86523.9	743295.7	696442.7	275953.9	227084.1	255416.8		3500.0	142053.8
207540.3	3740135.2	3451421.8	1243760.4	733798.8	647439.3		4800.0	334662.4
46658.3	1344276.2	853162.6	155783.7	328349.3	369972.7		1550.0	301478.8
16780.4	314681.4	263862.2	53161.4	242772.1	141903.1	74.0		95833.6
51702.2	657991.1	576927.3	202931.0	339550.9	1244321.5		7371.2	1109692.1
88122.0	2182847.0	1896245.1	525567.6	826581.5	354496.3	5500.0	20330.0	180555.8
105710.2	620682.5	495373.4	87770.9	352756.6	1726668.9	10814.6	1010.0	117193.4
167743.9	2375571.8	1752219.7	505588.0	999071.7	695149.2	13300.0	20024.3	487438.1
130338.7	6727305.5	5039428.7	568308.9	4131082.5	1521103.9	5500.0	11750.0	861080.8
94995.1	2099831.4	1687463.4	376611.0	494574.4	10472201.1	1000.0		10364330.0
152565.3	3179650.0	2834128.6	587169.2	3264986.9	1781486.2	25.1	89900.6	869015.4
58260.6	996555.2	519138.7	113479.8	260411.9	261846.0			

单位:万元

财务费用	利息收入	利息支出	投资收益（损失以“-”号记）	营业利润	利润总额	亏损企业亏损额	平均用工人数（人）
459150.2	**26591.9**	**378743.7**	**483885.7**	**2058707.4**	**2092515.1**	**399807.5**	**143768**
12150.0	2503.0	7278.1	221.0	16417.5	22774.5	14678.0	10254
30653.4	45.0	24210.3	2698.2	109243.1	124889.8	48863.1	23053
13063.1	119.8	10833.3	87.9	-31252.0	-26093.9	41014.0	5448
7557.3	1784.5	4158.8	3089.8	27074.0	28716.1	5312.8	3760
9282.4	303.7	8455.8	12.5	16599.2	19748.8	14097.7	6540
18574.2	-6747.7	21003.8	3969.2	205571.7	213596.8	15063.2	19496
11812.3	-143.4	10925.8	158.7	58736.8	64900.7	10086.6	6215
50739.8	9200.5	29593.7	22726.7	66846.3	73237.3	40303.0	16361
144859.6	8733.8	110470.5	66884.7	799735.4	806150.5	106483.0	22322
54594.2	59.9	46885.3	1449.9	24839.1	12063.7	37876.4	9722
75348.0	10721.2	76890.1	382587.1	729581.5	722368.8	43162.9	17167
30515.9	11.6	28038.2		35314.8	30162.0	22866.8	3430

1-B-6 按地区分组的港澳台商

地　　区	资产总计	固定资产净　额	固定资产原　价	累计折旧	流动资产合　计	应收账款	存货
总　　计	**6349561.7**	**3252280.4**	**4999332.9**	**1687509.6**	**1910525.8**	**407541.8**	**414592.2**
呼和浩特市	1517504.8	546561.1	1159879.3	607945.0	641565.4	275784.9	119160.4
包　头　市	459505.5	223161.1	405272.0	178616.4	110493.0	13332.3	28461.9
呼伦贝尔市	924263.3	702223.7	825550.9	123327.2	137923.7	12651.4	17133.9
兴　安　盟							
通　辽　市	198738.2	40621.3	78575.8	37954.4	154648.4	18917.9	22844.9
赤　峰　市	79692.8	58763.2	83678.5	24915.2	18213.4	11618.3	404.9
锡林郭勒盟	151145.8	67353.4	148441.2	61311.4	47492.6	24969.4	1527.3
乌兰察布市	135744.7	94350.0	142615.9	48266.1	35732.0	-659.5	24788.7
鄂尔多斯市	1847612.3	882378.3	1241901.6	328624.4	466932.0	49300.6	45441.6
巴彦淖尔市	1011456.2	631980.1	904212.9	272232.8	280153.0	1924.6	150605.1
乌　海　市	1781.3	790.4	1660.7	870.3	990.9	-401.7	889.3
阿拉善盟	22116.8	4097.8	7544.1	3446.4	16381.4	103.6	3334.2

1-B-6 续表

地　　区	个人资本	港澳台资本	外商资本	营业收入	营业成本	销售费用	管理费用
总　　计	**144770.0**	**838959.5**	**267146.7**	**3021524.6**	**2391561.5**	**124720.5**	**143672.5**
呼和浩特市	11266.3	161347.8	17089.4	834889.7	715436.	31980.5	38561.9
包　头　市		74425.8	59502.3	322985.0	275489.0	3482.1	8322.3
呼伦贝尔市		21788.3	67620.0	195857.5	119637.6	17890.9	20414.6
兴　安　盟							
通　辽　市		31911.2	7350.0	135548.2	100248.1	5750.4	3326.1
赤　峰　市			8985.0	11667.6	6194.0		
锡林郭勒盟		12546.6	4900.	55570.9	16473.	19455.5	3462.1
乌兰察布市		74728.1		56656.4	42061.1	5436.9	2112.5
鄂尔多斯市	132503.7	141925.5	101700.0	532243.2	323834.0	33592.9	39353.9
巴彦淖尔市	1000.0	318620.0		860481.0	777419.5	6333.9	26977.8
乌　海　市		1066.2		4947.1	3868.	503.9	312.6
阿拉善盟		600.0		10678.0	10901.2	293.5	828.7

投资工业企业主要经济指标

单位:万元

产成品	负债合计	流动负债合计	应付账款	所有者权益合计	实收资本	国家资本	集体资本	法人资本
161321.0	**3516781.5**	**2864321.4**	**562176.2**	**2832780.9**	**1662643.3**	**104240.9**		**307526.2**
32660.1	620835.4	509960.6	175678.4	896669.6	260087.5	44499.2		25884.8
6801.8	163059.7	147605.1	6211.2	296445.8	171928.1			38000.0
295.9	752322.5	469352.4	36462.4	171940.7	159788.3			70380.0
5572.3	54076.8	39890.7	12244.6	144661.3	46911.2	7650.0		
	50879.3	7592.3	2200.8	28813.5	18337.0	9352.0		
270.2	107314.2	106642.2	4561.6	43831.7	60186.3	42739.7		
13778.1	82222.2	63236.3	43016.9	53522.6	74728.1			
26795.6	1051562.7	913094.1	145115.7	796050.2	514755.2			138626.0
74640.1	619488.7	591927.7	133061.4	391967.5	352855.4			33235.4
506.9	697.1	697.1	370.3	1084.2	1066.2			
	14322.9	14322.9	3252.9	7793.8	2000.0			1400.0

单位:万元

财务费用	利息收入	利息支出	投资收益(损失以"-"号记)	营业利润	利润总额	亏损企业亏损额	平均用工人数(人)
118393.2	**804.9**	**119200.6**	**64785.8**	**235651.0**	**247230.2**	**29469.6**	**20961**
11039.7	1427.7	15429.6	512.2	26967.5	38452.9	14623.2	6246
5791.3	-190.9	3845.2	3810.4	31619.0	32912.7		1098
42149.9	2842.1	44145.2	18000.0	303.4	370.7	11067.7	1314
-2345.8	-3186.0	799.5	52.3	27343.0	27820.1	1977.9	1576
2035.4	17.2	2052.1		3420.9	3441.7		45
4195.6	22.0	4100.7	650.2	9245.6	9277.8		217
2389.2	31.9	1706.7		4956.2	5224.4	441.5	436
34861.0	291.5	32232.5	42153.8	109755.9	110955.2		3422
18267.2	-450.6	14879.4	-393.1	23252.7	19880.3		6510
0.1				251.2	253.7		37
9.6		9.7		-1464.4	-1359.3	1359.3	60

1-B-7 按地区分组的外商投资

地区	资产总计	固定资产净额	固定资产原价	累计折旧	流动资产合计	应收账款	存货
总计	**18492038.2**	**4288849.9**	**9584076.8**	**3843088.5**	**6625597.4**	**892574.4**	**862578.9**
呼和浩特市	467439.4	80398.7	269410.7	169282.5	333178.3	82960.4	75556.7
包头市	437698.6	186713.2	351101.0	164047.9	202322.3	66512.9	40627.8
呼伦贝尔市	388240.6	152040.5	363779.5	173743.3	157846.8	31608.5	16757.7
兴安盟	191816.4	74444.0	116325.7	40814.5	88388.9	12852.0	22316.2
通辽市	1656278.1	91215.1	2208411.7	861461.9	220644.4	19240.8	143837.6
赤峰市	586555.2	396855.6	701254.6	304399.0	116385.2	63690.0	12749.8
锡林郭勒盟	92969.1	48472.1	114140.3	65668.3	32761.1	3826.0	5564.0
乌兰察布市	241437.2	113832.4	198807.5	83379.0	87302.9	12025.4	26189.5
鄂尔多斯市	13594152.6	2859832.6	4693424.9	1697916.9	5079039.7	554442.4	362695.0
巴彦淖尔市	782870.3	256259.1	528372.9	272113.8	288382.0	42036.6	150086.1
乌海市							
阿拉善盟	52580.7	28786.6	39048.0	10261.4	19345.8	3379.4	6198.5

1-B-7 续表

地区	个人资本	港澳台资本	外商资本	营业收入	营业成本	销售费用	管理费用
总计	**139861.8**	**2255.4**	**606776.8**	**8476977.8**	**6711008.4**	**181522.1**	**379082.6**
呼和浩特市	15561.7		42629.3	567022.5	410547.3	22840.1	43089.2
包头市	12060.8		37380.4	290425.3	228082.8	19208.6	14455.1
呼伦贝尔市	91010.0		29817.0	105051.5	81083.0	2671.2	20938.1
兴安盟	10606.6		18086.1	125165.0	103276.1	5791.0	8249.1
通辽市		1983.4	122128.2	1349010.1	1195772.2	14359.8	14951.0
赤峰市	750.0		84773.9	103730.4	68785.8	1070.6	5358.7
锡林郭勒盟	1852.7		44867.0	50103.3	31218.6	10.0	5599.8
乌兰察布市		272.0	22953.3	104438.7	89424.8	1434.3	5543.5
鄂尔多斯市			145018.2	5352156.9	4139413.8	98379.2	246694.1
巴彦淖尔市	4020.0		36632.2	405464.7	339371.1	15215.4	11595.0
乌海市							
阿拉善盟	4000.0		22491.2	24409.4	24032.9	541.9	2609.0

工业企业主要经济指标

单位:万元

产成品	负债合计	流动负债合计	应付账款	所有者权益合计	实收资本	国家资本	集体资本	法人资本
321013.4	**9887480.6**	**7020222.6**	**1446771.6**	**8604556.9**	**4750998.0**	**509082.8**	**49556.0**	**3443465.0**
14651.9	279832.2	261475.5	68701.8	187607.1	113816.8			55625.8
23437.6	194661.6	134682.3	44301.4	243036.7	113375.2	34670.5		29263.4
8390.5	147607.3	91349.7	21038.4	240633.2	187561.6	35734.4		31000.0
13412.2	106510.5	69037.8	16733.7	85305.9	68587.2		2078.0	37816.5
25549.4	1070850.8	889072.4	157457.7	585427.4	385545.6	173300.0	43890.0	44244.0
2752.0	264966.3	161965.3	29449.7	321588.8	230501.5	131964.3		13013.3
1276.0	70913.3	41302.5	10221.9	22055.8	59835.6	5460.5		7655.4
8390.4	121816.8	61949.5	33537.2	119620.3	85454.1	25557.1		36671.7
213421.2	7255149.4	4987628.4	1016256.6	6339003.0	3326888.6		3588.0	3178282.4
8785.2	343401.9	289988.7	46071.2	439468.5	150048.1	102396.0		7000.0
947.0	31770.5	31770.5	3002.0	20810.2	29383.7			2892.5

单位:万元

财务费用	利息收入	利息支出	投资收益(损失以“-”号记)	营业利润	利润总额	亏损企业亏损额	平均用工人数(人)
271862.6	**32309.0**	**256683.1**	**354598.6**	**1077834.3**	**1077796.3**	**43694.7**	**21259**
525.8	-1028.5	1108.2	1411.3	89860.5	90374.9	1608.4	2299
3279.8	110.8	4153.1	-1050.0	24812.9	24608.6	1519.2	1539
5060.2	-356.1	5295.4	287.2	-9464.0	-12873.0	15875.9	1304
1004.1	-87.0	1170.2	751.0	3712.9	4811.9	1461.9	1426
39958.7	358.8	40031.7		60206.0	56580.0		4829
10108.3	39.1	9630.7		21460.2	22524.4	5176.0	1001
1609.0	-188.1	2044.9		10361.2	8472.1	5179.7	639
3189.4	-54.8	3427.3		5125.7	5117.5	2123.9	670
197529.2	32348.7	183485.4	353199.1	851986.6	856183.4	5463.1	5964
9556.3	1166.1	6327.1		22854.9	25073.4	2209.7	1452
41.8		9.1		-3082.6	-3076.9	3076.9	136

1-B-8 按地区分组的大型

地区	资产总计	固定资产净额	固定资产原价	累计折旧	流动资产合计		
						应收账款	存货
总计	**152883997.2**	**54730660.2**	**100231836.4**	**39783691.5**	**52506292.6**	**6683896.3**	**8251220.3**
呼和浩特市	14464773.3	3118829.9	5102247.0	1808817.9	6570149.0	804864.8	803187.8
包头市	35731904.6	11045075.9	19846422.7	8291809.2	13790604.9	1799722.4	4074087.8
呼伦贝尔市	4508094.1	2186533.4	5465730.7	2735620.4	1156873.4	188638.1	154477.5
兴安盟	242762.9		197807.2	84357.9	81136.4	-1324.3	47071.4
通辽市	8481851.4	1887079.7	5423427.9	2291595.3	2549871.5	488087.1	377561.3
赤峰市	8604329.1	3174566.8	5293108.3	2076168.4	2786156.7	407151.5	553132.2
锡林郭勒盟	4967537.6	2834549.5	5989305.8	1887973.4	919079.8	104845.9	152048.3
乌兰察布市	1582968.4	1117442.0	1731555.7	610685.7	236434.0	41394.8	92444.6
鄂尔多斯市	52182316.1	18317607.7	29364133.2	9439897.2	18436833.3	1634215.4	1511911.1
巴彦淖尔市	1227648.3	755357.9	1174815.6	419457.8	321981.1	-3056.2	215716.9
乌海市	5065337.1	981498.5	2211052.6	1022970.6	1428342.4	184962.7	157728.4
阿拉善盟	1293835.7	594951.7	1007242.0	406517.2	414603.1	40806.7	86518.2

1-B-8 续表

地区				营业收入	营业成本	销售费用	管理费用
	个人资本	港澳台资本	外商资本				
总计	**2495159.2**	**411305.6**	**173897.3**	**78307104.0**	**61848010.8**	**2587368.2**	**2998593.8**
呼和浩特市	826663.1	129506.0		12532163.6	8887583.0	1433033.6	396338.0
包头市	351208.7			16342055.9	14199650.7	351628.0	578067.0
呼伦贝尔市	107083.1			2260653.9	1611339.7	33837.7	175133.0
兴安盟				421743.6	382155.6	9489.0	10460.6
通辽市	235578.5	7399.6	117810.0	4394856.1	3581419.1	77277.5	119500.5
赤峰市	76609.0			4862160.3	4151991.9	61490.7	253973.9
锡林郭勒盟				1965867.9	1603801.9	7048.2	74954.5
乌兰察布市	5510.8			1003211.5	863752.8	46260.9	46672.0
鄂尔多斯市	575205.8		56087.3	19936550.4	13269293.2	410657.8	1085319.0
巴彦淖尔市	6565.2	274400.0		854797.6	742239.3	17237.1	29259.4
乌海市	310735.0			2974987.3	2287201.4	115170.4	201403.1
阿拉善盟				888932.3	691672.3	24237.3	17886.4

工业企业主要经济指标

单位:万元

产成品	负债合计	流动负债合计	应付账款	所有者权益合计	实收资本	国家资本	集体资本	法人资本
2655992.3	**90015062.1**	**62725497.8**	**15771409.3**	**62868935.2**	**35830483.7**	**14530272.7**	**1633642.7**	**16586206.2**
336952.2	7552194.9	6300426.0	1217677.5	6912578.4	2405337.8	578009.0		871159.9
1282740.5	21743566.5	16648010.7	4313435.7	13988337.8	8905290.0	3319186.1	53888.9	5181006.3
37214.8	2558003.2	1336629.4	285599.1	1950090.8	1859196.7	1212433.9	30212.1	509467.6
13626.5	203536.8	202011.8	28649.0	39226.1	40000.0			40000.0
54623.5	4628113.2	3262872.9	631961.7	3853738.4	1820758.8	374464.7	1010091.7	75414.3
84911.9	6210200.2	5235502.0	777926.4	2394128.9	1798351.7	1416172.9		305569.7
26659.6	4779703.2	3810071.8	380071.1	187834.7	1075475.2	773490.9		301984.3
37863.2	1076639.5	749613.5	200039.4	506329.0	309006.3	5199.0	61250.0	237046.5
666206.3	26688612.3	15263898.8	3523874.1	25493703.8	11108997.8	1624588.4	278200.0	8574916.2
24017.5	697893.0	652084.0	179444.5	529755.4	339372.6			58407.4
51346.1	3586453.3	2882175.0	1142193.2	1478883.7	3244284.8	2502315.8		431234.0
39800.4	816509.0	546624.3	178895.1	477326.6	460143.7	260143.7	200000.0	

单位:万元

财务费用	利息收入	利息支出	投资收益（损失以“-”号记）	营业利润	利润总额	亏损企业亏损额	平均用工人数（人）
1976797.5	**315511.3**	**2023896.9**	**1116424.6**	**7192368.8**	**7208444.8**	**1008854.7**	**417973**
-1750.8	91036.1	98505.0	484914.0	1230803.7	1239206.6	76521.4	43493
540278.0	98347.1	579936.6	94635.6	576957.2	615870.1	293915.7	89514
79811.0	544.3	77164.8	-149030.7	164486.6	179626.4	132496.8	29008
699.3	-7.2	706.5		10815.0	6314.5		2448
107531.5	-3270.6	110235.5	58617.4	416523.3	434105.2	15277.3	25364
62158.0	11690.4	87212.5	10280.3	253175.7	256378.2	50907.8	46314
133606.5	3291.2	134155.9	450.9	40698.1	37439.5	131100.7	13341
38380.1	39.7	26733.6		-5721.6	-1625.9	37884.2	8361
741175.1	79188.8	618054.9	503891.6	3909044.4	3833354.1	174419.7	81960
20344.7	115.8	18224.8	13059.9	39392.5	36976.7		8958
61958.4	9153.7	58120.6	56559.2	298827.5	314458.3	30296.4	17786
650.8	2363.7	-105.2	49.6	146739.1	144625.7		4580

1-B-9 按地区分组的中型

地　　区	资产总计	固定资产净　额	固定资产原　价	累计折旧	流动资产合　计	应收账款	存货
总　　计	**75254323.0**	**30796855.7**	**49193197.5**	**16975359.1**	**25808267.5**	**4979070.4**	**4880213.7**
呼和浩特市	5320390.9	2313797.4	5794950.4	3211569.9	2267258.2	538462.7	433387.7
包 头 市	7722743.3	2761474.3	4356889.8	1546768.5	4211062.5	1125574.4	1028916.1
呼伦贝尔市	4645703.6	2657347.3	3941349.5	1041855.1	942392.5	113420.9	233212.7
兴 安 盟	1050728.0	461793.2	793614.2	255980.0	462266.1	61858.8	111356.6
通 辽 市	2310965.4	844211.3	1481051.8	609005.0	1098555.7	140892.3	238455.2
赤 峰 市	4026087.9	1321308.9	2155405.7	783322.6	2060268.4	255012.6	709873.8
锡林郭勒盟	6016042.7	2073387.7	3064346.1	916423.1	1028833.7	434946.3	129955.0
乌兰察布市	2703101.6	1361617.1	2410448.5	1003891.0	907666.3	212465.8	244442.3
鄂尔多斯市	28416079.6	12940312.4	18410052.6	5221292.4	7908153.0	1138755.2	686894.1
巴彦淖尔市	4167675.8	1482685.0	2577389.2	932725.1	1814919.6	395009.3	489959.0
乌 海 市	5719906.5	1611376.0	2650373.9	1015494.7	1797862.5	383188.9	287995.0
阿 拉 善 盟	3154897.7	967545.1	1557325.8	437031.7	1309029.0	179483.2	285766.2

1-B-9 续表

地　　区	个人资本	港澳台资本	外商资本	营业收入	营业成本	销售费用	管理费用
总　　计	**2232355.1**	**197647.9**	**270439.2**	**37578584.7**	**28289056.7**	**959952.0**	**1480652.5**
呼和浩特市	65913.3	13665.0	32044.6	3755114.5	2849188.3	146425.8	191749.8
包 头 市	276669.6		1057.3	5327474.2	4507105.4	110590.9	163959.3
呼伦贝尔市	123600.0	2097.8	67620.0	1799597.8	1202482.1	39452.3	141119.0
兴 安 盟	25562.6		7200.0	588449.7	364494.8	9942.4	30839.9
通 辽 市	37367.8		19357.7	1537616.5	1389246.2	47407.4	58345.7
赤 峰 市	50765.2		2664.0	2343344.7	1913082.6	54620.5	102104.9
锡林郭勒盟	178705.3	2746.3	2437.7	1632288.1	909165.2	27219.1	94240.2
乌兰察布市	59653.2		17000.0	2763316.4	2544211.8	71864.2	71104.2
鄂尔多斯市	566453.4	141718.8	115700.0	9909767.1	6065050.4	270886.4	416803.3
巴彦淖尔市	38724.4	37420.0		2935104.4	2471237.4	73848.5	86440.3
乌 海 市	748695.7		5357.9	3473607.4	2822308.5	74060.2	80504.9
阿 拉 善 盟	60244.6			1512903.9	1251484.0	33634.3	43441.0

工业企业主要经济指标

单位:万元

产成品	负债合计	流动负债合计	应付账款	所有者权益合计	实收资本	国家资本	集体资本	法人资本
1641659.5	**49846533.1**	**33973222.5**	**7835546.7**	**25407785.3**	**16659745.7**	**5756557.5**	**380504.5**	**7822240.9**
98030.0	3341296.5	2727464.3	728715.6	1979094.1	1311330.9	640084.4	6018.0	553605.6
251016.3	5836221.2	4548311.4	1381506.4	1886521.6	972619.4	286446.5	27123.7	381322.3
96481.4	3610156.4	2307460.3	346904.3	1035546.5	1289069.4	583094.5	47525.5	465131.6
62688.8	922327.4	546613.5	151869.9	128400.7	141757.6	84599.0	300.0	24096.0
54890.6	1618343.2	1263540.6	271349.1	692622.0	613779.6	49451.2	58000.0	449602.7
172333.1	3006541.7	2298729.2	650180.9	1019545.5	808741.6	364468.8	20330.0	370513.6
65216.3	4446198.8	2843989.5	658769.5	1569843.5	1128025.2	527191.5	20000.0	396944.4
153924.7	2197305.7	1664565.0	436556.8	505795.5	711553.6	59674.4	1714.3	573511.7
298208.6	16926286.2	9675425.3	1988580.3	11489793.0	6417863.2	2935722.2	59000.0	2599268.5
165309.6	2874902.0	2115198.9	479499.8	1292773.6	934357.4	101236.0	600.0	756376.9
116802.9	2696036.1	2332337.6	396872.6	3023870.1	1746999.8	57785.9	104393.0	830767.3
106757.2	2370917.9	1649586.9	344741.5	783979.2	583648.0	66803.1	35500.0	421100.3

单位:万元

财务费用	利息收入	利息支出	投资收益(损失以"-"号记)	营业利润	利润总额	亏损企业亏损额	平均用工人数(人)
1295953.4	**52510.4**	**1249806.7**	**536501.5**	**4727923.9**	**4713163.1**	**870351.3**	**232966**
79833.7	11544.4	71882.0	13575.3	454341.6	464096.5	60572.5	22496
76505.0	-13619.0	86982.3	-3534.2	415886.7	427643.7	65895.2	32810
113353.6	6840.8	119984.2	20106.5	153934.9	144605.5	149804.3	12745
24394.4	3581.5	27600.3		-20485.0	-17704.1	47117.7	5625
35971.0	5490.8	41122.9	6574.5	-10388.2	1137.1	54823.9	15762
81632.9	338.7	81467.3	5391.4	161254.4	154320.4	89760.4	22976
68965.0	6497.7	54015.5	-595.9	378636.8	364755.2	71922.0	13549
74790.4	6355.6	64091.1	-1534.8	-15797.8	-18579.9	72803.7	13306
493027.4	21646.7	458892.7	160970.3	2298939.6	2302976.6	80786.8	49363
87847.0	-1799.9	83807.7	-3080.3	131839.4	112190.3	114936.8	14363
90782.1	2297.7	88750.0	331988.9	680482.2	679924.1	30002.4	17225
68850.9	3335.4	71210.7	6639.8	99279.3	97797.7	31925.6	12746

1-B-10 按地区分组的小型

地　　区	资产总计	固定资产净　额	固定资产原　价	累计折旧	流动资产合　计	应收账款	存货
总　　计	**75509845.3**	**30651970.2**	**47740199.2**	**15260660.2**	**28187968.7**	**8075165.8**	**3810320.7**
呼和浩特市	5214404.7	2401303.8	3432169.0	1002854.2	2011042.3	821632.9	321159.3
包 头 市	8738469.7	3628726.9	5349365.7	1547320.6	3594899.9	1189348.8	603849.2
呼伦贝尔市	3602008.5	1326446.5	2245426.2	790309.7	1505443.8	249681.3	216933.1
兴 安 盟	2186885.9	994858.8	1467192.6	460674.9	754889.3	191684.5	154205.8
通 辽 市	5107535.9	2874733.2	4480108.2	1507974.0	1544395.4	557877.4	217712.0
赤 峰 市	8043560.9	4105882.6	5866441.2	1733098.3	2702152.5	721022.2	352847.9
锡林郭勒盟	4780135.3	2550447.9	3994515.3	1364485.4	1425478.8	516836.7	234774.0
乌兰察布市	8634396.3	4515916.2	7002653.4	2208159.8	2378006.7	800817.0	411009.6
鄂尔多斯市	18045612.1	4107874.3	6981324.1	2294989.1	7312062.4	1414576.5	443537.4
巴彦淖尔市	5714142.5	2471958.5	4269830.8	1418655.6	2135097.1	718619.0	399719.9
乌 海 市	3177879.3	668109.5	1193767.5	524661.6	1825427.0	613674.7	268924.6
阿 拉 善 盟	2264814.2	1005712.0	1457405.2	407477.0	999073.5	279394.8	185647.9

1-B-10 续表

地　　区	个人资本	港澳台资本	外商资本	营业收入	营业成本	销售费用	管理费用
总　　计	**9255095.5**	**269850.9**	**477669.1**	**32032982.7**	**25285225.5**	**892573.7**	**1368792.7**
呼和浩特市	144472.1	18176.8	27674.1	2136757.9	1712923.3	92813.1	102518.4
包 头 市	5326432.9	74425.8	97558.5	4729755.8	3961191.5	124792.6	186742.2
呼伦贝尔市	149096.5	19690.5	29817.0	1040769.8	888782.5	28107.3	67178.4
兴 安 盟	57356.6		16394.3	646768.9	471983.3	26166.7	43773.7
通 辽 市	179209.8	34867.2	10599.4	2355310.6	1925211.1	75936.7	61617.8
赤 峰 市	302914.6		93758.9	2396956.0	1778108.1	52776.6	132154.9
锡林郭勒盟	1656725.9	30017.6	47329.3	1649690.0	1248595.6	37450.6	74022.0
乌兰察布市	225875.9	75000.1	5953.3	3349685.1	2813304.4	79046.2	100409.8
鄂尔多斯市	697667.0	206.7	88930.9	7514358.6	5305308.1	183669.8	375154.8
巴彦淖尔市	217253.8	6800.0	36632.2	2969478.1	2465709.5	85273.6	94901.1
乌 海 市	196630.0	1066.2	530.0	1963562.7	1691782.5	59302.6	75882.7
阿 拉 善 盟	101460.4	9600.0	22491.2	1279889.2	1022325.6	47237.9	54436.9

工业企业主要经济指标

单位:万元

产成品	负债合计	流动负债合计	应付账款	所有者权益合计	实收资本	国家资本	集体资本	法人资本
1781846.8	**52342233.5**	**34614047.8**	**7326300.1**	**23167589.5**	**49595539.9**	**5718128.4**	**360039.1**	**33459554.1**
129601.0	3576839.1	2419119.3	650117.2	1637563.0	1439205.9	531457.4	32310.7	685114.6
293154.1	6060855.9	4100754.5	1290307.6	2677610.6	7021329.5	760729.5	34284.4	727897.2
124801.5	3084127.2	2123400.1	443922.6	517881.1	15704433.6	266355.5	3601.0	15235872.4
45816.6	1389841.4	807887.4	139352.9	797043.8	469453.7	126249.1	9105.4	260348.3
96484.5	3029890.9	1675063.0	355260.5	2077641.5	2618885.7	756878.2	47746.8	1589584.2
142811.7	5425494.7	3144263.7	443584.4	2618062.7	1772433.9	718422.7	25174.5	632163.0
147465.9	3438717.7	2317628.2	315856.1	1341415.5	2647978.7	478918.2	6080.0	428907.6
204017.3	6009674.2	3250977.1	905359.0	2624720.3	2191548.8	704966.5	30310.0	1149442.9
165538.5	11738298.2	8945057.4	1208561.1	6307311.7	3166736.3	676037.3	91951.2	1611942.9
172372.5	3861888.5	2456809.6	701006.3	1852252.5	11303476.8	559061.5	46314.0	10382215.4
163372.1	2903606.6	2223515.6	554685.0	274272.3	860039.1	72003.1	10507.6	579302.2
96411.1	1822999.1	1149571.9	318287.4	441814.5	400017.9	67049.4	22653.5	176763.4

单位:万元

财务费用	利息收入	利息支出	投资收益（损失以“-”号记）	营业利润	利润总额	亏损企业亏损额	平均用工人数（人）
1372155.7	**29877.8**	**1178756.1**	**74748.2**	**2422835.5**	**2484944.3**	**863723.4**	**194063**
103086.6	931.4	137742.7	937.2	93280.8	103079.2	83670.9	16768
148049.8	1314.9	109868.0	10071.3	273426.3	305201.2	82725.1	30310
82897.9	1726.5	72348.2	7212.8	-40511.3	-26598.1	84188.3	12523
38497.0	1936.9	32844.2	3905.5	67635.7	69242.9	13762.1	7436
92471.1	2310.6	75187.2	2723.2	176823.9	185436.3	38156.0	11603
166126.2	2443.3	146791.8	15332.2	257879.3	274558.1	47795.1	23430
105711.7	2102.5	96813.8	1313.6	149607.5	153546.6	32757.3	13207
165827.9	4887.9	131828.8	24304.2	204006.2	211021.1	72005.2	18533
236731.4	12527.6	179554.2	4349.4	954375.2	916518.7	218235.0	28339
107541.3	-930.5	82594.8	2854.6	188320.1	203110.0	71257.7	15084
71116.7	477.0	65659.2	1352.2	18062.3	15010.9	86253.1	8905
54098.1	149.7	47523.2	392.0	79929.5	74817.4	32917.6	7925

1-B-11 按地区分组的

地　　区	资产总计	固定资产净额	固定资产原价	累计折旧	流动资产合计	应收账款	存货
总　　计	**85735831.2**	**19463818.9**	**36010737.1**	**14141008.8**	**33222265.3**	**4255827.1**	**2531688.5**
呼和浩特市	359387.0	27914.80	55771.4	26784.1	210747.6	46169.90	5071.4
包 头 市	8949347.9	770275.4	2018955.4	865270.8	3242052.1	247346.6	463068.7
呼伦贝尔市	4096341.1	1649676.5	3077202.8	1229968.1	1074399.3	174106.5	143307.4
兴 安 盟	287033.3	39093.8	63153.1	21059.2	194242.8	7133.3	57503.4
通 辽 市	2350648.8	529944.5	1069786.6	539452.5	950743.3	358998.5	60920.7
赤 峰 市	3533367.9	817265.2	1692272.8	871524.7	1619994.5	174655.7	124196.5
锡林郭勒盟	7659290.8	2206709.1	3748351.5	1163653.6	1570953.2	467385.8	120823.8
乌兰察布市	595344.7	83847.0	139713.3	55866.5	102997.7	13914.5	17572.7
鄂尔多斯市	49816517.6	11734425.1	20881840.2	7930891.1	19964620.5	1775538.8	995326.6
巴彦淖尔市	2332822.0	690516.9	1192981.9	489064.4	1012280.8	169449.8	150950.8
乌 海 市	3940109.6	491504.2	1341864.0	658166.9	2436533.0	717479.0	220575.4
阿 拉 善 盟	1815620.5	422646.4	728844.1	289306.9	842700.5	103648.7	172371.1

1-B-11 续表

地　　区	个人资本	港澳台资本	外商资本	营业收入	营业成本	销售费用	管理费用
总　　计	**1818869.6**	**101932.1**	**33819.2**	**34180421.3**	**20850758.9**	**718040.8**	**2105607.1**
呼和浩特市	15537.0			182035.8	88224.2	11768.8	10736.7
包 头 市	38156.3			1531481.4	1077963.4	37073.2	122128.7
呼伦贝尔市	31982.7			2038519.4	1132729.9	40399.7	193710.6
兴 安 盟	19500.0			54296.3	37469.4	440.5	5247.8
通 辽 市	58463.7		17539.5	1039706.6	579354.5	52668.8	53715.3
赤 峰 市	42371.2			1128205.9	659821.1	29348.2	197034.4
锡林郭勒盟	202890.6	2746.30	7337.7	2236050.0	1230909.7	44999.6	139104.2
乌兰察布市	10886.1			37703.4	23791.0	408.1	12310.6
鄂尔多斯市	1157330.8	90185.8	8412.0	20478194.3	11751390.3	394345.5	1081742.3
巴彦淖尔市	39238.7			1499790.2	1121315.7	30137.1	66403.7
乌 海 市	156484.8		530.0	3087357.2	2447459.2	50272.1	195501.9
阿 拉 善 盟	46027.7	9000.0		867080.8	700330.5	26179.2	27970.9

采矿业主要经济指标

单位：万元

产成品	负债合计	流动负债合计	应付账款	所有者权益合计	实收资本	国家资本	集体资本	法人资本
1099602.2	**45911028.8**	**31935301.4**	**6358415.5**	**39824797.1**	**16602991.5**	**9001777.0**	**525526.1**	**5121066.8**
2675.9	136910.9	78957.4	21343.7	222475.9	41930.5			26393.5
71033.6	5399894.7	3869812.1	739401.6	3549451.9	1733002.2	1655980.9		38865.0
75934.0	2601321.9	1806645.0	314829.1	1495019.0	1285751.7	987201.4	75712.1	190855.4
51293.6	239449.9	150484.8	16479.7	47583.4	48835.9		300.0	29035.9
23848.5	700543.5	649294.8	125638.7	1650104.7	390896.3	207132.6	59894.6	47865.7
67973.0	1961091.6	1668541.0	142614.0	1572276.1	702288.3	492428.6	2830.0	164658.5
59789.2	5258846.0	3827504.4	685463.3	2400444.3	1213854.1	380985.9	1000.0	618893.6
11402.8	417103.6	293561.7	49801.6	178241.1	84536.1			73650.0
445157.4	23598554.4	14917152.1	2909015.7	26217962.4	6868405.2	2746065.4	83778.8	2782632.1
49685.7	1385794.7	1294213.8	456891.8	947026.9	479487.4	49114.4	46403.0	344731.2
140515.3	2811616.4	2428549.5	606220.1	1128492.7	3363365.2	2481432.8	20107.6	704810.0
100293.2	1399901.2	950584.8	290716.2	415718.7	390638.6	1435.0	235500.0	98675.9

单位：万元

财务费用	利息收入	利息支出	投资收益（损失以"－"号记）	营业利润	利润总额	亏损企业亏损额	平均用工人数（人）
1051517.0	**122963.6**	**976438.8**	**228023.3**	**7237992.2**	**7068300.5**	**599506.1**	**219458**
3921.40	726.6	4461.5	145.3	53713.9	53569.5	4542.0	627
146135.4	41912.8	182397.0	29630.4	114503.0	116673.2	121425.7	13393
70516.4	4230.8	72127.3	－161339.6	303525.7	310943.9	122247.1	25782
8699.9	－8.3	8701.8	2900.0	2235.1	3703.7	21848.1	2977
15337.1	786.3	17295.8	59096.6	282028.6	275786.7	11396.8	9198
12038.0	18008.2	29829.4	－7.1	125059.8	119869.5	31592.9	27367
96879.4	8753.3	81570.7	5081.9	478213.4	459410.8	58040.8	19835
836.0	－1.3	846.5		－2182.4	－652.0	8219.0	815
570119.2	50612.1	470053.7	288149.7	5407177.8	5277192.1	121923.1	91665
33362.4	－3360.4	33625.7	1137.6	192827.2	171377.0	42831.1	6349
63381.1	1358.2	48903.4	3043.2	220500.1	226149.0	35547.6	15117
30290.7	－54.7	26626.0	185.3	60390.0	54277.1	19891.9	6333

1-B-12 按地区分组的煤炭开采和

地区	资产总计	固定资产净额	固定资产原价	累计折旧	流动资产合计	应收账款	存货
总计	**69134516.9**	**15915424.4**	**29453647.2**	**11604827.8**	**27697616.1**	**3641849.3**	**1612051.7**
呼和浩特市	305365.0	12787.2	34220.6	20361.0	180219.2	32306.9	426.8
包头市	492704.5	32832.6	51636.7	18152.9	282892.1	7336.0	24918.8
呼伦贝尔市	2734470.2	973378.3	2068913.0	898190.9	790300.5	138043.2	37371.4
兴安盟	202989.7	10613.3	23952.8	10339.5	180785.5	5640.7	55009.1
通辽市	2281070.7	516800.3	1038860.0	521670.3	909412.6	344431.7	53220.8
赤峰市	1884607.6	300149.5	851199.4	549291.7	798064.0	87058.9	5764.1
锡林郭勒盟	5596453.2	1439171.4	2503676.0	745047.3	1181093.4	421080.2	35083.6
乌兰察布市							
鄂尔多斯市	49794037.5	11724643.9	20867822.7	7926654.9	19953016.0	1769178.2	992850.1
巴彦淖尔市	471417.8	62703.5	99675.2	36763.7	364425.8	54953.8	55377.4
乌海市	3910712.7	481394.9	1327297.7	653709.9	2433223.2	716020.5	219307.1
阿拉善盟	1460688.0	360949.5	586393.1	224645.7	624183.8	65799.2	132722.5

1-B-12 续表

地区	个人资本	港澳台资本	外商资本	营业收入	营业成本	销售费用	管理费用
总计	**1493947.8**	**92932.1**	**30851.5**	**29634719.8**	**18203169.1**	**623526.1**	**1733668.0**
呼和浩特市	10057.0			142785.3	66189.3	975.6	7987.9
包头市	11900.0			236990.4	194813.2	17202.8	4428.6
呼伦贝尔市	17690.2			1226235.6	761118.0	35631.0	142721.6
兴安盟	18000.0			15880.0	28035.5	216.7	2626.7
通辽市	55893.2		17539.5	966305.4	548008.7	20315.6	50220.2
赤峰市	2830.0			557162.6	357369.7	20204.3	131697.2
锡林郭勒盟	40099.8	2746.3	4900.0	1491674.5	803780.0	42526.0	95145.9
乌兰察布市							
鄂尔多斯市	1156560.8	90185.8	8412.0	20459251.0	11739906.4	391391.9	1080301.9
巴彦淖尔市	604.3			689747.1	630283.1	24014.0	9371.0
乌海市	155984.8			3071577.1	2436911.4	48731.8	192895.0
阿拉善盟	24327.7			777110.8	636753.8	22316.4	16272.0

洗选业主要经济指标

单位:万元

产成品	负债合计	流动负债合计	应付账款	所有者权益合计	实收资本	国家资本	集体资本	法人资本
794077.3	**36818465.3**	**25081947.4**	**5233962.1**	**32316049.4**	**13268205.5**	**6892147.0**	**432623.1**	**4325703.4**
	103983.8	46490.3	11691.6	201381.1	32900.5			22843.5
19563.2	475849.3	455143.3	323420.2	16854.9	35000.0			23100.0
7436.6	1836417.3	1224873.4	235028.4	898052.9	1055824.7	882946.9	30212.1	124975.4
50499.8	213954.2	135392.3	10831.8	-10964.5	18300.0		300.0	
18386.9	656029.4	621598.8	119827.9	1625041.1	374124.9	206164.7	59894.6	34632.7
2348.0	1248138.5	1033280.4	58509.1	636469.2	247468.8	235419.3	2830.0	6389.5
13922.4	4382712.3	3101054.4	557803.8	1213740.7	870072.5	341057.9		481268.5
443298.4	23576438.2	14895035.9	2906403.4	26217598.5	6866095.2	2745125.4	83778.8	2782032.1
23124.7	403679.7	401149.8	163397.2	67738.1	74970.0			74365.7
140407.1	2782417.9	2399351.0	604750.2	1128294.4	3361050.2	2481432.8	20107.6	703525.0
75090.2	1138844.7	768577.8	242298.5	321843.0	332398.7		235500.0	72571.0

单位:万元

财务费用	利息收入	利息支出	投资收益（损失以“-”号记）	营业利润	利润总额	亏损企业亏损额	平均用工人数（人）
821370.7	**78810.6**	**700293.4**	**191838.6**	**6336652.1**	**6199261.9**	**409647.1**	**177194**
3625.9	727.2	4353.1	145.3	50779.9	49785.6	4498.6	250
1531.7	5.7	73.1		6266.1	5776.2	4555.5	1154
46394.0	-37.5	43848.2	-163005.4	72938.0	86288.8	122046.4	22379
6711.0		6710.2		-23343.0	-21848.1	21848.1	2519
14244.6	782.3	16325.0	59096.6	278700.9	272637.5	11319.0	8299
501.6	17038.6	16437.6	129.6	-21606.6	-25476.5	26439.7	17934
76090.3	8373.3	60120.9	4091.2	282604.0	270374.8	41640.8	12006
570057.2	50611.6	470037.5	288149.7	5404978.8	5275619.8	121923.1	91474
15226.5	-42.7	13100.7	188.4	5508.4	4616.8	7365.0	1312
63055.0	1358.3	48577.2	3043.2	220368.1	226044.5	35105.7	14899
23932.9	-6.2	20709.9		59457.5	55442.5	12905.2	4968

1-B-13 按地区分组的石油和

地　区	资产总计	固定资产净额	固定资产原价	累计折旧	流动资产合计	应收账款	存货
总　计	**871305.7**	**203688.8**	**419714.8**	**216025.9**	**108664.5**	**14195.4**	**24179.4**
呼和浩特市							
包 头 市							
呼伦贝尔市							
兴 安 盟							
通 辽 市							
赤 峰 市	18932.6	6912.7	8007.8	1095.1	7791.8	5444.2	96.7
锡林郭勒盟	836929.2	187961.7	382123.6	194161.8	94243.3	8118.5	18088.3
乌兰察布市							
鄂尔多斯市							
巴彦淖尔市	15443.9	8814.4	29583.4	20769.0	6629.4	632.7	5994.4
乌 海 市							
阿 拉 善 盟							

1-B-13 续表

地　区	个人资本	港澳台资本	外商资本	营业收入	营业成本	销售费用	管理费用
总　计	**2300.0**			**273063.2**	**263869.8**	**870.1**	**2487.1**
呼和浩特市							
包 头 市							
呼伦贝尔市							
兴 安 盟							
通 辽 市							
赤 峰 市				9771.2	9456.8		118.0
锡林郭勒盟	2300.0			256340.3	229327.5	690.0	2257.6
乌兰察布市							
鄂尔多斯市							
巴彦淖尔市				6951.7	25085.5	180.1	111.5
乌 海 市							
阿 拉 善 盟							

天然气开采业主要经济指标

单位:万元

产成品	负债合计	流动负债合计	应付账款	所有者权益合计	实收资本	国家资本	集体资本	法人资本
21043.5	**267597.4**	**252235.9**	**157428.0**	**603708.3**	**12114.4**	**8814.4**		**1000.0**
81.0	18647.8	18647.8	4502.4	284.8				
14968.1	108849.3	100042.3	19379.8	728079.9	3300.0			1000.0
5994.4	140100.3	133545.8	133545.8	-124656.4	8814.4	8814.4		

单位:万元

财务费用	利息收入	利息支出	投资收益（损失以“-”号记）	营业利润	利润总额	亏损企业亏损额	平均用工人数（人）
2051.2	**282.0**	**2811.1**	**106.2**	**-13993.0**	**-15245.0**	**19692.2**	**3307**
-0.1	-0.3			-428.6	-439.0	439.0	22
2051.3	282.3	2811.1	106.2	5467.3	3698.8	748.4	3174
				-19031.7	-18504.8	18504.8	111

1-B-14 按地区分组的黑色金属矿

地 区	资产总计						
		固定资产净额	固定资产原价	累计折旧	流动资产合计		
						应收账款	存货
总 计	**9648345.0**	**995558.6**	**2564843.4**	**1184636.7**	**3382918.6**	**338439.6**	**255865.7**
呼和浩特市							
包 头 市	8078376.6	500298.7	1682769.1	799712.4	2633501.5	233336.8	135519.4
呼伦贝尔市	107728.4	77252.4	126859.6	49607.1	24927.0	5208.1	5054.2
兴 安 盟							
通 辽 市							
赤 峰 市	198254.0	114030.8	174502.0	60471.2	65572.5	14078.1	18136.0
锡林郭勒盟	208118.2	33575.2	98404.9	64829.6	116666.3	3908.3	10321.3
乌兰察布市							
鄂尔多斯市							
巴彦淖尔市	863145.9	234090.7	409541.8	173561.2	400336.1	61126.0	64331.9
乌 海 市							
阿 拉 善 盟	192721.9	36310.8	72766.0	36455.2	141915.2	20782.3	22502.9

1-B-14 续表

地 区				营业收入	营业成本	销售费用	管理费用
	个人资本	港澳台资本	外商资本				
总 计	**79340.7**	**9000.0**		**1453391.4**	**1036533.8**	**25737.6**	**172661.9**
呼和浩特市							
包 头 市	26056.3			883495.9	674218.1	16496.0	115614.0
呼伦贝尔市	500.0			31578.4	21027.7	409.1	2248.8
兴 安 盟							
通 辽 市							
赤 峰 市				66285.6	41829.2	3469.3	9446.3
锡林郭勒盟	5000.0			110263.8	38633.0	541.9	6641.8
乌兰察布市							
鄂尔多斯市							
巴彦淖尔市	37784.4			322154.3	230645.5	4535.7	34479.8
乌 海 市							
阿 拉 善 盟	10000.0	9000.0		39613.4	30180.3	285.6	4231.2

采选业主要经济指标

单位:万元

产成品	负债合计	流动负债合计	应付账款	所有者权益合计	实收资本	国家资本	集体资本	法人资本
88006.1	**5564814.3**	**3905787.6**	**547692.1**	**4083529.5**	**2138044.8**	**1814483.5**	**45803.0**	**189417.5**
39727.7	4564042.5	3055133.4	383130.7	3514333.2	1696683.2	1655980.9		14646.0
3317.8	91053.4	90360.9	5656.9	16674.9	20500.0			20000.0
14282.8	47590.7	30856.0	4316.8	150663.3	118502.6	118502.6		
2594.9	88187.8	87374.6	15973.1	119930.2	36500.0			31500.0
11368.0	608356.7	545786.5	104009.3	254789.3	239759.0	40000.0	45803.0	116171.5
16714.9	165583.2	96276.2	34605.3	27138.6	26100.0			7100.0

单位:万元

财务费用	利息收入	利息支出	投资收益（损失以“-”号记）	营业利润	利润总额	亏损企业亏损额	平均用工人数（人）
175261.9	**42318.7**	**213357.4**	**30855.0**	**-2020.2**	**-19988.6**	**139617.6**	**16237**
144289.0	41909.0	182155.6	29630.4	-84356.7	-81634.6	116870.2	10938
3189.9	1.5	3190.2		2592.9	2830.0	70.0	277
685.3	128.8	1152.0	60.0	6816.8	5707.0		1080
3311.8	2.2	3188.8		53099.1	52658.5	8.2	862
18931.3	314.1	19247.8	1164.6	21109.3	3792.1	16698.8	2595
4854.6	-36.9	4423.0		-1281.6	-3341.6	5970.4	485

1-B-15 按地区分组的有色金属矿

地 区	资产总计	固定资产净额	固定资产原价	累计折旧	流动资产合计	应收账款	存货
总 计	**5615719.2**	**2235509.7**	**3364160.8**	**1041468.7**	**1788946.1**	**171260.1**	**587309.4**
呼和浩特市							
包 头 市	367399.4	232786.5	269842.8	37056.3	319148.7	6673.8	301919.6
呼伦贝尔市	1250587.7	597226.2	877812.2	280371.6	257804.2	29845.7	100708.5
兴 安 盟	81192.5	28280.2	38965.6	10685.3	12279.2	509.8	2344.6
通 辽 市	8252.7	3186.2	6478.9	3292.6	1510.7		614.0
赤 峰 市	1341493.4	378149.2	622064.6	242860.1	703324.2	46340.9	91841.2
锡林郭勒盟	992588.7	534403.1	746176.2	153247.1	167293.6	32701.7	54973.4
乌兰察布市	522982.8	70289.2	113100.9	42811.9	68099.1	2450.9	2852.0
鄂尔多斯市							
巴彦淖尔市	982814.4	384908.3	654181.5	257970.5	240889.5	52737.3	25247.1
乌 海 市							
阿 拉 善 盟	68407.6	6280.8	35538.1	13173.3	18596.9		6809.0

1-B-15 续表

地 区				营业收入	营业成本	销售费用	管理费用
	个人资本	港澳台资本	外商资本				
总 计	**196531.5**		**2437.7**	**2508273.8**	**1154598.2**	**9904.0**	**173345.4**
呼和浩特市							
包 头 市	200.0			394315.2	194691.6	2653.7	1134.8
呼伦贝尔市	12252.5			773697.4	345870.0	2750.9	48260.4
兴 安 盟	1500.0			36159.2	7663.1	33.2	2388.3
通 辽 市				3348.1	1867.6		608.0
赤 峰 市	26938.2			422552.1	196287.4	1689.1	52004.6
锡林郭勒盟	149890.8		2437.7	358828.6	146006.4	897.7	33204.2
乌兰察布市	2000.0			20238.2	13605.7	37.1	9721.1
鄂尔多斯市							
巴彦淖尔市	850.0			480937.1	235301.6	1407.3	22441.4
乌 海 市							
阿 拉 善 盟	2900.0			18197.9	13304.8	435.0	3582.6

采选业主要经济指标

单位:万元

产成品	负债合计	流动负债合计	应付账款	所有者权益合计	实收资本	国家资本	集体资本	法人资本
163276.4	**2948581.9**	**2406306.3**	**369024.4**	**2667136.1**	**1079596.5**	**278939.2**	**46100.0**	**555588.1**
11709.5	353122.7	352727.7	32243.9	14276.6	500.0			300.0
65146.3	671653.4	489212.9	73085.7	578934.2	207887.0	104254.5	45500.0	45880.0
644.1	22680.5	12321.6	2882.1	58512.0	30500.0			29000.0
614.0	9539.9	3793.8	1620.5	-1287.2	7800.0			7800.0
48424.7	588973.8	528451.6	68157.4	752519.2	319813.9	138506.7		154369.0
27117.1	668346.8	528283.3	91782.7	324242.0	291081.6	34828.0		103925.1
410.6	365358.7	242640.7	43263.8	157624.0	59570.0			57570.0
9198.6	233658.0	213731.7	55939.5	749155.9	155944.0	300.0	600.0	154194.0
11.5	35248.1	35143.0	48.8	33159.4	6500.0	1050.0		2550.0

单位:万元

财务费用	利息收入	利息支出	投资收益（损失以“-”号记）	营业利润	利润总额	亏损企业亏损额	平均用工人数（人）
48854.2	**1540.0**	**56640.4**	**5164.2**	**892425.2**	**879315.5**	**28569.6**	**18379**
109.9	-2.4	123.8		192193.5	192130.3		986
20929.0	4266.7	25087.8	1665.8	227858.2	221731.3	97.9	3051
1985.2	-8.4	1987.9	2900.0	25526.4	25523.6		406
697.1		592.0		-59.2	-77.8	77.8	56
9155.8	840.4	10732.1	-196.7	133232.6	132774.2	4677.8	7200
15346.0	86.5	15401.3	884.5	133968.2	129766.0	15497.5	3624
833.0	0.3	833.6		-5421.0	-3909.5	7307.1	495
-795.4	-3631.8	1277.2	-215.4	185241.2	181472.9	262.5	2331
593.6	-11.3	604.7	126.0	-114.7	-95.5	649.0	230

1-B-16　按地区分组的非金属矿

地　　区	资产总计	固定资产净额	固定资产原价	累计折旧	流动资产合计	应收账款	存货
总　　计	**465944.4**	**113637.4**	**208370.9**	**94049.7**	**244120.0**	**90082.7**	**52282.3**
呼和浩特市	54022.0	15127.6	21550.8	6423.1	30528.4	13863.0	4644.6
包 头 市	10867.4	4357.6	14706.8	10349.2	6509.8		710.9
呼伦贝尔市	3554.8	1819.6	3618.0	1798.5	1367.6	1009.5	173.3
兴 安 盟	2851.1	200.3	234.7	34.4	1178.1	982.8	149.7
通 辽 市	61325.4	9958.0	24447.7	14489.6	39820.0	14566.8	7085.9
赤 峰 市	90080.3	18023.0	36499.0	17806.6	45242.0	21733.6	8358.5
锡林郭勒盟	25201.5	11597.7	17970.8	6367.8	11656.6	1577.1	2357.2
乌兰察布市	72361.9	13557.8	26612.4	13054.6	34898.6	11463.6	14720.7
鄂尔多斯市	22480.1	9781.2	14017.5	4236.2	11604.5	6360.6	2476.5
巴彦淖尔市							
乌 海 市	29396.9	10109.3	14566.3	4457.0	3309.8	1458.5	1268.3
阿 拉 善 盟	93803.0	19105.3	34146.9	15032.7	58004.6	17067.2	10336.7

1-B-16　续表

地　　区	个人资本	港澳台资本	外商资本	营业收入	营业成本	销售费用	管理费用
总　　计	**46749.6**		**530.0**	**310973.1**	**192588.0**	**58003.0**	**23444.7**
呼和浩特市	5480.0			39250.5	22034.9	10793.2	2748.8
包 头 市				16679.9	14240.5	720.7	951.3
呼伦贝尔市	1540.0			7008.0	4714.2	1608.7	479.8
兴 安 盟				2257.1	1770.8	190.6	232.8
通 辽 市	2570.5			70053.1	29478.2	32353.2	2887.1
赤 峰 市	12603.0			72434.4	54878.0	3985.5	3768.3
锡林郭勒盟	5600.0			18942.8	13162.8	344.0	1854.7
乌兰察布市	8886.1			17465.2	10185.3	371.0	2589.5
鄂尔多斯市	770.0			18943.3	11483.9	2953.6	1440.4
巴彦淖尔市							
乌 海 市	500.0		530.0	15780.1	10547.8	1540.3	2606.9
阿 拉 善 盟	8800.0			32158.7	20091.6	3142.2	3885.1

采选业主要经济指标

单位:万元

产成品	负债合计	流动负债合计	应付账款	所有者权益合计	实收资本	国家资本	集体资本	法人资本
33198.9	**311569.9**	**289024.2**	**50308.9**	**154373.8**	**105030.3**	**7392.9**	**1000.0**	**49357.8**
2675.9	32927.1	32467.1	9652.1	21094.8	9030.0			3550.0
33.2	6880.2	6807.7	606.8	3987.2	819.0			819.0
33.3	2197.8	2197.8	1058.1	1357.0	1540.0			
149.7	2815.2	2770.9	2765.8	35.9	35.9			35.9
4847.6	34974.2	23902.2	4190.3	26350.8	8971.4	967.9		5433.0
2836.5	57740.8	57305.2	7128.3	32339.6	16503.0			3900.0
1186.7	10749.8	10749.8	523.9	14451.5	12900.0	5100.0	1000.0	1200.0
10992.2	51744.9	50921.0	6537.8	20617.1	24966.1			16080.0
1859.0	22116.2	22116.2	2612.3	363.9	2310.0	940.0		600.0
108.2	29198.5	29198.5	1469.9	198.3	2315.0			1285.0
8476.6	60225.2	50587.8	13763.6	33577.7	25639.9	385.0		16454.9

单位:万元

财务费用	利息收入	利息支出	投资收益（损失以“-”号记）	营业利润	利润总额	亏损企业亏损额	平均用工人数（人）
3979.0	**12.3**	**3336.5**	**59.3**	**24928.1**	**24956.7**	**1979.6**	**4341**
295.5	-0.6	108.4		2934.0	3783.9	43.4	377
204.8	0.5	44.5		400.1	401.3		315
3.5	0.1	1.1		136.6	93.8	32.8	75
3.7	0.1	3.7		51.7	28.2		52
395.4	4.0	378.8		3386.9	3227.0		843
1695.4	0.7	1507.7		7045.6	7303.8	36.4	1131
80.0	9.0	48.6		3074.8	2912.7	145.9	169
3.0	-1.6	12.9		3238.6	3257.5	911.9	320
62.0	0.5	16.2		2199.0	1572.3		191
326.1	-0.1	326.2		132.0	104.5	441.9	218
909.6	-0.3	888.4	59.3	2328.8	2271.7	367.3	650

1-B-17 按地区分组的

地　　区	资产总计	固定资产净　额	固定资产原　价	累计折旧	流动资产合　计	应收账款	存货
总　　计	**140866490.7**	**49902538.7**	**81341442.6**	**26113631.0**	**55107493.5**	**9943981.3**	**13769874.0**
呼和浩特市	17675585.6	3767512.9	7215762.7	3010338.8	8357699.7	1417573.5	1454333.6
包　头　市	36395373.5	12235806.4	20675186.5	8264319.4	16709774.5	3265258.8	5196625.1
呼伦贝尔市	4581453.2	1729674.5	3125250.9	788767.6	1545931.1	166691.0	414838.6
兴　安　盟	1594193.3	336737.5	853183.6	322600.2	756215.5	115980.9	240134.6
通　辽　市	9087375.9	2280087.1	5696899.0	2137457.4	3135225.0	441218.5	745452.8
赤　峰　市	8387665.3	2494638.6	4054566.7	1446545.2	4209542.2	734687.1	1415703.9
锡林郭勒盟	3090063.9	1886085.3	3668324.0	801207.3	924376.2	196924.7	361556.1
乌兰察布市	5119417.5	1895909.6	2715278.5	751142.9	2130951.8	453914.1	633596.6
鄂尔多斯市	39555341.7	18431414.0	25170285.7	5691089.2	11413121.6	1948214.6	1545801.7
巴彦淖尔市	4944342.9	1778848.5	2932758.4	951729.8	2246254.6	532857.5	921505.7
乌　海　市	6853549.5	1823505.6	3052233.2	1192007.8	2142587.1	387881.9	462921.9
阿拉善盟	3582128.4	1242318.7	2181713.4	756425.4	1535814.2	282778.7	377403.4

1-B-17　续表

地　　区	个人资本	港澳台资本	外商资本	营业收入	营业成本	销售费用	管理费用
总　　计	**10894571.8**	**637632.5**	**617757.2**	**88796771.2**	**73583562.2**	**3562175.5**	**3274004.1**
呼和浩特市	982218.0	121872.4	45718.7	16148564.0	11729459.8	1647270.9	603233.4
包　头　市	5806285.1	74425.8	29240.0	23185367.5	20281881.6	535002.9	746243.8
呼伦贝尔市	336029.4	2097.8	73672.6	1832161.7	1603921.5	56985.4	153627.7
兴　安　盟	47480.7		18086.1	1264639.3	910886.4	41667.4	71658.7
通　辽　市	329969.0	31911.2	122128.2	6239273.3	5555313.9	142730.9	163156.4
赤　峰　市	326886.6		2664.0	7028433.0	6080458.0	133255.6	251666.4
锡林郭勒盟	1616346.4		13668.9	1692699.2	1558306.9	25133.2	90970.2
乌兰察布市	260737.9	41099.4	18561.3	5597330.7	5010311.1	193843.1	175508.5
鄂尔多斯市	540994.3	51739.7	252306.2	13995025.0	10834310.9	369970.8	691812.1
巴彦淖尔市	131816.3	312820.0	13862.1	4506707.2	4030723.5	144444.3	118413.4
乌　海　市	410720.8	1066.2	5357.9	4759725.5	3891425.4	194172.2	130809.3
阿拉善盟	105087.3	600.0	22491.2	2546844.8	2096563.2	77698.8	76904.2

制造业主要经济指标

单位:万元

产成品	负债合计	流动负债合计	应付账款	所有者权益合计	实收资本	国家资本	集体资本	法人资本
4941010.9	**92519327.3**	**70341542.4**	**17385152.6**	**48347148.8**	**52973621.2**	**6353220.8**	**1737085.0**	**32733352.2**
558909.3	9103322.3	8106319.4	1802230.5	8572261.0	3902504.0	758115.2	30125.1	1964454.4
1751058.1	23107226.5	19291168.2	5668025.3	13288145.2	14104673.3	2132676.7	115297.0	5946747.7
169267.3	3556916.7	2415449.7	514250.8	1024535.5	1284664.1	428640.0	5626.5	438597.8
70836.8	946503.8	860216.0	174379.0	647689.0	255517.7	3314.9	4805.4	181830.6
179790.5	5888749.7	4249502.4	777206.6	3198624.0	3311744.6	180793.0	1019932.3	1627010.9
326003.8	5939934.5	4568229.5	1310509.5	2447727.8	1815689.8	572320.3	30674.5	883144.1
178242.8	3905800.6	3208877.3	355021.0	-815737.7	2411768.8	459592.2	24220.0	297941.3
382724.9	3700103.3	3197438.1	1022444.8	1419313.8	1207986.5	77198.6	81274.3	729114.9
679157.2	25665397.3	15584642.1	3301813.7	13889943.7	11261246.5	1296316.2	329422.4	8790467.6
311592.8	3390255.0	2760319.0	666359.5	1554087.1	11266019.6	61463.0	511.0	10745547.2
190973.8	4715493.4	3988340.0	1354531.0	2138055.6	1363370.9	31108.1	94793.0	820324.9
142453.6	2599624.2	2111040.7	438380.9	982503.8	788435.4	351682.6	403.5	308170.8

单位:万元

财务费用	利息收入	利息支出	投资收益（损失以“-”号记）	营业利润	利润总额	亏损企业亏损额	平均用工人数（人）
1924783.1	**209584.6**	**1926698.6**	**1066696.3**	**5355455.7**	**5449047.8**	**1382173.6**	**481071**
19014.5	91255.5	114656.6	495333.9	1539097.1	1547817.4	130878.0	66818
443385.2	43813.8	449309.7	68781.7	1075524.2	1151265.7	193457.8	126140
100231.1	3434.5	95724.8	32538.2	-93713.8	-94450.9	198821.8	16137
6230.2	3515.5	8205.7	940.8	46325.0	42160.1	15213.0	9784
130096.0	1143.7	135647.8	3315.9	186506.7	219081.7	60711.6	36281
124938.7	-6571.8	128609.0	19523.3	433328.2	431579.2	81694.8	55051
93946.7	641.8	93218.5	-4953.8	-114860.9	-118421.2	167599.5	14323
88933.6	9803.1	66124.2	21740.8	120152.7	118824.9	59857.0	32055
698489.6	49647.8	622518.1	360551.6	1396070.4	1379195.6	296948.6	54636
79584.7	-454.3	71360.6	8494.9	74657.8	78897.5	97576.4	27875
98282.1	7352.4	98115.5	53532.9	456009.0	461405.4	48931.2	24436
41650.7	6002.6	43208.1	6896.1	236359.3	231692.4	30483.9	17535

1-B-18 按地区分组的农副食品

地区	资产总计	固定资产净额	固定资产原价	累计折旧	流动资产合计	应收账款	存货
总计	**4816100.6**	**1277706.7**	**1885485.1**	**538447.1**	**2578272.2**	**403583.6**	**929946.6**
呼和浩特市	629819.1	112093.6	190363.6	78205.1	379147.0	44430.3	69545.8
包头市	72752.1	17837.0	35799.0	17961.8	48486.2	12333.6	18836.7
呼伦贝尔市	295317.6	60897.8	94799.3	33783.2	164830.8	6128.9	84535.9
兴安盟	436123.5	103269.7	133854.6	30341.9	250966.5	24726.8	83547.1
通辽市	870438.6	134248.3	232811.9	92922.7	564120.2	126135.7	149226.2
赤峰市	1316472.1	516727.4	744084.0	168316.1	441483.1	53400.8	168995.7
锡林郭勒盟	429225.1	147840.9	172577.2	23894.9	245425.7	28486.9	138739.8
乌兰察布市	228934.7	92695.5	135660.7	41369.5	120068.3	-1971.1	89725.0
鄂尔多斯市	4456.1	2393.6	2397.2	3.5	1252.2	179.3	332.6
巴彦淖尔市	532561.7	89702.9	143137.6	51648.4	362492.2	109732.4	126461.8
乌海市							
阿拉善盟							

1-B-18 续表

地区	个人资本	港澳台资本	外商资本	营业收入	营业成本	销售费用	管理费用
总计	**1780113.4**	**38749.5**	**29239.9**	**4156890.8**	**3714406.2**	**140246.6**	**151544.9**
呼和浩特市	12626.9		5501.8	541193.8	461860.4	33511.7	23100.0
包头市	7079.4		1861.9	130676.3	114416.5	7439.0	5678.2
呼伦贝尔市	12197.0			210260.6	201626.0	5707.9	10432.4
兴安盟	19900.9		1078.0	212119.8	184311.0	4615.6	13353.2
通辽市	25281.6	7399.6	1818.2	784749.7	693515.0	28350.6	17192.7
赤峰市	91644.9			1008666.6	889854.1	32654.1	46099.9
锡林郭勒盟	1566371.5			387025.7	367181.2	5626.1	10045.6
乌兰察布市	3779.0	30349.9	17000.0	172356.7	148175.7	6354.5	9062.1
鄂尔多斯市	1500.0			2142.5	1976.3	120.8	240.8
巴彦淖尔市	39732.2	1000.0	1980.0	707699.1	651490.0	15866.3	16340.0
乌海市							
阿拉善盟							

加工业主要经济指标

单位:万元

产成品	负债合计	流动负债合计	应付账款	所有者权益合计	实收资本	国家资本	集体资本	法人资本
494241.7	**3077752.3**	**2511826.4**	**631421.2**	**1738343.4**	**13498158.9**	**20543.3**	**48109.2**	**11581403.6**
15296.7	441237.6	428874.6	50315.0	188581.0	194442.9		10500.0	165814.2
7295.5	43600.7	42708.8	6831.5	29151.5	24363.2		4800.0	10621.9
59629.3	287059.9	243805.9	29802.1	8257.2	38811.5	13701.5		12913.0
19348.3	257674.8	216055.9	14011.1	178448.3	108810.0	3314.9	2078.0	82438.2
69560.3	449353.0	407101.1	153339.7	421084.4	1149374.0		7371.2	1107503.4
89520.5	832819.6	502606.2	172300.4	483651.5	215457.3	500.0	500.0	122812.4
123613.1	275456.1	215471.2	42966.5	153768.6	1616153.0		22860.0	26921.5
53984.7	169304.0	155159.1	90221.1	59630.4	68496.8	3026.9		14341.0
	3877.2	3877.2		578.8	1500.0			
55993.3	317369.4	296166.4	71633.8	215191.7	10080750.2			10038038.0

单位:万元

财务费用	利息收入	利息支出	投资收益(损失以"-"号记)	营业利润	利润总额	亏损企业亏损额	平均用工人数(人)
62818.7	**-4703.4**	**56759.0**	**12099.7**	**83523.0**	**100374.3**	**70126.3**	**30834**
10044.5	-514.8	6165.7	7740.4	20144.6	22883.5	13198.4	3361
382.4	1.7	304.6	9.1	2084.6	2451.2	449.9	1131
10519.1	149.2	8789.8	206.6	-29167.8	-26400.6	27891.7	1582
4904.0	-14.8	4052.8	751.0	9392.8	7697.7	3371.6	2286
2092.3	-3201.8	3915.1	1503.0	40061.0	45582.0	1294.4	5672
17263.3	-1768.4	18577.9	1921.5	30560.4	33055.6	2260.3	7750
5572.7	148.5	4533.4	162.3	-4073.5	-2705.7	9912.6	3572
1658.0	503.1	1705.9	-5.9	3528.5	3559.1	2619.1	1699
57.1				-252.5	-227.6	227.6	50
10325.3	-6.1	8713.8	-188.3	11244.9	14479.1	8900.7	3731

1-B-19 按地区分组的食品

地　　区	资产总计	固定资产净　额	固定资产原　价	累计折旧	流动资产合　计		
						应收账款	存货
总　　计	**11508314.5**	**1460185.2**	**3399164.9**	**1588338.7**	**5287835.4**	**930074.5**	**806213.2**
呼和浩特市	8430603.1	621771.2	1227814.7	604237.0	3959675.4	567435.3	395740.0
包　头　市	294541.3	50280.7	97041.6	46761.0	142625.9	34340.2	11749.9
呼伦贝尔市	735958.3	25214.0	620244.7	262465.5	285193.5	5353.7	104873.3
兴　安　盟	62605.0	22374.3	43174.7	20800.4	33252.5	6260.6	9040.8
通　辽　市	604314.6	329540.4	750776.5	408355.9	163364.6	65072.1	62594.0
赤　峰　市	251450.6	133199.5	164929.8	31730.0	86425.0	12205.3	56803.0
锡林郭勒盟	69061.8	34547.0	56948.3	22393.6	23437.5	334.1	7904.5
乌兰察布市	51869.9	18297.8	32411.4	14113.6	26640.8	5030.5	4458.1
鄂尔多斯市	223318.2	91348.7	142039.4	50690.6	30404.4	10966.1	12253.7
巴彦淖尔市	480407.3	101143.3	191865.0	89381.7	350872.5	209722.8	42588.2
乌　海　市							
阿拉善盟	304184.4	32468.3	71918.8	37409.4	185943.3	13353.8	98207.7

1-B-19　续表

地　　区				营业收入	营业成本	销售费用	管理费用
	个人资本	港澳台资本	外商资本				
总　　计	**1266497.4**	**61268.0**	**26426.7**	**10668204.8**	**8095420.5**	**1559669.9**	**304046.2**
呼和浩特市	838953.6	61268.0		7951184.7	5810982.6	1421215.1	194575.7
包　头　市			792.0	243898.2	199976.8	19944.6	10168.6
呼伦贝尔市	192010.0		6052.6	679458.8	566236.8	17843.5	34749.2
兴　安　盟	7562.6		7200.0	63117.8	53504.1	3720.1	2946.5
通　辽　市	195000.0			736762.6	625381.6	11226.3	18180.3
赤　峰　市	5080.3			142392.6	119312.0	6654.6	11208.3
锡林郭勒盟	522.0			67627.5	51569.2	4756.8	6079.8
乌兰察布市	2000.0		500.0	167765.6	144318.6	12628.4	4543.1
鄂尔多斯市	6866.9			67659.5	53745.3	3606.6	6292.2
巴彦淖尔市	18502.0		11882.1	471088.1	404400.3	52943.5	9247.4
乌　海　市							
阿拉善盟				77249.4	65993.2	5130.4	6055.1

制造业主要经济指标

单位:万元

产成品	负债合计	流动负债合计	应付账款	所有者权益合计	实收资本	国家资本	集体资本	法人资本
359624.3	**5129680.3**	**4962367.2**	**1049775.4**	**6378633.5**	**1960885.9**	**74103.1**	**1714.3**	**530876.4**
233006.5	3775150.2	3735799.7	673772.9	4655453.0	1007386.7			107165.1
4403.5	169762.6	156714.9	29908.3	124778.7	22677.6	12000.0		9885.6
28508.9	305812.0	244891.3	162338.7	430146.5	202722.6			4660.0
4834.6	26072.0	25977.1	10270.0	36533.0	16090.0			1327.4
8526.6	213293.3	206232.2	39084.5	391021.3	206250.0	5000.0		6250.0
27900.1	183364.7	148463.1	32134.4	68085.5	68463.6	13300.0		50083.3
5888.2	28394.7	24565.1	6693.8	40667.0	21827.9			21305.9
498.6	41828.7	40178.7	4316.3	10041.2	7214.3		1714.3	3000.0
4891.6	105443.1	103745.0	11916.8	117875.0	59100.0			52233.1
25903.6	173313.6	169361.8	54588.1	307093.3	305350.1			274966.0
15262.1	107245.4	106438.3	24751.6	196939.0	43803.1	43803.1		

单位:万元

财务费用	利息收入	利息支出	投资收益（损失以“-”号记）	营业利润	利润总额	亏损企业亏损额	平均用工人数（人）
-22400.7	**85740.8**	**69391.2**	**496664.0**	**1148944.5**	**1149911.0**	**108589.1**	**44641**
-52044.4	81828.5	41327.0	479439.9	1034550.6	1035309.2	19807.4	23842
-226.6	-38.6	205.6	167.6	13283.9	13682.3		1733
6316.4	773.4	4671.0	13663.5	60735.0	59841.6	14134.8	3241
322.0	-119.1	448.4		2248.0	2684.8		736
9712.7	91.5	9541.0	1902.5	60364.7	60609.4	3393.8	6158
6840.8	-14.9	4230.9		-3376.4	-3562.8	9030.1	1789
374.4	-11.6	338.8	4.6	3296.9	3240.5	2833.3	800
1959.7	-19.9	1978.9		3733.1	3979.5	3281.3	845
1226.1	275.5	1106.2	-100.0	2200.6	2358.3	2535.8	842
2962.2	-226.8	2473.8	-4543.9	-31452.5	-31164.4	53572.6	2290
156.0	3202.8	3069.6	6129.8	3360.6	2932.6		2365

1-B-20 按地区分组的酒、饮料和

地　　区	资产总计	固定资产净额	固定资产原价	累计折旧	流动资产合计	应收账款	存货
总　　计	**2037522.6**	**544339.6**	**912460.6**	**347796.4**	**841300.1**	**48239.8**	**379059.8**
呼和浩特市	125632.0	57466.0	87889.2	30400.9	55905.0	3260.4	22454.3
包 头 市	232633.1	57204.6	140863.4	73783.3	101932.7	3848.2	29300.7
呼伦贝尔市	103040.9	30938.7	71923.8	34039.0	43591.5	4220.1	29556.1
兴 安 盟	232252.9	45180.4	70675.9	23280.1	68363.2	14127.9	16142.8
通 辽 市	158490.4	65635.8	96786.0	31150.2	57848.1	3865.8	41382.4
赤 峰 市	233394.6	84960.5	139799.8	53583.9	95289.0	5570.0	50224.1
锡林郭勒盟	76419.8	40455.2	46615.0	6159.7	27773.3	50.2	18356.5
乌兰察布市	102216.8	31618.2	43345.3	11727.2	45733.0	1899.9	13165.7
鄂尔多斯市	438160.0	20262.4	30392.2	10119.8	169728.5	2581.5	26701.3
巴彦淖尔市	335282.1	110617.8	184170.0	73552.3	175135.8	8815.8	131775.9
乌 海 市							
阿 拉 善 盟							

1-B-20 续表

地　　区	个人资本	港澳台资本	外商资本	营业收入	营业成本	销售费用	管理费用
总　　计	**65794.8**	**2097.8**	**20695.8**	**658566.5**	**461461.2**	**50660.6**	**65234.9**
呼和浩特市	10659.2		3089.4	86290.8	61034.3	16353.4	4653.5
包 头 市	3325.9		7798.3	92845.1	66584.7	5825.2	8640.4
呼伦贝尔市		2097.8		136204.1	113183.8	4720.8	8373.1
兴 安 盟			9808.1	24823.0	14796.6	2125.4	6661.5
通 辽 市	12406.0			78760.3	67458.0	2825.5	6461.2
赤 峰 市	20629.0			93535.8	58338.0	4919.5	13035.5
锡林郭勒盟	3507.2			34627.9	18003.8	1367.0	3144.9
乌兰察布市	3687.1			15533.0	10163.1	1796.8	2958.2
鄂尔多斯市	5015.2			5328.1	4015.4	379.0	1699.8
巴彦淖尔市	6565.2			90618.4	47883.5	10348.0	9606.8
乌 海 市							
阿 拉 善 盟							

精制茶制造业主要经济指标

单位:万元

产成品	负债合计	流动负债合计		所有者权益合计	实收资本			
			应付账款			国家资本	集体资本	法人资本
107188.7	**1075335.9**	**851309.8**	**110718.3**	**962186.7**	**601604.0**	**100797.0**	**5354.0**	**406864.6**
7682.7	61415.4	52200.3	16839.6	64216.7	61612.8			47864.2
5479.3	139062.4	135217.6	6806.3	93570.8	68371.8	1788.4	4880.0	50579.2
15333.8	63859.5	53039.6	8304.4	39181.3	26097.8	14000.0		10000.0
12219.1	88896.3	87962.7	11269.9	143356.6	21549.3			11741.2
8180.1	70998.1	57217.9	18500.1	87492.3	30040.3			17634.3
13008.1	84619.3	78490.8	6665.4	148775.1	128745.5	58691.0	474.0	48951.5
17422.8	20113.2	20113.2	10897.9	56306.6	52088.5	167.6		48413.7
3106.0	101966.0	101641.6	6264.6	250.8	16076.0			12388.9
19863.1	310854.3	131874.7	2846.7	127305.7	142399.4			137384.2
4893.7	133551.4	133551.4	22323.4	201730.8	54622.6	26150.0		21907.4

单位:万元

财务费用			投资收益（损失以“-”号记）	营业利润	利润总额	亏损企业亏损额	平均用工人数（人）
	利息收入	利息支出					
12735.9	**-88.9**	**12963.8**	**4294.3**	**10445.7**	**18872.6**	**21536.9**	**15120**
1154.0	-163.0	1425.8	254.1	880.6	2527.4		1328
1860.7	-20.5	1597.8		4591.1	4893.6	40.7	2326
872.3	-3.7	872.3	4.8	1105.1	686.8	2539.2	1403
116.5	23.1	139.0		-2141.6	-1704.1	5187.5	1016
1347.0	-0.3	1354.5	3932.5	-2517.9	1105.8	6249.3	1578
844.2	108.1	986.3		6137.1	6139.7	1953.4	2548
1.9	11.3	17.4		4633.4	4612.2		1150
270.0	-10.8	280.8	99.8	-1937.9	-1280.2	1280.2	715
2869.3		2869.3		-4197.6	-3870.6	4085.7	783
3400.0	-33.1	3420.6	3.1	3893.4	5762.0	200.9	2273

1-B-21 按地区分组的烟草

地区	资产总计	固定资产净额	固定资产原价	累计折旧	流动资产合计	应收账款	存货
总计	**979448.3**	**143701.3**	**317470.8**	**173769.5**	**808223.5**	**90867.1**	**240184.0**
呼和浩特市	693971.0	55505.0	141460.0	85955.0	621329.0	55035.0	198979.0
包头市							
呼伦贝尔市							
兴安盟	285477.3	88196.3	176010.8	87814.5	186894.5	35832.1	41205.0
通辽市							
赤峰市							
锡林郭勒盟							
乌兰察布市							
鄂尔多斯市							
巴彦淖尔市							
乌海市							
阿拉善盟							

1-B-21 续表

地区	个人资本	港澳台资本	外商资本	营业收入	营业成本	销售费用	管理费用
总计				**1036806.6**	**286203.2**	**19682.3**	**69132.5**
呼和浩特市				678983.0	153348.0	13915.0	50680.0
包头市							
呼伦贝尔市							
兴安盟				357823.6	132855.2	5767.3	18452.5
通辽市							
赤峰市							
锡林郭勒盟							
乌兰察布市							
鄂尔多斯市							
巴彦淖尔市							
乌海市							
阿拉善盟							

制品业主要经济指标

单位：万元

产成品	负债合计	流动负债合计	应付账款	所有者权益合计	实收资本	国家资本	集体资本	法人资本
37999.5	**319335.5**	**318877.5**	**110444.3**	**660112.8**	**134615.6**	**123307.0**		**11308.6**
31137.0	205610.0	205152.0	53569.0	488361.0	123307.0	123307.0		
6862.5	113725.5	113725.5	56875.3	171751.8	11308.6			11308.6

单位：万元

财务费用	利息收入	利息支出	投资收益（损失以“-”号记）	营业利润	利润总额	亏损企业亏损额	平均用工人数（人）
-7369.7	**7408.3**			**61246.0**	**58522.6**		**2663**
-3767.0	3805.0			33973.0	31734.0		1776
-3602.7	3603.3			27273.0	26788.6		887

1-B-22 按地区分组的纺织业

地　　区	资产总计	固定资产净额	固定资产原价	累计折旧	流动资产合计		
						应收账款	存货
总　　计	**735826.3**	**100752.1**	**180635.5**	**55589.5**	**505572.3**	**156985.5**	**194471.1**
呼和浩特市	2633.1	204.0	304.5	100.5	2428.0	1474.1	724.8
包 头 市							
呼伦贝尔市							
兴 安 盟							
通 辽 市							
赤 峰 市	271475.1	70051.4	100435.0	21543.7	140902.4	36688.3	42763.8
锡林郭勒盟	81356.7	6663.6	11873.5	4211.2	63180.9	26168.1	20548.4
乌兰察布市	869.5	205.7	243.6	37.9	663.8	652.0	
鄂尔多斯市	20347.8	814.1	1753.1	939.0	19047.9	1402.0	6132.4
巴彦淖尔市	352368.7	19837.0	63001.3	28709.0	275704.9	90168.1	124193.3
乌 海 市							
阿 拉 善 盟	6775.4	2976.3	3024.5	48.2	3644.4	432.9	108.4

1-B-22　续表

地　　区	个人资本	港澳台资本	外商资本	营业收入	营业成本	销售费用	管理费用
总　　计	**46037.8**		**2664.0**	**446601.0**	**403443.0**	**7266.9**	**12309.5**
呼和浩特市				2025.4	1898.7	21.2	131.7
包 头 市							
呼伦贝尔市							
兴 安 盟							
通 辽 市							
赤 峰 市	21562.3		2664.0	123405.8	114384.8	1560.0	5636.0
锡林郭勒盟	9985.5			52849.1	50721.7	199.9	985.2
乌兰察布市				4926.9	4746.2	47.2	16.4
鄂尔多斯市				63616.2	61331.4	1381.6	492.5
巴彦淖尔市	14390.0			188462.9	159410.9	4022.1	4886.1
乌 海 市							
阿 拉 善 盟	100.0			11314.7	10949.3	34.9	161.6

主要经济指标

单位:万元

产成品	负债合计	流动负债合计	应付账款	所有者权益合计	实收资本	国家资本	集体资本	法人资本
123737.4	**484512.9**	**453220.3**	**67504.9**	**251312.9**	**113988.3**	**5000.0**	**567.5**	**59719.0**
49.8	2446.0	2446.0	2361.1	187.0	310.0			310.0
16775.4	152948.9	122350.6	26732.5	118526.0	60961.4		567.5	36167.6
8570.8	54160.8	53982.9	3533.4	27195.6	22385.8			12400.3
	264.9	264.9		604.6	500.0			500.0
2284.4	13793.5	13793.5	5220.7	6554.3	5200.0	5000.0		200.0
96001.9	254842.5	254326.1	29657.2	97526.2	24531.1			10141.1
55.1	6056.3	6056.3		719.2	100.0			

单位:万元

财务费用	利息收入	利息支出	投资收益（损失以“-”号记）	营业利润	利润总额	亏损企业亏损额	平均用工人数（人）
10383.7	**68.5**	**8902.6**	**3223.0**	**15047.2**	**18393.6**	**9563.4**	**6241**
0.2		0.2		-26.4	2.3		27
2370.6	9.9	1541.3	3223.0	2160.4	3389.2	4110.8	3075
502.5	0.2	436.8		284.2	512.3	89.9	923
				84.7	83.1		23
60.4		60.4		294.6	293.1	19.6	133
7258.8	58.4	6863.9		12291.4	14157.3	5299.4	2020
191.2				-41.7	-43.7	43.7	40

1-B-23 按地区分组的纺织服装、

地　　区	资产总计	固定资产净额	固定资产原价	累计折旧	流动资产合计	应收账款	存货
总　　计	**2298491.2**	**196262.8**	**367968.2**	**170724.5**	**954366.8**	**156773.9**	**278220.8**
呼和浩特市	122638.9	11725.4	31879.5	19284.2	99185.9	13945.0	74476.6
包 头 市	180293.8	22662.4	84798.5	62136.1	140720.9	33519.8	90479.9
呼伦贝尔市							
兴 安 盟							
通 辽 市							
赤 峰 市							
锡林郭勒盟	5503.4	78.7	335.4	256.7	3660.0	714.6	171.8
乌兰察布市	1120.0	563.9	800.0	236.1	103.0	100.0	
鄂尔多斯市	1965686.3	158566.7	244062.6	85385.0	690892.2	98069.9	106382.5
巴彦淖尔市	23248.8	2665.7	6092.2	3426.4	19804.8	10424.6	6710.0
乌 海 市							
阿 拉 善 盟							

1-B-23　续表

地　　区	个人资本	港澳台资本	外商资本	营业收入	营业成本	销售费用	管理费用
总　　计	**64742.7**	**206.7**		**452474.3**	**344335.3**	**12359.8**	**40678.2**
呼和浩特市	25021.7			88139.6	78635.9	2996.3	7579.5
包 头 市	38301.0			103056.0	88422.4	7508.1	4264.8
呼伦贝尔市							
兴 安 盟							
通 辽 市							
赤 峰 市							
锡林郭勒盟	500.0			2084.0	1205.7	204.8	301.1
乌兰察布市	920.0			2709.0	2580.0	12.1	19.3
鄂尔多斯市		206.7		242460.8	162085.2	1211.2	27140.2
巴彦淖尔市				14024.9	11406.1	427.3	1373.3
乌 海 市							
阿 拉 善 盟							

服饰业主要经济指标

单位:万元

产成品	负债合计	流动负债合计	应付账款	所有者权益合计	实收资本	国家资本	集体资本	法人资本
101353.0	**1438503.8**	**1183974.2**	**112584.1**	**859987.8**	**202007.2**	**10800.0**		**126257.8**
30069.7	67466.1	65885.6	22062.7	55173.0	51056.7	10100.0		15935.0
42001.3	106416.6	106416.6	29231.8	73877.3	43480.5			5179.5
	2938.1	2156.3		2565.3	500.0			
	200.0	100.0	100.0	920.0	920.0			
27405.6	1252116.7	1000354.1	55144.0	713569.7	105350.0			105143.3
1876.4	9366.3	9061.6	6045.6	13882.5	700.0	700.0		

单位:万元

财务费用	利息收入	利息支出	投资收益（损失以“-”号记）	营业利润	利润总额	亏损企业亏损额	平均用工人数（人）
52566.2	**4906.9**	**41134.8**	**117150.7**	**112466.9**	**113281.7**	**3554.6**	**9805**
392.6	142.5	369.3		-1851.7	-1557.4	2504.3	2665
576.6	139.9	3419.0		2638.4	2485.6		2380
34.9		36.3		292.5	280.5		25
14.4		14.4		83.2	83.2		78
51515.3	4628.8	37263.5	117150.7	110686.7	111400.9	1050.3	4173
32.4	-4.3	32.3		617.8	588.9		484

1-B-24 按地区分组的皮革、毛皮、羽毛及其

地区	资产总计	固定资产净额	固定资产原价	累计折旧	流动资产合计	应收账款	存货
总计	**37049.2**	**5534.3**	**10918.1**	**5383.7**	**31207.0**	**7245.1**	**8550.4**
呼和浩特市							
包头市	7065.1	247.3	868.5	621.2	6688.4	194.3	1788.2
呼伦贝尔市							
兴安盟							
通辽市	10708.8	2692.5	3275.3	582.7	7860.6	2401.9	2491.9
赤峰市	19275.3	2594.5	6774.3	4179.8	16658.0	4648.9	4270.3
锡林郭勒盟							
乌兰察布市							
鄂尔多斯市							
巴彦淖尔市							
乌海市							
阿拉善盟							

1-B-24 续表

地区	个人资本	港澳台资本	外商资本	营业收入	营业成本	销售费用	管理费用
总计	**5100.0**			**38431.9**	**31689.4**	**690.9**	**2836.2**
呼和浩特市							
包头市	5100.0			3942.8	3456.1	18.5	428.3
呼伦贝尔市							
兴安盟							
通辽市				25937.6	21844.2	176.0	1229.6
赤峰市				8551.5	6389.1	496.4	1178.3
锡林郭勒盟							
乌兰察布市							
鄂尔多斯市							
巴彦淖尔市							
乌海市							
阿拉善盟							

制品和制鞋业主要经济指标

单位:万元

产成品	负债合计	流动负债合计	应付账款	所有者权益合计	实收资本	国家资本	集体资本	法人资本
2734.8	**15392.9**	**15392.9**	**6721.1**	**21656.2**	**10330.0**			**5230.0**
	1411.0	1411.0	1343.4	5654.0	5100.0			
1624.0	5786.7	5786.7	5171.3	4922.1	2300.0			2300.0
1110.8	8195.2	8195.2	206.4	11080.1	2930.0			2930.0

单位:万元

财务费用	利息收入	利息支出	投资收益（损失以“-”号记）	营业利润	利润总额	亏损企业亏损额	平均用工人数（人）
250.3	**7.6**	**115.5**		**2781.8**	**3039.5**		**2153**
-11.8	12.5	0.7		45.0	30.0		113
179.1	-1.1			2332.1	2622.1		1500
83.0	-3.8	114.8		404.7	387.4		540

1-B-25　按地区分组的木材加工和木、竹、

地　　区	资产总计	固定资产净额	固定资产原价	累计折旧	流动资产合计	应收账款	存货
总　　计	**327936.7**	**17385.0**	**63462.7**	**17286.3**	**244683.2**	**56714.5**	**26444.8**
呼和浩特市							
包　头　市	8011.1	280.2	684.0	403.7	7730.9	5762.1	564.3
呼伦贝尔市	309490.3	14227.4	58460.0	15914.0	229947.0	49980.2	23606.1
兴　安　盟							
通　辽　市	5349.5	2244.9	3041.8	324.3	2632.1	743.5	1184.9
赤　峰　市							
锡林郭勒盟	5085.8	632.5	1276.9	644.3	4373.2	228.7	1089.5
乌兰察布市							
鄂尔多斯市							
巴彦淖尔市							
乌　海　市							
阿　拉　善　盟							

1-B-25　续表

地　　区	个人资本	港澳台资本	外商资本	营业收入	营业成本	销售费用	管理费用
总　　计	**8439.9**			**87631.9**	**77393.5**	**3899.3**	**5252.0**
呼和浩特市							
包　头　市	1000.0			7080.9	4673.1	421.5	468.6
呼伦贝尔市	4739.9			68286.5	61501.1	3422.0	4523.6
兴　安　盟							
通　辽　市	500.0			7709.3	7308.4	21.0	148.1
赤　峰　市							
锡林郭勒盟	2200.0			4555.2	3910.9	34.80	111.7
乌兰察布市							
鄂尔多斯市							
巴彦淖尔市							
乌　海　市							
阿　拉　善　盟							

藤、棕、草制品业主要经济指标

单位:万元

产成品	负债合计	流动负债合计	应付账款	所有者权益合计	实收资本	国家资本	集体资本	法人资本
14179.9	**324946.1**	**265754.5**	**52014.6**	**2990.6**	**31696.9**		**1000.0**	**22257.0**
217.1	4609.0	4609.0	4596.5	3402.1	1000.0			
12607.8	315031.4	255839.8	45142.1	-5541.1	25496.9		1000.0	19757.0
670.0	2538.3	2538.3	1198.9	2811.2	3000.0			2500.0
685.00	2767.4	2767.4	1077.1	2318.4	2200.0			

单位:万元

财务费用	利息收入	利息支出	投资收益(损失以"-"号记)	营业利润	利润总额	亏损企业亏损额	平均用工人数(人)
1647.8	**10.3**	**1276.9**		**-1109.5**	**-587.6**	**4228.4**	**2314**
60.0				1409.2	1425.0		158
1270.3	9.5	958.6		-2904.9	-2398.8	4110.7	1797
239.9	0.3	240.2		-15.4	-15.4	117.7	294
77.6	0.5	78.1		401.6	401.6		65

1-B-26 按地区分组的家具

地　　区	资产总计	固定资产净　额	固定资产原　价	累计折旧	流动资产合　计	应收账款	存货
总　　计	**12466.6**	**5337.5**	**6605.4**	**1267.9**	**5022.4**	**1518.9**	**1916.7**
呼和浩特市							
包　头　市							
呼伦贝尔市							
兴　安　盟							
通　辽　市							
赤　峰　市							
锡林郭勒盟							
乌兰察布市	12466.6	5337.5	6605.4	1267.9	5022.4	1518.9	1916.7
鄂尔多斯市							
巴彦淖尔市							
乌　海　市							
阿 拉 善 盟							

1-B-26　续表

地　　区	个人资本	港澳台资本	外商资本	营业收入	营业成本	销售费用	管理费用
总　　计				**4319.0**	**3428.3**	**72.2**	**397.2**
呼和浩特市							
包　头　市							
呼伦贝尔市							
兴　安　盟							
通　辽　市							
赤　峰　市							
锡林郭勒盟							
乌兰察布市				4319.0	3428.3	72.2	397.2
鄂尔多斯市							
巴彦淖尔市							
乌　海　市							
阿 拉 善 盟							

制造业主要经济指标

单位:万元

产成品	负债合计	流动负债合计	应付账款	所有者权益合计	实收资本	国家资本	集体资本	法人资本
821.7	**7245.9**	**7245.9**	**896.6**	**5220.6**	**7185.0**			**7185.0**
821.7	7245.9	7245.9	896.6	5220.6	7185.0			7185.0

单位:万元

财务费用	利息收入	利息支出	投资收益(损失以"-"号记)	营业利润	利润总额	亏损企业亏损额	平均用工人数(人)
290.5	**0.2**	**278.1**		**10.1**	**-2.8**	**2.8**	**230**
290.5	0.2	278.1		10.1	-2.8	2.8	230

1-B-27 按地区分组的造纸和

地区	资产总计	固定资产净额	固定资产原价	累计折旧	流动资产合计	应收账款	存货
总计	**456769.2**	**131364.8**	**305876.5**	**173417.7**	**295074.5**	**63001.5**	**80315.6**
呼和浩特市	378014.0	106628.5	253058.8	145343.2	247906.2	52627.0	61868.3
包头市	12309.0	3001.6	5730.4	2728.9	8072.3	4336.8	2192.7
呼伦贝尔市	55994.0	19680.6	41893.7	22213.1	31708.0	2836.0	13883.0
兴安盟	2951.3	535.6	838.8	296.2	1870.5	544.2	1006.5
通辽市							
赤峰市							
锡林郭勒盟							
乌兰察布市							
鄂尔多斯市							
巴彦淖尔市	7500.9	1518.5	4354.8	2836.3	5517.5	2657.5	1365.1
乌海市							
阿拉善盟							

1-B-27 续表

地区	个人资本	港澳台资本	外商资本	营业收入	营业成本	销售费用	管理费用
总计	**2500.0**	**13665.0**	**32044.6**	**629629.2**	**464159.4**	**21666.6**	**42996.8**
呼和浩特市	2000.0	13665.0	32044.6	571923.4	415749.5	19617.2	39294.6
包头市				16742.8	14564.1	732.2	533.4
呼伦贝尔市				33171.0	27843.7	1143.9	2281.8
兴安盟				4032.7	2964.2	121.6	576.4
通辽市							
赤峰市							
锡林郭勒盟							
乌兰察布市							
鄂尔多斯市							
巴彦淖尔市	500.0			3759.3	3037.9	51.7	310.6
乌海市							
阿拉善盟							

纸制品业主要经济指标

单位:万元

产成品	负债合计	流动负债合计	应付账款	所有者权益合计	实收资本	国家资本	集体资本	法人资本
24844.0	**229435.5**	**227586.9**	**59531.4**	**227332.8**	**91613.6**	**16981.2**	**24.4**	**26398.4**
13027.9	192474.5	190821.4	46674.7	185539.1	67686.8	617.2		19360.0
1827.8	4243.5	4074.2	1760.9	8065.4	6538.4			6538.4
8980.0	31123.0	31096.8	10350.0	24870.7	16364.0	16364.0		
64.7	1229.7	1229.7	525.1	1721.6	24.4		24.4	
943.6	364.8	364.8	220.7	7136.0	1000.0			500.0

单位:万元

财务费用	利息收入	利息支出	投资收益（损失以“-”号记）	营业利润	利润总额	亏损企业亏损额	平均用工人数（人）
359.6	**-494.9**	**1050.3**	**1734.2**	**98860.2**	**100755.2**	**1807.8**	**3732**
345.5	-526.8	1005.8	1411.3	95950.4	98026.0	1807.8	2303
17.1	28.3	43.5	28.1	545.1	367.1		250
-3.6	4.0		294.8	1668.5	1670.8		934
2.7	1.7	1.0		348.1	341.8		152
-2.1	-2.1			348.1	349.5		93

1-B-28 按地区分组的印刷和

地 区	资产总计	固定资产净额	固定资产原价	累计折旧	流动资产合计	应收账款	存货
总 计	**56654.2**	**10067.9**	**36576.0**	**19416.9**	**31246.1**	**7456.1**	**12553.8**
呼和浩特市	21048.8	658.9	18867.0	11116.9	12279.0	3623.9	1754.0
包 头 市							
呼伦贝尔市							
兴 安 盟	26255.8	7527.0	13197.3	5670.2	11592.6	1850.0	9069.7
通 辽 市	4353.8	1154.1	1688.8	534.8	3187.4	1943.0	1114.5
赤 峰 市							
锡林郭勒盟							
乌兰察布市							
鄂尔多斯市	4995.8	727.9	2822.9	2095.0	4187.1	39.2	615.6
巴彦淖尔市							
乌 海 市							
阿 拉 善 盟							

1-B-28 续表

地 区	个人资本	港澳台资本	外商资本	营业收入	营业成本	销售费用	管理费用
总 计	**1600.0**			**31467.3**	**25162.8**	**825.2**	**4149.9**
呼和浩特市				10437.8	7021.4	470.0	2403.8
包 头 市							
呼伦贝尔市							
兴 安 盟	1600.0			9160.6	7438.5	19.9	933.5
通 辽 市				8898.6	8552.5	335.3	194.3
赤 峰 市							
锡林郭勒盟							
乌兰察布市							
鄂尔多斯市				2970.3	2150.4		618.3
巴彦淖尔市							
乌 海 市							
阿 拉 善 盟							

记录媒介复制业主要经济指标

单位:万元

产成品	负债合计	流动负债合计	应付账款	所有者权益合计	实收资本	国家资本	集体资本	法人资本
2146.1	**33013.6**	**26108.8**	**8404.5**	**23640.4**	**13442.4**	**7164.1**	**2452.2**	**2226.1**
	9009.0	3887.5	2487.8	12039.8	7164.1	7164.1		
1937.8	18515.4	16732.1	4507.0	7740.2	2826.1			1226.1
130.4	4351.7	4351.7	1354.1	2.1	1000.0			1000.0
77.9	1137.5	1137.5	55.6	3858.3	2452.2		2452.2	

单位:万元

财务费用	利息收入	利息支出	投资收益(损失以"-"号记)	营业利润	利润总额	亏损企业亏损额	平均用工人数(人)
679.7	**27.9**	**64.8**		**377.4**	**1288.7**	**275.3**	**885**
-28.6	28.6			471.1	981.7		419
570.2				118.0	511.1		291
64.9	-0.7	64.8		-275.3	-275.3	275.3	62
73.2				63.6	71.2		113

1-B-29 按地区分组的文教、工美、

地区	资产总计	固定资产净额	固定资产原价	累计折旧	流动资产合计	应收账款	存货
总计	**22845.3**	**899.0**	**3904.4**	**3005.4**	**20497.6**		**5510.0**
呼和浩特市							
包头市							
呼伦贝尔市							
兴安盟							
通辽市							
赤峰市	22845.3	899.0	3904.4	3005.4	20497.6		5510.0
锡林郭勒盟							
乌兰察布市							
鄂尔多斯市							
巴彦淖尔市							
乌海市							
阿拉善盟							

1-B-29 续表

地区	个人资本	港澳台资本	外商资本	营业收入	营业成本	销售费用	管理费用
总计				**3484.4**	**234.5**	**232.0**	**536.1**
呼和浩特市							
包头市							
呼伦贝尔市							
兴安盟							
通辽市							
赤峰市				3484.4	234.5	232.0	536.1
锡林郭勒盟							
乌兰察布市							
鄂尔多斯市							
巴彦淖尔市							
乌海市							
阿拉善盟							

体育和娱乐用品制造业主要经济指标

单位:万元

产成品	负债合计	流动负债合计	应付账款	所有者权益合计	实收资本	国家资本	集体资本	法人资本
5510.0	**12749.4**	**12749.4**		**10095.9**	**5000.0**	**5000.0**		
5510.0	12749.4	12749.4		10095.9	5000.0	5000.0		

单位:万元

财务费用	利息收入	利息支出	投资收益（损失以“-”号记）	营业利润	利润总额	亏损企业亏损额	平均用工人数（人）
493.7	**-0.8**	**494.4**		**1378.6**	**1261.9**		**243**
493.7	-0.8	494.4		1378.6	1261.9		243

1-B-30 按地区分组的石油、煤炭及其他

地区	资产总计	固定资产净额	固定资产原价	累计折旧	流动资产合计	应收账款	存货
总计	**7200077.4**	**2617619.4**	**5846659.4**	**2069152.3**	**2989882.8**	**260849.5**	**599159.1**
呼和浩特市	832005.9	417532.8	815393.9	347154.8	360430.7	199.5	113253.2
包头市	48333.2	26373.3	33289.9	6916.5	19231.1	-2609.0	9825.9
呼伦贝尔市							
兴安盟							
通辽市	5284.5	647.7	1083.9	436.2	4083.8	2226.0	1622.1
赤峰市	427533.0	176718.6	208912.5	32193.8	220196.6	8782.1	49174.7
锡林郭勒盟							
乌兰察布市	16915.8	3079.2	5365.7	2286.5	12127.3	2418.7	2624.9
鄂尔多斯市	2738901.6	1124599.5	3163956.3	1201491.8	872953.6	84954.8	117390.6
巴彦淖尔市	397625.9	196192.5	346583.8	51084.0	141798.1	38817.4	60992.3
乌海市	1776007.7	538137.7	893498.9	334028.8	897462.3	61411.6	151347.6
阿拉善盟	957469.8	134338.1	378574.5	93559.9	461599.3	64648.4	92927.8

1-B-30 续表

地区	个人资本	港澳台资本	外商资本	营业收入	营业成本	销售费用	管理费用
总计	**215785.7**			**7911669.1**	**6023632.1**	**186667.9**	**198970.4**
呼和浩特市				2121855.3	1350081.6	982.3	43694.0
包头市	30300.0			148976.7	127987.1	9667.3	3955.7
呼伦贝尔市							
兴安盟							
通辽市	490.0			3723.7	3783.2		193.7
赤峰市	2893.8			432678.9	354791.5	10154.4	4408.4
锡林郭勒盟							
乌兰察布市				9942.8	9430.9	6.1	288.5
鄂尔多斯市	119001.9			1794685.0	1324680.1	59783.2	108050.3
巴彦淖尔市				692788.1	604892.2	7949.0	6961.4
乌海市	60100.0			1971414.6	1601390.9	85256.5	26187.1
阿拉善盟	3000.0			735604.0	646594.6	12869.1	5231.3

燃料加工业主要经济指标

单位:万元

产成品	负债合计	流动负债合计	应付账款	所有者权益合计	实收资本	国家资本	集体资本	法人资本
262141.0	**5295839.6**	**3782944.7**	**834090.9**	**1904237.3**	**1246076.9**	**119614.4**	**69793.0**	**840883.7**
52828.1	272369.4	272287.1	38768.1	559636.5				
2999.4	14579.5	14579.5		33753.6	30300.0			
	5477.1	5477.1	1716.1	-192.6	1000.0			510.0
21685.1	413265.4	402423.3	136290.5	14267.6	30917.8			28024.0
2624.9	11867.8	11867.8	6362.0	5047.9				
53649.4	2011135.9	1265162.8	254376.3	727765.9	540406.4	109414.4		311990.0
14330.0	523178.4	275878.4	136801.0	-125552.5	151010.0			151010.0
70128.3	1230525.5	959169.5	161975.9	545482.0	314036.6	10200.0	69793.0	173943.6
43895.8	813440.6	576099.2	97801.0	144028.9	178406.1			175406.1

单位:万元

财务费用	利息收入	利息支出	投资收益（损失以“-”号记）	营业利润	利润总额	亏损企业亏损额	平均用工人数（人）
132770.8	**13287.7**	**111934.9**	**-2525.4**	**603986.1**	**591753.2**	**15710.6**	**23443**
-1021.8	1505.6	483.8		115792.8	109747.3		1957
301.0				5985.3	4764.3		479
-9.0				-243.9	-243.9	243.9	10
8520.6	285.8	8019.0	-1976.4	50719.0	50244.2	243.8	1729
	-0.3	0.3		117.7	-28.8	28.8	39
50467.0	12101.2	29549.4	10.7	129772.6	125222.2	8951.4	8647
15846.3	-482.3	16642.9	692.0	53131.7	52968.3	2066.6	1659
38918.9	-127.2	37950.3	-1251.7	201321.1	200843.1		6109
19747.8	4.9	19289.2		47389.8	48236.5	4176.1	2814

1-B-31 按地区分组的化学原料和

地区	资产总计	固定资产净额	固定资产原价	累计折旧	流动资产合计	应收账款	存货
总计	**34199348.5**	**19484156.5**	**27658388.4**	**6878087.0**	**7714768.3**	**1243105.4**	**1375335.5**
呼和浩特市	751200.7	152717.8	985179.3	709444.2	341167.3	81455.6	49761.4
包头市	2990092.0	1245133.0	2248541.4	989144.3	1321200.1	418307.2	243356.5
呼伦贝尔市	1102695.0	860630.3	1175287.6	221149.2	138329.5	4998.5	25959.9
兴安盟	1390.0	841.9	972.3	102.3	146.5	-241.6	382.6
通辽市	351934.8	237192.4	436097.8	198905.4	62290.6	3589.8	25023.1
赤峰市	619612.6	298412.1	577468.7	279055.8	252212.9	41971.6	75521.5
锡林郭勒盟	1429318.6	1171548.7	2657319.8	538374.2	159997.4	13666.2	46857.6
乌兰察布市	1604289.0	1049864.7	1409100.7	355628.6	269560.5	60754.4	99243.7
鄂尔多斯市	19489437.7	12518316.7	14954193.5	2360687.5	3463024.0	267835.1	442221.1
巴彦淖尔市	232036.1	62068.0	126913.7	33587.1	99878.4	14154.9	24794.1
乌海市	3820917.4	1064944.3	1737562.4	672087.4	901216.3	170723.3	200198.1
阿拉善盟	1806424.6	822486.6	1349751.2	519921.0	705744.8	165890.4	142015.9

1-B-31 续表

地区	个人资本	港澳台资本	外商资本	营业收入	营业成本	销售费用	管理费用
总计	**727625.2**	**112789.2**	**341443.1**	**14972791.8**	**11308057.1**	**494838.4**	**779021.4**
呼和浩特市	7113.1	8190.0		810276.8	618764.0	35247.6	40324.6
包头市	79739.5	52000.0	265.3	1359522.8	1076490.0	18452.9	87180.7
呼伦贝尔市	42600.0		67620.0	278004.8	192066.3	19044.8	28494.7
兴安盟	840.0			2201.7	2066.2	18.6	73.9
通辽市	17220.8			155001.3	125963.4	9493.3	16432.4
赤峰市	18843.5			414248.9	330946.5	16590.8	20211.2
锡林郭勒盟	1700.0			365867.2	363128.2	4677.8	38512.8
乌兰察布市	14929.1			1271966.6	1047305.5	71727.2	56146.4
鄂尔多斯市	138041.4	51533.0	252306.2	6728746.9	4788886.3	165427.8	352570.1
巴彦淖尔市	13860.0			112362.3	83967.9	12398.0	11089.0
乌海市	315613.2	1066.2		2025163.2	1564433.6	88504.2	75775.7
阿拉善盟	77124.6		21251.6	1449429.3	1114039.2	53255.4	52209.9

化学制品制造业主要经济指标

单位:万元

产成品	负债合计	流动负债合计	应付账款	所有者权益合计	实收资本	国家资本	集体资本	法人资本
464676.7	**23545936.6**	**13914806.9**	**3624435.4**	**10653411.0**	**9418442.8**	**2519687.6**	**603974.2**	**5112923.5**
20004.8	292116.0	275346.7	82277.7	459084.7	288745.8	17800.0		255642.7
74724.7	1685834.6	1593072.9	581396.2	1304257.4	725330.7	538199.0		55126.9
5486.7	1037578.4	741707.3	53842.1	65116.4	254438.0	54820.0		89398.0
1.0	149.8	149.8	-1006.4	1240.2	900.0			60.0
6801.7	84691.3	81650.4	36366.2	267243.5	265222.5		245301.7	2700.0
27650.4	757077.6	375390.4	94074.5	-137465.0	216948.7	123788.0	10608.0	63709.2
3171.8	2697088.6	2086111.8	219280.4	-1267770.1	500410.0	405000.0		93710.0
52141.9	1066021.8	848154.7	235610.1	538267.5	390220.3		61250.0	314041.2
139974.8	12397490.5	5062155.8	1382707.7	7091946.9	5410462.1	1089431.8	261303.5	3617846.2
12584.9	223051.6	190454.0	25245.0	8984.4	29799.0		511.0	15428.0
61448.8	2195093.8	1783655.0	685965.5	1625823.5	878402.6	25.1	25000.0	536698.1
60685.2	1109742.6	876958.1	228676.4	696681.6	457563.1	290623.7		68563.2

单位:万元

财务费用	利息收入	利息支出	投资收益（损失以“-”号记）	营业利润	利润总额	亏损企业亏损额	平均用工人数（人）
677349.6	**23528.4**	**650313.6**	**77143.9**	**1563723.4**	**1530955.0**	**231203.8**	**82299**
802.90	-350.4	1302.5	135.1	107930.4	108566.7	1836.1	4890
11852.7	-161.4	13164.1	4941.6	140821.7	141764.8	14211.1	7347
44014.5	2875.9	45936.9	18076.0	10151.6	10245.8	5912.4	1919
3.2				39.6	36.7		32
1432.7	13.8	237.5	-557.3	-1436.6	388.6	2009.2	1939
28433.1	-203.6	28146.9	-593.6	14682.1	-2983.9	43810.5	3200
63665.6	-15.0	63243.8	-5120.7	-120242.4	-125361.0	129481.1	2442
39756.2	4798.1	22624.2		45407.0	42484.1	9962.1	8923
418737.2	5749.8	406241.9	7250.5	885654.4	874510.7	5809.6	26110
2217.4	-7.2	1941.8	-1790.2	-93.7	394.8	6737.3	1549
53073.3	8035.0	54723.2	54752.9	278319.8	280349.6	7568.4	13793
13360.8	2793.4	12750.8	49.6	202489.5	200558.1	3866.0	10155

1-B-32 按地区分组的医药

地区	资产总计	固定资产净额	固定资产原价	累计折旧	流动资产合计	应收账款	存货
总计	**3495394.3**	**1231021.1**	**1867472.2**	**616786.2**	**1249605.7**	**286120.2**	**259122.5**
呼和浩特市	1015680.1	243385.8	526229.8	263454.2	531313.9	175699.2	107059.3
包头市	14754.9	1604.5	5935.0	4330.5	9908.2	2484.2	2510.5
呼伦贝尔市	883255.4	250640.4	275118.9	24478.4	200429.1	26468.3	13288.2
兴安盟	70005.3	15517.0	22687.9	7170.8	39236.8	11124.7	8349.6
通辽市	223845.3	57420.2	73097.3	15676.9	147634.0	38519.8	14785.7
赤峰市	394076.1	106492.1	167502.5	60878.2	159458.0	29042.6	46599.1
锡林郭勒盟							
乌兰察布市	187751.0	18304.4	30761.9	12315.0	54390.1	6917.8	13808.9
鄂尔多斯市	15756.3	4554.4	5272.6	718.2	10110.0	3010.1	437.7
巴彦淖尔市	690269.9	533102.3	760866.3	227764.0	97125.6	-7146.5	52283.5
乌海市							
阿拉善盟							

1-B-32 续表

地区	个人资本	港澳台资本	外商资本	营业收入	营业成本	销售费用	管理费用
总计	**102064.2**	**313149.4**		**1546002.6**	**951716.3**	**205578.8**	**149050.2**
呼和浩特市	2724.0	38749.4		579701.9	308361.1	79600.5	53515.0
包头市				5543.3	2871.5	1551.1	899.7
呼伦贝尔市	3500.0			27098.7	27294.4	916.4	22137.0
兴安盟	4400.0			36098.0	13045.4	12878.4	4632.9
通辽市	17901.4			192382.5	63271.8	56258.1	6936.0
赤峰市	40638.5			230803.1	173947.8	13985.5	28636.8
锡林郭勒盟							
乌兰察布市	29900.3			43419.6	18834.8	15324.3	7815.7
鄂尔多斯市				5528.8	3391.1	530.8	404.4
巴彦淖尔市	3000.0	274400.0		425426.7	340698.4	24533.7	24072.7
乌海市							
阿拉善盟							

制造业主要经济指标

单位:万元

产成品	负债合计	流动负债合计		所有者权益合计	实收资本			
			应付账款			国家资本	集体资本	法人资本
106796.9	**2023518.1**	**1457710.8**	**375106.6**	**1471875.1**	**941174.6**	**66761.1**	**10532.0**	**448667.9**
53188.1	485483.2	415429.0	134284.9	530196.6	239515.8	54946.5	9218.0	133877.9
803.7	7369.8	3457.9	2320.1	7385.0	4600.0			4600.0
6587.6	669867.9	295380.5	42665.5	213387.4	248203.8	1080.0		243623.8
356.1	34275.2	31698.2	9672.7	35730.2	14400.0			10000.0
5854.9	120374.0	96519.9	9194.9	103471.1	25075.0	795.0	1314.0	5064.6
16177.7	223472.1	174845.1	44009.6	170603.6	92474.7	7912.0		43924.2
3616.8	60105.1	26774.4	4694.1	127645.8	33805.3	2027.6		1877.4
57.1	2802.9	2802.9	302.7	12953.4	5700.0			5700.0
20154.9	419767.9	410802.9	127962.1	270502.0	277400.0			

单位:万元

财务费用			投资收益（损失以“-”号记）	营业利润	利润总额	亏损企业亏损额	平均用工人数（人）
	利息收入	利息支出					
29722.6	**504.5**	**27175.8**	**28150.4**	**208747.2**	**213052.2**	**47124.4**	**20250**
7523.7	889.5	7544.7	1092.4	122303.7	122354.0	15733.0	5482
-16.9	-18.2			83.7	121.1		260
5005.0	-2.3	5006.1	4.9	-28609.7	-28170.8	29289.8	1914
731.5	-5.9	612.2	159.8	3173.1	3341.5	111.5	501
1057.8	-5.9	881.6		61116.4	62442.7		1676
3527.4	23.5	3188.8	6426.6	13538.5	19711.1	1990.1	4042
227.7	-180.5	401.1	20432.3	18997.8	18654.1		485
-7.7	-10.7		34.4	1176.7	1241.0		86
11674.1	-185.0	9541.3		16967.0	13357.5		5804

1-B-33　按地区分组的橡胶和

地　　区	资产总计	固定资产净　额	固定资产原　价	累计折旧	流动资产合　计	应收账款	存货
总　　计	**946202.2**	**138491.9**	**191719.3**	**53227.4**	**692179.3**	**141996.0**	**295767.8**
呼和浩特市	20623.5	5852.5	11743.4	5890.9	13612.7	7750.6	2762.0
包　头　市	30103.3	6836.5	9786.7	2950.2	20514.5	4882.5	9207.7
呼伦贝尔市	39984.6	4045.1	5259.1	1214.0	35074.1	244.6	1291.0
兴　安　盟	3832.3	1571.7	1814.6	242.9	1890.7	613.1	1256.5
通　辽　市	81683.7	29318.5	42199.9	12881.5	36747.7	17171.0	10389.0
赤　峰　市	560048.3	17956.3	27657.3	9701.0	477319.8	67541.0	242632.3
锡林郭勒盟							
乌兰察布市	37420.2	2479.8	3344.4	864.5	33163.3	19486.0	8861.6
鄂尔多斯市	107977.3	53319.4	64948.3	11628.9	44615.8	16498.2	15311.2
巴彦淖尔市	6860.8	1903.4	2434.6	531.2	4137.9	1299.1	2300.9
乌　海　市							
阿拉善盟	57668.2	15208.7	22531.0	7322.3	25102.8	6509.9	1755.6

1-B-33　续表

地　　区	个人资本	港澳台资本	外商资本	营业收入	营业成本	销售费用	管理费用
总　　计	**101446.7**			**409794.6**	**334682.6**	**10087.5**	**17776.8**
呼和浩特市	1500.0			22846.0	20111.7	718.0	1941.30
包　头　市	5000.0			40046.1	36942.4	377.4	1559.2
呼伦贝尔市				9634.9	7980.5	494.5	882.1
兴　安　盟	2529.9			1639.7	1241.5	62.3	290.5
通　辽　市	4800.0			80993.2	65365.0	1081.7	2478.4
赤　峰　市	11000.0			158089.1	116222.4	4167.0	5947.8
锡林郭勒盟							
乌兰察布市	1880.2			16850.6	15255.3	1202.5	1141.8
鄂尔多斯市	65436.6			53767.4	48981.9	1542.9	2346.0
巴彦淖尔市	1000.0			4841.5	4293.8	114.8	199.6
乌　海　市							
阿拉善盟	8300.0			21086.1	18288.1	326.4	990.1

塑料制品业主要经济指标

单位：万元

产成品	负债合计	流动负债合计	应付账款	所有者权益合计	实收资本	国家资本	集体资本	法人资本
52002.9	**593648.4**	**550402.2**	**141469.8**	**352553.6**	**220540.5**	**8298.7**	**125.0**	**110670.1**
1324.3	13426.6	13246.9	1546.6	7196.7	4044.3	225.0		2319.3
4621.9	14450.8	13315.4	6527.2	15652.4	13163.7	8073.7		90.0
451.6	38794.1	38134.2	1197.8	1190.6	1000.0			1000.0
981.0	1298.8	906.4	395.4	2533.5	2529.9			
3297.1	27929.6	26621.1	4043.5	53754.1	16800.0			12000.0
18979.5	388573.6	351817.5	112566.7	171474.7	91125.0		125.0	80000.0
7368.2	34311.3	34259.3	4839.5	3108.8	6880.2			5000.0
11727.6	35296.0	34460.2	7757.7	72681.5	75597.4			10160.8
1496.1	4069.0	4069.0	1123.2	2791.8	1100.0			100.0
1755.6	35498.6	33572.2	1472.2	22169.5	8300.0			

单位：万元

财务费用	利息收入	利息支出	投资收益（损失以“－”号记）	营业利润	利润总额	亏损企业亏损额	平均用工人数（人）
11368.6	**1657.7**	**11192.2**	**465.1**	**35693.8**	**36255.8**	**2329.0**	**4823**
100.9	1.7	99.0		-233.3	-209.2	597.3	640
264.8	1.9	266.0		732.2	808.4		591
163.7	1.4	159.6		164.2	180.6		110
36.2				8.9	20.0		26
99.2	-21.0	106.5		11229.4	11393.1	246.7	919
9715.9	1600.1	9894.7	-44.9	22640.6	22893.5		1167
193.0	0.4	190.3		-1171.6	-1230.2	1372.0	355
441.0	73.8	123.2		730.7	807.8	27.6	620
97.8	0.5	97.9		121.6	37.7	85.4	105
256.1	-1.1	255.0	510.0	1471.1	1554.1		290

1-B-34　按地区分组的非金属矿物

地　　区	资产总计	固定资产净额	固定资产原价	累计折旧	流动资产合计	应收账款	存货
总　　计	**6088723.9**	**2040419.4**	**3622728.9**	**1355215.1**	**2659345.0**	**660548.5**	**591863.7**
呼和浩特市	561627.2	221279.0	417805.8	194463.1	242746.5	64395.3	69806.7
包 头 市	1005134.3	317158.1	476127.3	144999.2	537958.9	114666.8	112791.3
呼伦贝尔市	525094.5	146658.1	257385.6	110727.4	323238.2	55259.8	49351.0
兴 安 盟	166895.3	23051.0	147688.7	48640.4	50318.7	11278.2	15258.7
通 辽 市	826459.6	309614.9	523336.5	200732.7	421628.5	102598.4	108214.5
赤 峰 市	470629.3	213972.9	341658.5	126179.3	218480.6	103573.5	30742.9
锡林郭勒盟	189724.2	95333.7	175947.2	59100.7	60912.2	14003.5	13200.9
乌兰察布市	1106632.6	273392.8	463929.3	127657.2	410345.5	88763.2	72951.4
鄂尔多斯市	562293.3	132185.9	258272.0	121467.5	156270.0	28353.4	25518.3
巴彦淖尔市	143351.4	77638.7	116669.3	30975.4	33019.5	1285.5	11793.5
乌 海 市	385321.3	167803.7	319091.5	150693.6	165099.1	59678.0	67558.9
阿 拉 善 盟	145560.9	62330.6	124817.2	39578.6	39327.3	16692.9	14675.6

1-B-34　续表

地　　区	个人资本	港澳台资本	外商资本	营业收入	营业成本	销售费用	管理费用
总　　计	**343087.3**		**7857.9**	**2765299.3**	**2318152.6**	**89939.4**	**188720.1**
呼和浩特市	42518.1			226414.8	170462.1	9748.1	27584.5
包 头 市	45007.0			574323.9	506103.8	14603.4	22236.2
呼伦贝尔市	76000.0			116203.6	98625.6	2016.2	19061.1
兴 安 盟	3500.0			89721.7	76791.1	2260.5	9827.3
通 辽 市	36235.7		2500.0	538614.6	453168.5	8980.3	25663.8
赤 峰 市	30007.0			329868.2	270795.5	17025.2	20103.0
锡林郭勒盟	11089.7			66109.6	52536.0	2506.3	8174.2
乌兰察布市	59104.3			274798.4	219254.7	6633.3	20941.5
鄂尔多斯市	8397.4			158407.8	127423.2	10631.9	12931.3
巴彦淖尔市	8604.0			46920.4	42639.1	669.4	4809.6
乌 海 市	10030.6		5357.9	240675.9	200486.8	13324.4	14373.4
阿 拉 善 盟	12593.5			103240.4	99866.2	1540.4	3014.2

制品业主要经济指标

单位:万元

产成品	负债合计	流动负债合计	应付账款	所有者权益合计	实收资本	国家资本	集体资本	法人资本
232006.3	**4610006.3**	**4096319.5**	**919706.4**	**1478715.6**	**1425738.6**	**225513.6**	**91863.5**	**757416.3**
25170.3	381423.3	364577.8	129606.8	180203.6	161281.7			118763.6
38527.0	831660.1	801453.7	203443.2	173473.7	190769.0	46658.0		99104.0
18269.5	288270.2	250542.6	88217.5	236824.3	135216.0		2000.0	57216.0
5829.7	146855.0	109658.5	28023.6	20040.3	22900.0		2700.0	16700.0
32877.6	552789.8	516001.0	93348.9	273669.5	224467.7	37404.3	2550.0	145777.7
9342.5	299775.6	226637.3	64155.6	170853.4	111494.2	25425.2	900.0	55162.0
3703.3	169895.5	152825.5	13980.3	19828.5	57184.7	21525.0		24570.0
31561.1	941667.9	721230.9	99511.0	164964.4	231828.1	69844.1	18310.0	84569.7
10982.2	322371.9	320345.7	26768.6	239921.1	110334.2	7670.0	65000.0	29266.8
3980.0	118606.5	110921.3	34025.8	24745.0	47537.9			38933.9
45179.4	330286.3	298771.0	102081.0	55034.9	92832.1			77443.6
6583.7	226404.2	223354.2	36544.1	-80843.1	39893.0	16987.0	403.5	9909.0

单位:万元

财务费用			投资收益（损失以“-”号记）	营业利润	利润总额	亏损企业亏损额	平均用工人数（人）
	利息收入	利息支出					
88888.8	**8209.2**	**86745.1**	**4172.6**	**80742.9**	**94711.2**	**102678.1**	**24541**
9043.9	2385.3	8470.1		7646.6	9383.7	15255.9	2759
8538.4	252.7	8032.8		21471.4	23186.6	13094.6	4022
11919.3	-550.0	9248.5	145.0	-19877.0	-15351.2	17618.9	1570
1978.9	5.9	1962.1	30.0	-2731.7	-2576.7	4300.4	857
10012.2	5274.3	14523.4	-247.2	36767.1	35760.7	11764.5	4363
6402.2	-83.7	6316.8		12316.3	13982.4	4330.8	3197
4078.5	12.9	4007.5		-1492.2	-638.4	3195.5	827
20998.3	381.0	19724.6	2700.0	11983.9	12657.9	6777.1	2808
4272.4	1131.9	3693.5	1322.9	22691.4	25262.3	508.8	1071
2063.3	4.4	2035.5		-4223.2	-3879.7	4712.2	499
4676.8	-608.0	3890.6	15.2	3338.7	7546.8	10496.2	1956
4904.6	2.5	4839.7	206.7	-7148.4	-10623.2	10623.2	612

1-B-35 按地区分组的黑色金属冶炼和

地区	资产总计	固定资产净额	固定资产原价	累计折旧	流动资产合计	应收账款	存货
总计	**28005134.3**	**9962008.9**	**16812670.9**	**6590880.9**	**10873177.6**	**1797841.4**	**3135741.7**
呼和浩特市	1145.1	555.3	916.7	361.3	589.7	157.7	378.3
包头市	16437980.6	7358186.2	12178345.9	4799716.9	5403539.2	685226.1	2302519.6
呼伦贝尔市	227.2	17.0	81.2	64.2	210.2	43.2	118.9
兴安盟	254736.6	4459.6	205488.3	87579.4	88642.0	4348.6	48325.5
通辽市							
赤峰市	1127023.0	195646.4	386362.5	190716.0	790979.0	196077.3	21126.5
锡林郭勒盟	65278.1	17495.5	25434.3	7938.9	38732.6	12716.0	9336.4
乌兰察布市	1612398.2	377199.5	540796.8	163596.3	1035152.3	214934.2	288821.1
鄂尔多斯市	7347739.3	1815588.7	3186136.8	1259423.7	3195490.3	534876.1	369618.2
巴彦淖尔市	151724.9	27030.5	46016.8	18422.2	120704.9	50201.6	41094.1
乌海市	787041.7	35192.0	76376.4	26985.1	121805.9	84138.3	27985.3
阿拉善盟	219839.6	130638.2	166715.2	36076.9	77331.5	15122.3	26417.8

1-B-35 续表

地区	个人资本	港澳台资本	外商资本	营业收入	营业成本	销售费用	管理费用
总计	**515788.8**	**600.0**	**1239.6**	**19494425.7**	**17068789.8**	**515910.1**	**394231.1**
呼和浩特市				12543.9	12258.7		225.0
包头市	189193.8			9965321.2	8649822.9	302166.0	181352.2
呼伦贝尔市	10.5			3061.4	2737.1		297.9
兴安盟				426751.7	387604.2	9534.1	11368.2
通辽市							
赤峰市	5000.0			1173586.1	971778.5	216.9	24699.4
锡林郭勒盟	12000.0			184788.1	179186.9	1771.5	2291.5
乌兰察布市	135261.8			3518331.1	3299375.0	76283.3	69540.0
鄂尔多斯市	133000.0			3312807.1	2682596.0	107959.1	85770.9
巴彦淖尔市	15687.7			410346.2	391681.5	8012.2	4621.8
乌海市	22717.0			345313.3	354755.6	5424.8	10613.1
阿拉善盟	2918.0	600.0	1239.6	141575.6	136993.4	4542.2	3451.1

压延加工业主要经济指标

单位：万元

产成品	负债合计	流动负债合计	应付账款	所有者权益合计	实收资本	国家资本	集体资本	法人资本
1366473.1	**18303531.9**	**16038268.6**	**5047368.7**	**9701603.0**	**8451993.4**	**53572.6**	**411.0**	**7880381.1**
	1330.1	1330.1	150.5	-185.0	50.0			50.0
894531.5	10804256.3	9034821.8	2965745.5	5633724.2	4846495.6	28540.0		4628761.6
3.3	48.0	48.0	12.6	179.2	61.5		51.0	
14181.3	222328.1	220803.1	29813.2	32408.6	45029.1			45029.1
4567.6	952391.1	952391.1	333656.3	174631.9	13489.0			8489.0
4292.8	53053.3	50405.8	22439.3	12224.8	17089.4	1849.6	360.0	2879.8
199954.8	1147044.5	1133487.0	475592.6	465353.9	412773.9	2300.0		275212.0
202400.3	3876138.0	3403725.6	743863.1	3471601.3	2981619.7			2848619.7
21729.2	131759.3	130711.0	67032.8	19965.9	29585.1			13897.4
10596.2	896640.5	894914.9	384488.3	-109598.8	46750.0	20883.0		3150.0
14216.1	218542.7	215630.2	24574.5	1297.0	59050.1			54292.5

单位：万元

财务费用	利息收入	利息支出	投资收益（损失以“-”号记）	营业利润	利润总额	亏损企业亏损额	平均用工人数（人）
381399.0	**20554.8**	**341138.8**	**268636.2**	**1244219.3**	**1246420.6**	**86256.9**	**75778**
0.4				44.7	41.5		85
268421.0	-1450.2	242012.9	34758.6	551351.1	550066.4	3916.2	41892
-0.1	0.1			17.0	17.0		96
879.9	-7.0	886.9		9236.3	5114.1	1200.4	2538
-6306.6	-6700.6	394.0		177426.7	179170.6		6274
878.3	51.4	816.7		192.9	116.0	2102.3	743
22552.4	4376.1	18458.6	-1501.4	38951.6	39413.1	32011.3	15219
91523.2	24243.9	75230.4	234882.4	495642.4	500589.4	8645.3	3539
748.0	-5.2	733.4	496.6	4730.9	4983.6	2003.2	2278
1400.0	44.0	1335.3		-27583.9	-27862.2	30296.4	2008
1302.5	2.3	1270.6		-5790.4	-5228.9	6081.8	1106

1-B-36 按地区分组的有色金属冶炼和

地区	资产总计						
		固定资产净额	固定资产原价	累计折旧	流动资产合计		
						应收账款	存货
总计	**19885150.4**	**5629442.5**	**10646123.9**	**3518860.2**	**8160647.1**	**1303215.1**	**2861544.3**
呼和浩特市	459492.4	254313.0	389624.3	135311.6	155845.1	40781.6	54536.8
包头市	7127615.6	1930742.7	3118481.6	1180101.0	3780711.0	949373.7	1344014.3
呼伦贝尔市	478637.1	300290.8	494427.0	48784.0	61195.9	4407.2	52178.6
兴安盟	27479.8	15761.9	17722.0	1960.0	11532.1	3233.3	3052.8
通辽市	5744566.2	1003482.4	3389459.3	1138605.1	1591771.6	47735.2	292684.1
赤峰市	2268756.7	579425.5	1043564.0	422658.1	1054557.9	61539.8	561144.9
锡林郭勒盟	579776.8	341178.9	467412.9	123017.0	198025.9	49628.1	87549.9
乌兰察布市	27879.9	3128.7	9985.5	6856.8	18648.8	3982.8	3149.4
鄂尔多斯市	1513717.9	606297.9	714730.5	101083.7	703781.4	138788.2	174210.3
巴彦淖尔市	1573022.5	552948.8	936335.8	337973.8	547456.6	3617.1	287728.6
乌海市							
阿拉善盟	84205.5	41871.9	64381.0	22509.1	37120.8	128.1	1294.6

1-B-36 续表

地区				营业收入	营业成本	销售费用	管理费用
	个人资本	港澳台资本	外商资本				
总计	**356799.0**	**37692.0**	**142561.1**	**15058662.6**	**14072375.2**	**103356.1**	**292889.8**
呼和浩特市	7444.7			636164.9	647100.2	3131.8	17875.2
包头市	278018.5		10020.9	5993798.6	5463448.9	47438.4	81706.9
呼伦贝尔市				229711.8	273371.9		18102.3
兴安盟	4000.0			16299.5	16504.8	86.5	553.3
通辽市	17083.5		117810.0	3593069.7	3387520.3	23377.7	59404.2
赤峰市	40519.9			2640553.0	2450694.3	17071.7	55166.3
锡林郭勒盟	4988.0		13668.9	371139.4	322889.2	3323.2	18054.0
乌兰察布市		272.0	1061.3	28519.2	25346.3	608.5	525.9
鄂尔多斯市				226639.1	219458.6	1249.4	11569.5
巴彦淖尔市	3693.2	37420.0		1315422.1	1262201.5	7068.9	24141.3
乌海市							
阿拉善盟	1051.2			7345.3	3839.2		5790.9

压延加工业主要经济指标

单位:万元

产成品	负债合计	流动负债合计	应付账款	所有者权益合计	实收资本	国家资本	集体资本	法人资本
673372.4	**13889229.3**	**9970376.3**	**1547823.8**	**5995920.5**	**4737734.9**	**1643455.8**	**780933.9**	**1776293.1**
15097.9	723178.6	405505.9	15814.6	-263686.2	349411.1	302059.2	35.5	39871.7
389729.3	4005823.3	3102910.3	580227.1	3121792.3	1500583.9	430917.0		781627.5
6031.2	490996.1	234148.2	63896.4	-12359.0	321500.0	321500.0		
1730.4	25782.2	25782.2	7690.2	1697.6	4003.0		3.0	
36024.6	4305394.8	2796101.5	390997.5	1439171.1	1219225.2	137593.7	763395.4	183342.6
52299.4	1355425.6	973182.4	180065.9	913331.0	679255.8	337704.1	17500.0	283531.8
8686.3	477621.5	477621.5	13763.8	102155.7	98376.3	15000.0		64719.4
764.5	10785.7	10776.0	7098.8	17094.2	5333.0			3999.7
113102.2	1344758.1	1111010.5	173106.1	168959.4	302465.0	63800.0		238665.0
49906.6	1066769.6	760405.6	90602.3	506252.7	256261.6	34613.0		180535.4
	82693.8	72932.2	24561.1	1511.7	1320.0	268.8		

单位:万元

财务费用	利息收入	利息支出	投资收益（损失以“-”号记）	营业利润	利润总额	亏损企业亏损额	平均用工人数（人）
330650.2	**19233.4**	**340499.6**	**27716.5**	**185138.8**	**194607.0**	**313256.8**	**54492**
19219.1	86.2	19162.6	36.3	-54534.1	-51914.2	52873.3	2051
78496.2	18869.2	90174.0	6362.5	294518.8	303215.7	37100.0	16831
19229.1	61.7	19255.0	142.6	-89530.4	-97324.3	97324.3	841
27.0		8.7		-945.6	-848.0	853.8	71
103689.5	-715.1	104312.5	-3217.6	-11730.4	8845.5	25802.7	11330
43117.3	195.0	43966.6	10567.1	79438.3	80240.7	9059.9	13492
16767.5	314.5	17735.1		3981.2	2747.1	15692.5	2807
-39.9	-43.3			1944.6	1944.6		147
25525.1	33.4	25361.8		-40466.3	-54340.7	55729.9	1912
22887.6	434.0	18790.1	13825.6	7833.9	7733.7	13127.3	4857
1731.7	-2.2	1733.2		-5371.2	-5693.1	5693.1	153

1-B-37 按地区分组的金属

地区	资产总计	固定资产净额	固定资产原价	累计折旧	流动资产合计	应收账款	存货
总计	**2431664.0**	**512775.5**	**833517.3**	**301043.3**	**1485805.6**	**274785.1**	**431699.9**
呼和浩特市	79046.1	21211.6	36411.0	15199.2	47600.5	22746.3	15835.9
包头市	2093584.5	431159.6	700252.8	251247.1	1282181.1	199625.7	370008.1
呼伦贝尔市	12842.9	4853.5	6771.4	1917.9	6970.3	2703.9	2537.6
兴安盟	4259.4	2967.3	4070.8	1103.5	1292.1	541.7	701.8
通辽市	37660.5	3533.5	5942.5	2409.0	19448.1	8289.2	8320.4
赤峰市	67295.9	21723.3	30328.4	8605.1	30486.6	6635.7	12636.2
锡林郭勒盟							
乌兰察布市	22334.9	4051.6	12072.9	8021.3	13532.4	4308.9	5831.6
鄂尔多斯市	88772.1	18537.4	29669.0	9279.5	65726.0	28266.3	5658.0
巴彦淖尔市	2466.7	639.5	1606.2	966.6	1486.9	312.9	622.5
乌海市	23401.0	4098.2	6392.3	2294.1	17081.6	1354.5	9547.8
阿拉善盟							

1-B-37 续表

地区	个人资本	港澳台资本	外商资本	营业收入	营业成本	销售费用	管理费用
总计	**43662.9**	**10477.5**		**1271068.0**	**1052541.9**	**19686.6**	**103430.1**
呼和浩特市	5100.0			49966.1	42855.8	1666.5	3319.7
包头市	16499.5			1085300.0	888869.7	15666.5	92483.0
呼伦贝尔市	2800.0			12721.0	11497.9	187.6	646.0
兴安盟	908.5			2941.6	2298.4	7.1	333.2
通辽市	3050.0			6455.4	5510.0	141.0	630.0
赤峰市	10304.9			68962.2	62006.3	687.1	3381.6
锡林郭勒盟							
乌兰察布市	1000.0	10477.5		17114.3	15085.3	921.4	550.4
鄂尔多斯市	2000.0			21875.7	19360.7	364.0	1424.50
巴彦淖尔市	550.0			2864.0	2678.9	17.5	97.7
乌海市	1450.0			2867.7	2378.9	27.9	564.0
阿拉善盟							

制品业主要经济指标

单位:万元

产成品	负债合计	流动负债合计	应付账款	所有者权益合计	实收资本	国家资本	集体资本	法人资本
121624.8	**1856774.5**	**1343319.6**	**532149.4**	**574888.9**	**543233.7**	**373275.1**	**61388.9**	**54429.3**
11086.0	56774.0	56774.0	11304.2	22271.7	22100.0	3500.0	5000.0	8500.0
95397.9	1613723.8	1103490.6	474779.9	479860.5	463812.8	365575.1	56388.9	25349.3
802.8	4058.4	4058.4	3446.4	8784.5	7000.0	4200.0		
398.0	1461.4	1461.4		2798.1	908.5			
30.5	30931.6	29063.1	8278.4	6728.9	3050.0			
8023.5	40687.4	40587.4	11369.2	26608.4	18554.9			8250.0
2173.7	10687.4	10687.4	5722.4	11647.5	11477.5			
3415.1	77041.8	75788.6	11008.4	11730.3	10130.0			8130.0
187.3	2263.8	2263.8		203.0	550.0			
110.0	19144.9	19144.9	6240.5	4256.0	5650.0			4200.0

单位:万元

财务费用	利息收入	利息支出	投资收益（损失以“－”号记）	营业利润	利润总额	亏损企业亏损额	平均用工人数（人）
38950.4	**2524.6**	**37268.0**	**403.3**	**38589.6**	**57600.1**	**3828.2**	**21080**
531.5	1.2	397.6	33.0	1009.1	1491.2	402.7	772
36038.3	2510.5	35231.5	370.3	36043.4	54603.2	458.6	16223
-8.0	8.7	0.7		297.1	309.8		154
135.9		135.9		165.6	165.6		40
470.3	0.1	470.4		-338.2	-340.2	372.2	80
870.2	0.2	710.6		1452.6	1402.5	1190.6	3293
620.3	-1.0	34.5		-246.4	-247.8	441.5	220
143.8	4.9	138.7		395.9	406.9	771.5	225
73.1		73.1		-8.5	-8.8	8.8	26
75.0		75.0		-181.0	-182.3	182.3	47

1-B-38　按地区分组的通用设备

地　　区	资产总计	固定资产净　额	固定资产原　价	累计折旧	流动资产合　计	应收账款	存货
总　　计	**567214.4**	**65960.5**	**130248.6**	**61254.7**	**421473.6**	**190893.5**	**116236.5**
呼和浩特市	89614.2	6523.7	13578.6	6447.3	78417.0	25619.8	36564.3
包　头　市	320321.7	33379.9	78981.5	43566.4	228879.6	108892.5	40864.7
呼伦贝尔市							
兴　安　盟							
通　辽　市							
赤　峰　市	32312.0	6794.2	12894.0	5709.4	17013.4	6405.9	6626.2
锡林郭勒盟	9457.5	3073.4	4196.2	1122.7	3386.4	1454.2	136.4
乌兰察布市	101083.7	12000.4	14667.6	2667.1	84553.3	45135.0	27806.0
鄂尔多斯市							
巴彦淖尔市							
乌　海　市	14425.3	4188.9	5930.7	1741.8	9223.9	3386.1	4238.9
阿拉善盟							

1-B-38　续表

地　　区	个人资本	港澳台资本	外商资本	营业收入	营业成本	销售费用	管理费用
总　　计	**51696.3**			**350232.0**	**297288.7**	**9612.1**	**22476.6**
呼和浩特市	8256.7			42449.8	36839.1	889.7	3860.1
包　头　市	26091.0			236524.5	196427.3	7996.5	14183.5
呼伦贝尔市							
兴　安　盟							
通　辽　市							
赤　峰　市	7780.0			16252.4	13874.4	200.8	1616.9
锡林郭勒盟	482.5			8520.7	5980.1	48.1	346.0
乌兰察布市	8276.1			37882.5	37374.8	179.0	1233.9
鄂尔多斯市							
巴彦淖尔市							
乌　海　市	810.0			8602.1	6793.0	298.0	1236.2
阿拉善盟							

制造业主要经济指标

单位:万元

产成品	负债合计	流动负债合计	应付账款	所有者权益合计	实收资本	国家资本	集体资本	法人资本
47822.8	**391285.2**	**366369.3**	**149953.9**	**175928.9**	**112034.0**	**22393.0**	**14335.0**	**23609.6**
10440.6	85369.4	85175.0	17433.0	4244.7	16307.0	4678.6	3371.6	
10650.0	178041.7	171560.2	51108.7	142280.0	71488.8	17714.4	10963.4	16720.0
1164.5	22546.9	13079.8	504.2	9764.9	7780.0			
	907.3	907.3	221.3	8550.2	1282.5			800.0
23693.4	93702.9	92511.0	79505.1	7380.8	13276.1			5000.0
1874.3	10717.0	3136.0	1181.6	3708.3	1899.6			1089.6

单位:万元

财务费用	利息收入	利息支出	投资收益（损失以“-”号记）	营业利润	利润总额	亏损企业亏损额	平均用工人数（人）
4022.1	**74.9**	**3246.2**	**2181.0**	**13731.9**	**14666.1**	**3778.5**	**3865**
1731.5	25.6	1744.8		-1456.0	-992.7	1126.2	1090
1514.8	48.7	727.9	2148.5	14812.5	15016.9	558.4	1905
289.9	0.7	287.3		170.3	251.4	13.1	333
0.6	0.3	0.9		2082.6	2185.8		104
433.0		432.5	16.0	-2169.2	-2080.8	2080.8	173
52.3	-0.4	52.8	16.5	291.7	285.5		260

1-B-39　按地区分组的专用设备

地　　区	资产总计	固定资产净　额	固定资产原　价	累计折旧	流动资产合　计		
						应收账款	存货
总　　计	**446393.9**	**64343.2**	**151693.7**	**77205.6**	**288941.6**	**81768.3**	**115761.1**
呼和浩特市	26092.0	2441.9	6699.7	4257.8	22372.1	9003.2	8191.5
包　头　市	273312.5	28210.8	79932.5	42313.8	175555.0	54015.5	64681.5
呼伦贝尔市	38915.4	11580.8	23598.6	12017.7	25213.0	4046.6	13659.0
兴　安　盟	3709.7	169.5	361.5	192.0	3348.2	98.2	209.2
通　辽　市							
赤　峰　市	28701.3	8313.1	13686.4	4636.7	13988.2	1818.4	5568.7
锡林郭勒盟	16310.2	790.1	2454.9	1664.6	10993.3	2204.4	6299.9
乌兰察布市							
鄂尔多斯市	59352.8	12837.0	24960.1	12123.0	37471.8	10582.0	17151.3
巴彦淖尔市							
乌　海　市							
阿拉善盟							

1-B-39　续表

地　　区				营业收入	营业成本	销售费用	管理费用
	个人资本	港澳台资本	外商资本				
总　　计	**5062925.3**		**4533.8**	**270688.1**	**204170.5**	**15222.1**	**27259.8**
呼和浩特市	2340.0			12899.8	8744.3	1093.3	2215.2
包　头　市	5031500.0		4533.8	173178.7	128410.9	11643.2	16935.7
呼伦贝尔市	2172.0			28344.5	19956.4	1487.8	3646.5
兴　安　盟	150.0			4750.1	4460.6	4.7	130.0
通　辽　市							
赤　峰　市	2939.5			9650.4	7028.6	425.3	707.4
锡林郭勒盟	3000.0			4812.5	4281.4	96.3	651.4
乌兰察布市							
鄂尔多斯市	20823.8			37052.1	31288.3	471.5	2973.6
巴彦淖尔市							
乌　海　市							
阿拉善盟							

制造业主要经济指标

单位：万元

产成品	负债合计	流动负债合计	应付账款	所有者权益合计	实收资本	国家资本	集体资本	法人资本
44273.5	**302875.9**	**286113.6**	**81687.4**	**143517.7**	**5189868.9**	**83209.7**	**19900.8**	**19299.0**
1773.7	15463.6	15413.6	8871.1	10628.4	2340.0			
26412.1	197912.7	194484.7	47049.0	75399.7	5141694.3	74235.2	17325.3	14100.0
6574.8	24417.8	22757.1	5035.2	14497.5	7752.0	2974.5	2575.5	30.0
170.5	708.0	688.8	536.4	3001.7	2150.0			2000.0
2268.1	18674.4	7070.0	633.7	10026.9	3139.8			200.0
870.3	12096.6	12096.6	5159.0	4213.5	3969.0			969.0
6204.0	33602.8	33602.8	14403.0	25750.0	28823.8	6000.0		2000.0

单位：万元

财务费用	利息收入	利息支出	投资收益（损失以"－"号记）	营业利润	利润总额	亏损企业亏损额	平均用工人数（人）
3543.4	**705.8**	**1744.3**	**5.8**	**19392.4**	**21051.1**	**5444.9**	**4701**
40.6	1.0	41.6		744.9	796.5		328
411.0	554.0	323.6	5.8	15267.9	16532.2	3841.6	2844
933.1	106.6	826.3		2237.5	2242.4		576
26.1	28.0	2.2		120.7	122.7		120
286.0	0.6	285.4		1089.9	1139.5		369
204.6				－464.5	－445.8	445.8	121
1642.0	15.6	265.2		396.0	663.6	1157.5	343

1-B-40 按地区分组的汽车

地　　区	资产总计	固定资产净　额	固定资产原　价	累计折旧	流动资产合　计		
						应收账款	存货
总　　计	**3933664.4**	**438388.8**	**915671.6**	**425924.0**	**2245966.4**	**803855.0**	**244685.1**
呼和浩特市							
包　头　市	1201790.9	212007.9	475342.1	221701.6	871446.7	276832.5	137205.3
呼伦贝尔市							
兴　安　盟	11241.4	5314.3	10653.5	5339.2	5632.6	1220.7	2140.8
通　辽　市							
赤　峰　市	2170.1	644.0	675.2	31.2	1513.8	413.5	73.3
锡林郭勒盟							
乌兰察布市							
鄂尔多斯市	2677116.0	213695.8	418422.2	195063.4	1337413.9	518792.0	103281.0
巴彦淖尔市							
乌　海　市	41346.00	6726.80	10578.60	3788.60	29959.40	6596.30	1984.7
阿　拉　善　盟							

1-B-40 续表

地　　区	个人资本	港澳台资本	外商资本	营业收入	营业成本	销售费用	管理费用
总　　计	**59227.0**		**2500.0**	**1555834.3**	**1591713.2**	**42999.3**	**71593.2**
呼和浩特市							
包　头　市	17215.9		2500.0	664587.1	651987.3	36717.9	45828.1
呼伦贝尔市							
兴　安　盟	1100.0			9669.4	7903.1	373.0	1206.9
通　辽　市							
赤　峰　市				1635.6	1517.2		89.4
锡林郭勒盟							
乌兰察布市							
鄂尔多斯市	40911.1			732046.4	786500.4	4651.8	22821.9
巴彦淖尔市							
乌　海　市				147895.8	143805.2	1256.6	1646.9
阿　拉　善　盟							

制造业主要经济指标

单位:万元

产成品	负债合计	流动负债合计	应付账款	所有者权益合计	实收资本	国家资本	集体资本	法人资本
84163.0	**3730630.4**	**3120539.3**	**477269.9**	**203033.8**	**565215.2**	**227199.0**	**666.7**	**275622.5**
65836.8	1013349.1	781816.4	172629.0	188441.8	288668.7	212199.0		56753.8
1843.1	2644.8	2644.8	811.6	8596.5	1100.0			
	1166.5	1166.5	342.5	1003.5	102.9			102.9
14846.3	2685581.1	2310509.4	293241.6	-8465.1	252543.6	15000.0	666.7	195965.8
1636.8	27888.9	24402.2	10245.2	13457.1	22800.0			22800.0

单位:万元

财务费用	利息收入	利息支出	投资收益（损失以“-”号记）	营业利润	利润总额	亏损企业亏损额	平均用工人数（人）
66040.4	**2526.1**	**43445.6**	**7605.3**	**-209248.9**	**-192665.9**	**226946.0**	**10498**
41986.5	2909.9	42772.9	7605.3	-94113.4	-80032.2	111522.8	6527
29.4	0.3	24.1		111.7	652.1		201
0.1				22.3	22.3		65
24024.1	-392.4	646.1		-116065.4	-114120.9	115423.2	3467
0.3	8.3	2.5		795.9	812.8		238

1-B-41　按地区分组的铁路、船舶、航空航天和

地　　区	资产总计	固定资产净　　额	固定资产原　　价	累计折旧	流动资产合　　计		
						应收账款	存货
总　　计	**3586228.2**	**398667.1**	**784610.5**	**348500.3**	**2267919.9**	**202254.8**	**318427.1**
呼和浩特市	365305.5	96054.9	171209.5	75150.0	164175.9	47513.3	54498.6
包　头　市	3220922.7	302612.2	613401.0	273350.3	2103744.0	154741.5	263928.5
呼伦贝尔市							
兴　安　盟							
通　辽　市							
赤　峰　市							
锡林郭勒盟							
乌兰察布市							
鄂尔多斯市							
巴彦淖尔市							
乌　海　市							
阿 拉 善 盟							

1-B-41　续表

地　　区	个人资本	港澳台资本	外商资本	营业收入	营业成本	销售费用	管理费用
总　　计	**1690.0**			**1936481.1**	**1700816.4**	**16676.8**	**136563.6**
呼和浩特市				310263.2	283689.2	97.7	11295.4
包　头　市	1690.0			1626217.9	1417127.2	16579.1	125268.2
呼伦贝尔市							
兴　安　盟							
通　辽　市							
赤　峰　市							
锡林郭勒盟							
乌兰察布市							
鄂尔多斯市							
巴彦淖尔市							
乌　海　市							
阿 拉 善 盟							

其他运输设备制造业主要经济指标

单位:万元

产成品	负债合计	流动负债合计	应付账款	所有者权益合计	实收资本	国家资本	集体资本	法人资本
44192.3	**1965112.4**	**1727312.6**	**389482.0**	**1621115.8**	**411765.5**	**398086.5**	**3479.0**	**8510.0**
14.4	201816.2	154148.0	68764.3	163489.3	11227.1	11227.1		
44177.9	1763296.2	1573164.6	320717.7	1457626.5	400538.4	386859.4	3479.0	8510.0

单位:万元

财务费用	利息收入	利息支出	投资收益(损失以"－"号记)	营业利润	利润总额	亏损企业亏损额	平均用工人数(人)
－14411.3	**20523.7**	**5974.2**	**11747.9**	**72447.1**	**73366.4**		**13780**
1707.60	387.9	2086.6	0.9	13031.5	12388.4		1838
－16118.9	20135.8	3887.6	11747.0	59415.6	60978.0		11942

1-B-42 按地区分组的电气机械和

地区	资产总计	固定资产净额	固定资产原价	累计折旧	流动资产合计	应收账款	存货
总计	**989739.6**	**167165.8**	**300826.8**	**105946.3**	**575648.1**	**302129.5**	**136967.3**
呼和浩特市	300384.7	38971.2	87497.2	28234.0	142009.4	87611.6	32726.4
包头市	277851.7	60083.7	92602.7	32152.7	154848.8	45716.6	43906.2
呼伦贝尔市							
兴安盟							
通辽市	38900.0	8219.9	15223.9	7004.0	27592.8	18350.8	6181.7
赤峰市	179538.2	18457.3	38487.1	20029.9	129114.5	91073.9	23805.5
锡林郭勒盟	133545.9	26447.1	45932.4	12428.8	84477.8	47269.7	11364.5
乌兰察布市	5234.7	3689.9	6187.3	2497.4	1247.0	-17.1	1232.5
鄂尔多斯市	49195.3	8882.7	12093.8	3211.1	35619.2	11530.2	17689.9
巴彦淖尔市							
乌海市	5089.1	2414.0	2802.4	388.4	738.6	593.8	60.6
阿拉善盟							

1-B-42 续表

地区	个人资本	港澳台资本	外商资本	营业收入	营业成本	销售费用	管理费用
总计	**26655.8**	**24511.6**	**5082.9**	**695295.6**	**629984.7**	**12854.9**	**34662.8**
呼和浩特市	10060.0		5082.9	120510.8	112959.5	1083.6	5869.8
包头市	16595.8			280405.4	256771.0	4723.1	15309.6
呼伦贝尔市							
兴安盟							
通辽市		24511.6		5432.0	4669.8	277.2	2286.2
赤峰市				103128.7	76197.8	4142.8	6478.1
锡林郭勒盟				142692.3	137712.6	520.6	2272.0
乌兰察布市				10895.4	9636.6	46.3	328.1
鄂尔多斯市				14438.1	14656.0	1981.5	1706.1
巴彦淖尔市							
乌海市				17792.9	17381.4	79.8	412.9
阿拉善盟							

器材制造业主要经济指标

单位:万元

产成品	负债合计	流动负债合计	应付账款	所有者权益合计	实收资本	国家资本	集体资本	法人资本
51438.6	**687649.6**	**643516.1**	**247049.5**	**302089.9**	**303008.4**	**19094.1**	**1000.0**	**226663.9**
17894.1	182442.2	146024.8	53646.2	117942.6	123810.5	1261.5		107406.0
15314.6	180585.4	177373.6	57581.2	97266.2	109778.4	1782.6		91400.0
5386.8	17863.1	17863.1	6541.7	21036.9	24511.6			
4214.6	144142.3	143554.8	80447.0	35395.9	22606.2			22606.2
1338.4	111307.5	109852.7	15008.2	22238.2	18301.7	16050.0	1000.0	1251.7
414.6	3099.4	3099.4	1710.6	2135.4	2000.0			2000.0
6875.5	43013.2	40601.2	29761.6	6182.1	1000.0			1000.0
	5196.5	5146.5	2353.0	-107.4	1000.0			1000.0

单位:万元

财务费用	利息收入	利息支出	投资收益(损失以“-”号记)	营业利润	利润总额	亏损企业亏损额	平均用工人数(人)
7227.7	**48.3**	**6981.3**	**53.5**	**9754.5**	**12913.3**	**22615.1**	**5018**
3570.1	26.1	3249.0	-7.3	-3989.1	-3972.5	4205.4	1023
605.9	-86.1	288.5	60.8	1246.4	2054.4	6038.1	2029
-1.0	1.5			-1953.2	-1977.9	1977.9	264
1336.6	-22.7	1384.3		21518.4	23290.6	2595.4	736
1787.6	128.8	1973.7		-3753.6	-3366.3	3846.5	744
				835.6	836.8		96
-157.0				-3856.7	-3563.9	3563.9	101
85.5	0.7	85.8		-293.3	-387.9	387.9	25

1-B-43 按地区分组的计算机、通信和

地区	资产总计	固定资产净额	固定资产原价	累计折旧	流动资产合计	应收账款	存货
总计	**5512961.6**	**3150057.1**	**3952298.1**	**591214.9**	**1717639.0**	**388680.0**	**286788.8**
呼和浩特市	2746316.3	1332537.8	1792386.4	248960.8	865892.4	102014.7	82812.1
包头市	379668.3	75767.8	125716.7	49810.6	239873.0	96961.5	76388.4
呼伦贝尔市							
兴安盟							
通辽市	119315.2	93720.7	120432.3	26711.6	22462.0	2297.3	18908.8
赤峰市	38870.9	3354.0	4173.5	819.5	27392.4	5989.0	4844.8
锡林郭勒盟							
乌兰察布市							
鄂尔多斯市	2228790.9	1644676.8	1909589.2	264912.4	562019.2	181417.5	103834.7
巴彦淖尔市							
乌海市							
阿拉善盟							

1-B-43 续表

地区	个人资本	港澳台资本	外商资本	营业收入	营业成本	销售费用	管理费用
总计	**28877.8**	**22425.8**	**1467.8**	**2135073.2**	**1938075.1**	**18574.3**	**146113.4**
呼和浩特市	5400.0			1244475.9	1103423.0	4907.4	67374.7
包头市	14627.8	22425.8	1467.8	341820.3	307253.6	4000.8	19983.1
呼伦贝尔市							
兴安盟							
通辽市				17174.0	19032.9	75.5	5366.1
赤峰市	8850.0			14028.8	12074.2	943.1	1133.4
锡林郭勒盟							
乌兰察布市							
鄂尔多斯市				517574.2	496291.4	8647.5	52256.1
巴彦淖尔市							
乌海市							
阿拉善盟							

其他电子设备制造业主要经济指标

单位:万元

产成品	负债合计	流动负债合计	应付账款	所有者权益合计	实收资本	国家资本	集体资本	法人资本
111788.1	**2997358.3**	**2036862.3**	**747438.8**	**2515602.3**	**2666851.1**	**221873.4**	**17000.0**	**2375205.5**
19816.7	1624347.5	1203172.6	363896.8	1121968.5	1166103.7	221229.0		939474.7
25726.5	215509.8	162786.9	81529.6	164157.9	127897.4	644.4	17000.0	71730.8
	-5306.0	-5306.0	7834.0	124621.1	138800.0			138800.0
4844.8	30709.5	23359.5	7576.0	8161.4	8850.0			
61400.1	1132097.5	652849.3	286602.4	1096693.4	1225200.0			1225200.0

单位:万元

财务费用	利息收入	利息支出	投资收益(损失以"-"号记)	营业利润	利润总额	亏损企业亏损额	平均用工人数(人)
51349.7	**3249.5**	**63537.8**	**5814.3**	**-49331.5**	**-17258.9**	**99625.8**	**14074**
19456.6	1696.1	19770.8	5197.8	44349.3	47865.8	1530.2	7329
5527.5	52.9	3998.1	616.5	4155.5	30756.6	2214.3	3287
-296.9	-291.5	-5.4		-7003.6	-6964.0	6964.0	395
830.3		50.0		-1099.4	-476.4	476.4	720
25832.2	1792.0	39724.3		-89733.3	-88440.9	88440.9	2343

1-B-44 按地区分组的仪器仪表

地　　区	资产总计	固定资产净　额	固定资产原　价	累计折旧	流动资产合　计	应收账款	存货
总　　计	**5691.3**	**1405.1**	**2002.2**	**597.1**	**4114.8**	**1568.6**	**896.3**
呼和浩特市							
包 头 市	5691.3	1405.1	2002.2	597.1	4114.8	1568.6	896.3
呼伦贝尔市							
兴 安 盟							
通 辽 市							
赤 峰 市							
锡林郭勒盟							
乌兰察布市							
鄂尔多斯市							
巴彦淖尔市							
乌 海 市							
阿 拉 善 盟							

1-B-44 续表

地　　区	个人资本	港澳台资本	外商资本	营业收入	营业成本	销售费用	管理费用
总　　计				**2910.3**	**2237.9**	**137.9**	**454.2**
呼和浩特市							
包 头 市				2910.3	2237.9	137.9	454.2
呼伦贝尔市							
兴 安 盟							
通 辽 市							
赤 峰 市							
锡林郭勒盟							
乌兰察布市							
鄂尔多斯市							
巴彦淖尔市							
乌 海 市							
阿 拉 善 盟							

制造业主要经济指标

单位:万元

产成品	负债合计	流动负债合计	应付账款	所有者权益合计	实收资本	国家资本	集体资本	法人资本
320.6	952.1	952.1	558.5	4739.2	4739.2			4739.2
320.6	952.1	952.1	558.5	4739.2	4739.2			4739.2

单位:万元

财务费用	利息收入	利息支出	投资收益（损失以“-”号记）	营业利润	利润总额	亏损企业亏损额	平均用工人数（人）
11.8			**-40.0**	**190.50**	**339.4**		**79**
11.8			-40.0	190.5	339.4		79

1-B-45 按地区分组的废弃资源

地 区	资产总计						
		固定资产净额	固定资产原价	累计折旧	流动资产合计		
						应收账款	存货
总 计	**227177.4**	**93388.0**	**116524.6**	**21225.9**	**116839.3**	**58668.8**	**29625.6**
呼和浩特市	22691.9	8083.0	9449.8	1366.8	13671.0	10794.1	604.3
包 头 市	104310.3	39939.6	52903.8	12959.0	59572.9	36996.8	12743.0
呼伦贝尔市							
兴 安 盟	4977.7		3971.9	2066.4	1236.0	422.4	445.2
通 辽 市	4070.4	1420.9	1645.3	224.4	2552.9	279.0	1329.5
赤 峰 市	56184.9	38296.5	41268.8	2972.3	15573.4	1309.5	6640.4
锡林郭勒盟							
乌兰察布市							
鄂尔多斯市	19327.0	3808.4	4574.0	765.6	13114.1	10072.7	1061.3
巴彦淖尔市	15615.2	1839.6	2711.0	871.4	11119.0	-1205.7	6801.9
乌 海 市							
阿 拉 善 盟							

1-B-45 续表

地 区				营业收入	营业成本	销售费用	管理费用
	个人资本	港澳台资本	外商资本				
总 计	**16413.8**			**183241.1**	**163011.6**	**2761.0**	**8960.4**
呼和浩特市	500.0			28016.3	23278.7	4.5	1720.1
包 头 市				65854.5	58057.2	1392.3	4009.7
呼伦贝尔市							
兴 安 盟	988.8			3488.4	3101.5	72.3	318.9
通 辽 市				3608.8	2969.3	111.4	359.4
赤 峰 市	9193.0			54910.9	50070.5	1128.4	1392.6
锡林郭勒盟							
乌兰察布市							
鄂尔多斯市				7279.0	5492.9	30.2	503.6
巴彦淖尔市	5732.0			20083.2	20041.5	21.9	656.1
乌 海 市							
阿 拉 善 盟							

综合利用业主要经济指标

单位:万元

产成品	负债合计	流动负债合计	应付账款	所有者权益合计	实收资本	国家资本	集体资本	法人资本
3477.1	**142226.6**	**134466.7**	**47571.4**	**84950.3**	**58684.8**	**1990.0**	**2000.0**	**38281.0**
	12973.4	12820.8	7782.9	9718.3	4600.0		2000.0	2100.0
	75927.5	75927.5	29959.9	28382.7	7290.0	1990.0		5300.0
78.7	4886.8	4739.8	983.9	90.8	988.8			
825.9	2283.3	2283.3	236.8	1787.0	1628.3			1628.3
961.2	17329.4	9869.1	6778.7	38855.5	37393.0			28200.0
	16845.3	16845.3	2730.7	2481.7	962.7			962.7
1611.3	11980.9	11980.9	-901.5	3634.3	5822.0			90.0

单位:万元

财务费用	利息收入	利息支出	投资收益（损失以“-”号记）	营业利润	利润总额	亏损企业亏损额	平均用工人数（人）
2906.0	**41.3**	**2499.4**		**3493.0**	**5831.1**	**1690.9**	**2296**
210.7	-0.3	9.7		2364.4	2364.2		853
2355.1	38.6	2288.2		-1269.4	1415.7	11.5	598
69.4		-67.6		-91.9	-187.8	187.8	30
5.3	-0.4	5.7		150.5	148.5		41
20.1	2.8	19.0		2147.8	2019.7	629.6	489
244.9	0.1	244.2		936.6	932.8		78
0.5	0.5	0.2		-745.0	-862.0	862.0	207

1-B-46 按地区分组的金属制品、机械和

地区	资产总计	固定资产净额	固定资产原价	累计折旧	流动资产合计	应收账款	存货
总计	**56300.2**	**13691.7**	**17758.0**	**4066.2**	**40238.3**	**23241.1**	**6864.9**
呼和浩特市							
包头市	56300.2	13691.7	17758.0	4066.2	40238.3	23241.1	6864.9
呼伦贝尔市							
兴安盟							
通辽市							
赤峰市							
锡林郭勒盟							
乌兰察布市							
鄂尔多斯市							
巴彦淖尔市							
乌海市							
阿拉善盟							

1-B-46 续表

地区	个人资本	港澳台资本	外商资本	营业收入	营业成本	销售费用	管理费用
总计				**22794.1**	**18979.2**		**2715.8**
呼和浩特市							
包头市				22794.1	18979.2		2715.8
呼伦贝尔市							
兴安盟							
通辽市							
赤峰市							
锡林郭勒盟							
乌兰察布市							
鄂尔多斯市							
巴彦淖尔市							
乌海市							
阿拉善盟							

设备修理业主要经济指标

单位:万元

产成品	负债合计	流动负债合计	应付账款	所有者权益合计	实收资本	国家资本	集体资本	法人资本
59.7	**34848.0**	**34848.0**	**11973.8**	**21452.3**	**5990.9**	**5500.5**	**460.4**	**30.0**
59.7	34848.0	34848.0	11973.8	21452.3	5990.9	5500.5	460.4	30.0

单位:万元

财务费用	利息收入	利息支出	投资收益（损失以“－”号记）	营业利润	利润总额	亏损企业亏损额	平均用工人数（人）
537.6	**32.20**	**570.4**		**213.7**	**339.4**		**1193**
537.6	32.2	570.4		213.7	339.4		1193

1-B-47 按地区分组的电力、热力、燃气及

地　　区	资产总计	固定资产净　额	固定资产原　价	累计折旧	流动资产合　计		
						应收账款	存货
总　　计	**77045843.6**	**46813128.5**	**79813053.4**	**31765071.0**	**18172770.0**	**5538324.1**	**640192.2**
呼和浩特市	6964596.3	4038503.4	7057832.3	2986119.1	2280002.2	701217.0	98329.8
包　头　市	6848396.2	4429195.3	6858536.3	2256308.1	1644740.7	602040.2	47159.3
呼伦贝尔市	4078011.9	2790976.2	5450052.7	2549049.5	984379.3	210942.8	46477.3
兴　安　盟	1599150.2	1080820.7	1542277.3	457353.4	347833.5	129104.8	14995.8
通　辽　市	4462328.0	2795992.6	4617902.3	1731664.4	1106854.3	386639.8	27355.0
赤　峰　市	8752944.7	5289854.5	7568115.7	2274519.4	1719040.9	473843.5	75953.5
锡林郭勒盟	5014360.9	3365590.7	5631491.7	2204021.0	878062.9	392318.4	34397.4
乌兰察布市	7205704.1	5015218.7	8289665.8	3015727.1	1288157.5	586849.0	96727.2
鄂尔多斯市	9272148.5	5199955.3	8703384.0	3334198.4	2279306.6	463793.7	101214.3
巴彦淖尔市	3832301.7	2240636.0	3896295.3	1330044.3	1013462.4	408264.8	32939.3
乌　海　市	3169463.8	945974.2	1661096.8	712952.2	472511.8	76465.4	31150.7
阿 拉 善 盟	1315798.7	903243.7	1111415.5	205293.6	344190.9	113257.3	8157.8

1-B-47　续表

地　　区	个人资本	港澳台资本	外商资本	营业收入	营业成本	销售费用	管理费用
总　　计	**1269168.4**	**139239.8**	**270429.2**	**24941478.9**	**20987971.9**	**159677.6**	**468427.8**
呼和浩特市	39293.5	39475.4	14000.0	2093436.2	1632010.6	13232.8	76636.1
包　头　市	109869.8		69375.8	1682437.0	1308102.6	14935.4	60396.0
呼伦贝尔市	11767.5	19690.5	23764.4	1230340.4	965952.9	4012.2	36092.1
兴　安　盟	15938.5		5508.2	338026.6	270277.9	3490.2	8167.7
通　辽　市	63723.4	10355.6	8099.4	1008803.3	761208.0	5221.9	22592.3
赤　峰　市	61031.0		93758.9	1445822.1	1102903.5	6284.0	39532.9
锡林郭勒盟	16194.2	30017.6	28760.4	1319096.8	972346.1	1585.1	13142.30
乌兰察布市	19415.9	33900.7	4392.0	1481178.9	1187166.9	2920.1	30366.9
鄂尔多斯市	141001.1			2887456.8	2053950.5	100897.7	103722.7
巴彦淖尔市	91488.4	5800.0	22770.1	752882.7	527147.0	1777.8	25783.7
乌　海　市	688855.1			565074.7	462407.8	4088.9	31479.5
阿 拉 善 盟	10590.0			267799.8	168588.2	1231.5	10889.2

水生产和供应业主要经济指标

单位:万元

产成品	负债合计	流动负债合计	应付账款	所有者权益合计	实收资本	国家资本	集体资本	法人资本
38885.5	**53773472.6**	**29035924.3**	**7189688.0**	**23272364.1**	**32509156.6**	**10649960.8**	**111575.2**	**20013582.2**
2998.0	5230097.3	3261732.8	772936.1	1734498.6	1211440.1	991435.6	8203.6	119032.20
4819.2	5133522.4	2136096.3	577822.8	1714872.9	1061563.4	577704.5		304613.1
13296.4	3094048.2	1545395.1	247346.1	983963.9	16282283.9	646042.5		15581018.4
1.5	1329751.9	545811.9	129013.1	269398.2	346857.7	207533.2	4300.0	113577.8
2359.6	2687054.1	1302679.3	355726.0	1775273.2	1350783.2	792868.5	36011.6	439724.6
6079.9	6741210.5	4441724.4	418568.2	2011733.2	1861549.1	1434315.5	12000.0	260443.7
1309.8	3499973.1	1935307.8	314212.4	1514387.1	1225856.2	939022.5	860.0	211001.4
1677.5	5166412.5	2174155.8	469708.8	2039289.9	1919586.1	692641.3	12000.0	1157236.2
5638.8	6089245.0	3382587.3	510186.1	3182902.4	2563945.6	1193966.3	15950.0	1213027.9
421.1	2658633.8	1169559.7	236699.3	1173667.5	831699.8	549720.1		106721.3
32.0	1658986.2	1021138.7	132999.7	1510477.8	1124587.6	119563.9		316168.6
221.9	1010900.6	284157.6	112826.9	304897.8	264735.6	40878.6	22250.0	191017.0

单位:万元

财务费用	利息收入	利息支出	投资收益（损失以“-”号记）	营业利润	利润总额	亏损企业亏损额	平均用工人数（人）
1668606.5	**65351.3**	**1549322.3**	**432954.7**	**1749680.3**	**1889203.9**	**761249.7**	**144473**
158233.6	11529.8	189011.6	3947.3	185615.1	204995.4	85344.8	15312
175312.2	316.4	145080.2	2760.6	76243.0	80776.1	127652.5	13101
105315.0	1446.3	101645.1	7090.0	68098.3	81140.8	45420.5	12357
48660.6	2004.0	44243.5	64.7	9405.6	11989.5	23818.7	2748
90540.5	2600.8	73602.0	5502.6	114423.7	125810.2	36148.8	7250
172940.4	3036.0	157033.2	11487.7	113921.4	133808.0	75175.6	10302
117457.1	2496.3	110196.0	1040.5	205589.9	214751.7	10139.7	5939
189228.8	1481.4	155682.8	1028.6	64516.5	72642.4	114617.1	7330
202325.1	13103.2	163930.0	20510.0	359111.0	396461.7	54569.8	13361
102785.9	1200.1	79641.0	3201.7	92067.0	102002.5	45787.0	4181
62194.0	3217.8	65510.9	333324.2	320862.9	321838.9	62073.1	4363
51658.4	-99.1	48794.6		29198.6	31271.3	14467.4	1383

1-B-48 按地区分组的电力、热力生产和

地 区	资产总计	固定资产净额	固定资产原价	累计折旧	流动资产合计		
						应收账款	存货
总 计	**68751334.8**	**43291665.6**	**74951816.3**	**30532931.9**	**15813599.0**	**5046590.6**	**538760.2**
呼和浩特市	5943463.8	3870663.5	6704539.5	2820391.5	1659359.9	531415.4	81301.2
包 头 市	5633064.9	4116245.7	6329082.0	2063083.2	1074446.1	460495.4	36367.9
呼伦贝尔市	3858561.5	2658681.2	5267110.1	2498402.1	937998.8	207993.9	42831.7
兴 安 盟	1588579.9	1072388.5	1529292.8	452801.1	346094.7	129103.5	14871.0
通 辽 市	4273674.5	2762432.2	4513489.1	1703754.3	1060642.3	376813.5	25913.6
赤 峰 市	6045625.1	3769304.4	5795857.2	2022811.2	1615718.2	444189.6	44700.5
锡林郭勒盟	4949508.3	3355187.7	5612366.2	2195298.5	825181.6	342019.6	32245.4
乌兰察布市	7190301.6	5014064.0	8285539.7	3012757.5	1273999.2	586684.5	96713.6
鄂尔多斯市	7249559.1	4155770.2	7289716.2	2966533.4	1630687.8	411508.3	74042.2
巴彦淖尔市	3633962.0	2171945.2	3768833.0	1289448.6	918625.7	393106.1	30420.8
乌 海 市	2722493.9	841055.0	1476028.2	632802.7	356175.8	60524.7	28526.8
阿 拉 善 盟	1131901.6	786760.8	954974.6	167027.3	300441.9	109148.7	5490.7

1-B-48 续表

地 区				营业收入	营业成本	销售费用	管理费用
	个人资本	港澳台资本	外商资本				
总 计	**1091534.1**	**97781.0**	**270429.2**	**22794711.0**	**19284331.3**	**107760.8**	**339681.2**
呼和浩特市	27965.0		14000.0	1827230.6	1429511.4	2266.7	50653.4
包 头 市	62774.2		69375.8	1241812.1	1001254.7	114.7	35238.4
呼伦贝尔市	11767.5	19690.5	23764.4	1200575.7	943942.8	1329.0	33561.2
兴 安 盟	15938.5		5508.2	335013.3	268075.4	2927.4	7455.9
通 辽 市	33723.4	8372.2	8099.4	947013.6	714890.6	201.3	17655.8
赤 峰 市	56535.5		93758.9	1178998.5	850270.7	3032.0	23133.3
锡林郭勒盟	16194.2	30017.6	28760.4	1315188.8	969635.7	1135.3	11511.4
乌兰察布市	19415.9	33900.7	4392.0	1475971.7	1183376.3	2920.1	28899.5
鄂尔多斯市	93846.4			2041914.0	1361362.0	91260.7	74612.2
巴彦淖尔市	83988.4	5800.0	22770.1	685722.9	468545.3	356.5	20823.9
乌 海 市	663145.1			481254.6	404392.0	1908.7	19220.3
阿 拉 善 盟	6240.0			194891.6	113164.5	308.4	7289.5

供应业主要经济指标

单位:万元

产成品	负债合计	流动负债合计	应付账款	所有者权益合计	实收资本	国家资本	集体资本	法人资本
22516.3	**47647013.1**	**24456580.0**	**6653199.1**	**21104316.0**	**15696413.9**	**9664384.0**	**95055.2**	**4422029.4**
614.0	4666959.4	2804964.2	644235.7	1276504.1	1055626.9	923678.8	4283.6	85699.7
1510.7	4303434.0	1559978.7	483642.7	1329630.0	876328.0	548460.5		195717.3
10434.6	2929251.2	1475543.2	240189.5	929310.7	1244917.5	644042.5		545652.0
1.5	1325981.5	543721.5	129013.1	262598.4	346059.8	206735.3	4300.0	113577.8
1322.6	2553403.3	1261637.8	339061.0	1720270.5	1309690.8	790003.5	36011.6	433480.6
3968.7	4427761.6	2243749.1	267303.3	1617862.6	1302359.2	916605.1	12000.0	223459.7
1309.8	3451604.7	1900669.4	304632.7	1497902.9	1220796.2	933962.5	860.0	211001.4
1677.5	5156961.9	2171205.4	469708.8	2033338.0	1913636.5	686691.7	12000.0	1157236.2
1557.4	4955925.8	2570342.2	428438.1	2293632.8	1911081.0	903790.2	5600.0	907844.1
40.9	2492502.9	1096048.1	221190.7	1141458.8	783499.8	514520.1		101221.3
32.0	1045103.6	787028.6	107413.4	1677390.5	1050080.9	98413.5		288522.3
16.8	864486.2	206114.2	106727.6	267415.1	218069.0	33212.0	20000.0	158617.0

单位:万元

财务费用	利息收入	利息支出	投资收益(损失以“-”号记)	营业利润	利润总额	亏损企业亏损额	平均用工人数(人)
1562431.3	**64629.3**	**1453741.9**	**432066.5**	**1645439.4**	**1760319.9**	**665329.1**	**123449**
155797.5	10010.6	186310.9	3681.1	161132.4	175188.0	81172.4	9418
159428.9	711.5	133188.8	2760.6	27185.9	29128.6	115323.9	8787
99880.7	1423.0	97106.2	6760.0	73213.6	86236.5	40294.0	11808
48661.8	2003.3	44243.5	64.7	9877.9	12197.5	23610.7	2474
88063.6	2603.2	71166.7	5502.6	112099.9	122344.7	35685.0	6075
159621.2	2881.1	143564.2	11487.7	137321.1	156649.1	46746.2	7936
117458.6	2496.3	110198.8	1040.5	207262.2	215782.4	9109.0	5713
189234.7	1488.8	155681.3	1028.6	64579.8	72423.8	114617.1	6854
175927.7	13518.3	143248.2	20510.0	279571.9	308067.9	49168.4	9933
97878.3	1184.4	75016.0	2909.7	95565.0	101759.3	41522.7	3657
33922.9	3357.0	37352.4	333324.2	341419.5	342613.1	28728.5	3172
44600.5	-66.5	41713.5		25582.9	26213.6	13316.5	776

1-B-49 按地区分组的燃气生产和

地　　区	资产总计	固定资产净额	固定资产原价	累计折旧	流动资产合计	应收账款	存货
总　　计	**5226702.5**	**2398848.0**	**3146589.8**	**662876.7**	**1155083.5**	**221170.6**	**77273.1**
呼和浩特市	396100.0	84283.6	148550.4	64266.8	224567.6	71164.3	8140.3
包　头　市	556143.3	124067.8	217367.5	71266.1	330921.1	80812.1	7582.7
呼伦贝尔市	45602.0	11214.5	13662.3	2447.8	14215.4	3018.2	2861.80
兴　安　盟							
通　辽　市	77994.9	6545.9	54916.0	5427.4	16610.0	2331.9	838.7
赤　峰　市	2608653.3	1465121.3	1694426.0	229304.6	74644.6	25259.7	30449.5
锡林郭勒盟							
乌兰察布市							
鄂尔多斯市	1075451.6	597946.5	830817.2	231157.8	351823.4	31779.5	21701.3
巴彦淖尔市	62068.7	26329.9	69273.7	24768.0	19732.2	496.3	2106.4
乌　海　市	312241.8	25571.5	38134.4	12562.9	92552.5	5224.8	2092.6
阿 拉 善 盟	92446.9	57767.0	79442.3	21675.3	30016.7	1083.8	1499.8

1-B-49　续表

地　　区	个人资本	港澳台资本	外商资本	营业收入	营业成本	销售费用	管理费用
总　　计	**140888.7**	**41458.8**		**1680639.7**	**1400087.5**	**28799.5**	**75335.9**
呼和浩特市	10328.5	39475.4		170595.7	128041.2	3808.6	14261.7
包　头　市	28748.8			291773.5	228345.5	9240.0	9057.8
呼伦贝尔市				11525.1	9170.4	1369.0	883.7
兴　安　盟							
通　辽　市	20000.0	1983.4		38903.5	28997.3	4357.5	2014.5
赤　峰　市	3291.0			247584.4	242856.8	982.0	13670.9
锡林郭勒盟							
乌兰察布市							
鄂尔多斯市	41310.4			759333.4	629924.4	6322.4	20757.7
巴彦淖尔市	7500.0			58230.4	50675.9	886.5	3863.2
乌　海　市	25710.0			50078.1	42114.1	1155.5	9117.7
阿 拉 善 盟	4000.0			52615.6	39961.9	678.0	1708.7

供应业主要经济指标

单位:万元

产成品	负债合计	流动负债合计	应付账款	所有者权益合计	实收资本	国家资本	集体资本	法人资本
15424.3	**4182368.9**	**3513714.0**	**385223.4**	**1044333.1**	**16094349.3**	**543328.6**	**6750.0**	**15361923.2**
1684.3	170629.7	147449.4	61680.1	225470.3	78402.7	18499.2		10099.6
3251.9	390100.7	309910.1	70716.7	166042.6	58248.8			29500.0
2861.8	27605.9	22212.4	6649.3	17996.1	15000000.0			15000000.0
832.8	58596.0	21566.5	10873.9	19398.8	22577.4			594.0
2111.2	2254966.1	2185063.9	149245.6	353687.2	550372.4	510097.4		36984.0
4097.0	632790.4	534390.6	51744.6	442660.7	284138.0	3732.0	6750.0	232345.6
380.2	60827.8	54691.2	12266.9	1240.9	24000.0	11000.0		5500.0
	530067.7	214775.3	18701.0	-217825.9	42610.0			16900.0
205.1	56784.6	23654.6	3345.3	35662.4	34000.0			30000.0

单位:万元

财务费用	利息收入	利息支出	投资收益（损失以“-”号记）	营业利润	利润总额	亏损企业亏损额	平均用工人数（人）
73095.9	**576.9**	**67277.0**	**596.2**	**93107.3**	**97812.7**	**72558.8**	**8686**
103.3	1354.2	1225.0	266.2	23705.2	27241.3		2002
6495.2	-392.1	3197.2		40451.0	40524.3	5914.1	1393
343.5	1.5	341.5	330.0	68.4	30.8		84
2067.3		2169.4		1108.1	1039.0		199
12702.6	111.6	12812.1		-27507.9	-26975.8	28429.4	1673
20130.4	-376.9	16391.0		78806.5	79556.7	1571.5	2149
1181.1	8.6	1184.5		1240.3	1242.8	3264.7	290
26376.6	-92.9	26222.6		-29440.0	-29530.5	33273.5	600
3695.9	-37.1	3733.7		4675.7	4684.1	105.6	296

1-B-50 按地区分组的水的生产和

地　　区	资产总计	固定资产净　额	固定资产原　价	累计折旧	流动资产合　计	应收账款	存货
总　　计	**3067806.3**	**1122614.9**	**1714647.3**	**569262.4**	**1204087.5**	**270562.9**	**24158.9**
呼和浩特市	625032.5	83556.3	204742.4	101460.8	396074.7	98637.3	8888.3
包　头　市	659188.0	188881.8	312086.8	121958.8	239373.5	60732.7	3208.7
呼伦贝尔市	173848.4	121080.5	169280.3	48199.6	32165.1	-69.3	783.8
兴　安　盟	10570.3	8432.2	12984.5	4552.3	1738.8	1.3	124.8
通　辽　市	110658.6	27014.5	49497.2	22482.7	29602.0	7494.4	602.7
赤　峰　市	98666.3	55428.8	77832.5	22403.6	28678.1	4394.2	803.5
锡林郭勒盟	64852.6	10403.0	19125.5	8722.5	52881.3	50298.8	2152.0
乌兰察布市	15402.5	1154.7	4126.1	2969.6	14158.3	164.5	13.6
鄂尔多斯市	947137.8	446238.6	582850.6	136507.2	296795.4	20505.9	5470.8
巴彦淖尔市	136271.0	42360.9	58188.6	15827.7	75104.5	14662.4	412.1
乌　海　市	134728.1	79347.7	146934.2	67586.6	23783.5	10715.9	531.3
阿拉善盟	91450.2	58715.9	76998.6	16591.0	13732.3	3024.8	1167.3

1-B-50 续表

地　　区	个人资本	港澳台资本	外商资本	营业收入	营业成本	销售费用	管理费用
总　　计	**36745.6**			**466128.2**	**303553.1**	**23117.3**	**53410.7**
呼和浩特市	1000.0			95609.9	74458.0	7157.5	11721.0
包　头　市	18346.8			148851.4	78502.4	5580.7	16099.8
呼伦贝尔市				18239.6	12839.7	1314.2	1647.2
兴　安　盟				3013.3	2202.5	562.8	711.8
通　辽　市	10000.0			22886.2	17320.1	663.1	2922.0
赤　峰　市	1204.5			19239.2	9776.0	2270.0	2728.7
锡林郭勒盟				3908.0	2710.4	449.8	1630.9
乌兰察布市				5207.2	3790.6		1467.4
鄂尔多斯市	5844.3			86209.4	62664.1	3314.6	8352.8
巴彦淖尔市				8929.4	7925.8	534.8	1096.6
乌　海　市				33742.0	15901.7	1024.7	3141.5
阿拉善盟	350.0			20292.6	15461.8	245.1	1891.0

供应业主要经济指标

单位:万元

产成品	负债合计	流动负债合计	应付账款	所有者权益合计	实收资本	国家资本	集体资本	法人资本
944.9	**1944090.6**	**1065630.3**	**151265.5**	**1123715.0**	**718393.4**	**442248.2**	**9770.0**	**229629.6**
699.7	392508.2	309319.2	67020.3	232524.2	77410.5	49257.6	3920.0	23232.9
56.6	439987.7	266207.5	23463.4	219200.3	126986.6	29244.0		79395.8
	137191.1	47639.5	507.3	36657.1	37366.4	2000.0		35366.4
	3770.4	2090.4		6799.8	797.9	797.9		
204.2	75054.8	19475.0	5791.1	35603.9	18515.0	2865.0		5650.0
	58482.8	12911.4	2019.3	40183.4	8817.5	7613.0		
	48368.4	34638.4	9579.7	16484.2	5060.0	5060.0		
	9450.6	2950.4		5951.9	5949.6	5949.6		
-15.6	500528.8	277854.5	30003.4	446608.9	368726.6	286444.1	3600.0	72838.2
	105303.1	18820.4	3241.7	30967.8	24200.0	24200.0		
	83814.9	19334.8	6885.3	50913.2	31896.7	21150.4		10746.3
	89629.8	54388.8	2754.0	1820.3	12666.6	7666.6	2250.0	2400.0

单位:万元

财务费用	利息收入	利息支出	投资收益(损失以“-”号记)	营业利润	利润总额	亏损企业亏损额	平均用工人数(人)
33079.3	**145.1**	**28303.4**	**292.0**	**11133.6**	**31071.3**	**23361.8**	**12338**
2332.8	165.0	1475.7		777.5	2566.1	4172.4	3892
9388.1	-3.0	8694.2		8606.1	11123.2	6414.5	2921
5090.8	21.8	4197.4		-5183.7	-5126.5	5126.5	465
-1.2	0.7			-472.3	-208.0	208.0	274
409.6	-2.4	265.9		1215.7	2426.5	463.8	976
616.6	43.3	656.9		4108.2	4134.7		693
-1.5		-2.8		-1672.3	-1030.7	1030.7	226
-5.9	-7.4	1.5		-63.3	218.6		476
6267.0	-38.2	4290.8		732.6	8837.1	3829.9	1279
3726.5	7.1	3440.5	292.0	-4738.3	-999.6	999.6	234
1894.5	-46.3	1935.9		8883.4	8756.3	71.1	591
3362.0	4.5	3347.4		-1060.0	373.6	1045.3	311

第二篇

主要工业产品产量篇

2-1　2018年内蒙古工业主要产品产量

产品名称	计量单位	产品产量
铁矿石原矿	万吨	3224.65
铁矿石成品矿	万吨	1474.53
#铁精矿	万吨	1267.97
铜金属含量	万吨	11.06
铅金属含量	万吨	16.59
锌金属含量	万吨	60.01
稀有稀土金属矿	万吨	22.87
#钨精矿折合量(折三氧化钨65%)	万吨	0.07
钼精矿折合量(折纯钼45%)	万吨	0.94
砂石	万吨	217.93
化学矿	万吨	94.97
#硫铁矿石(折含硫35%)	万吨	76.67
原盐	万吨	121.52
小麦粉	万吨	23.42
大米	万吨	14.64
饲料	万吨	196.13
#配合饲料	万吨	64.65
混合饲料	万吨	100.59
食用植物油	万吨	16.70
#精制食用植物油	万吨	5.62
成品糖	万吨	35.95
鲜、冷藏肉	万吨	40.05
豆腐及豆制品	万吨	0.73
糕点	万吨	0.01
膨化食品	万吨	0.33
速冻食品	万吨	0.08
乳制品	万吨	254.96
#液体乳	万吨	237.05
固体及半固体乳制品	万吨	17.91
罐头	万吨	3.30
味精(谷氨酸钠)	万吨	125.00
酱油	万吨	0.48
食醋	万吨	0.09
复合调味品	万吨	4.39
冷冻饮品	万吨	3.19
食用盐	万吨	6.18
食品添加剂	万吨	93.82

2-1 续表1

产品名称	计量单位	产品产量
发酵酒精(折96度,商品量)	万千升	18.46
饮料酒	万千升	74.08
#白酒(折65度,商品量)	万千升	5.27
啤酒	万千升	68.81
饮料	万吨	60.21
#碳酸型饮料(汽水)	万吨	12.08
包装饮用水	万吨	14.88
卷烟	亿支	262.60
#一类烟	亿支	45.41
二类烟	亿支	68.84
三类烟	亿支	96.72
四类烟	亿支	51.62
纱	万吨	0.26
#棉纱	万吨	0.26
毛机织物(呢绒)	万米	214.75
服装	万件	859.99
#针织服装	万件	565.48
梭织服装	万件	294.51
西服套装	万件	59.59
衬衫	万件	4.85
鞋	万双	256.23
人造板	万立方米	4.93
机制纸及纸板(外购原纸加工除外)	万吨	12.26
包装用纸及纸板	万吨	11.74
箱纸板	万吨	5.40
纸制品	万吨	41.74
硫酸(折100%)	万吨	313.22
盐酸(氯化氢,含量31%)	万吨	45.65
烧碱(折100%)	万吨	325.28
离子膜法烧碱(折100%)	万吨	250.24
纯碱(碳酸钠)	万吨	55.35
碳化钙(电石,折300升/千克)	万吨	992.69
纯苯	万吨	18.64
精甲醇	万吨	968.69
甲醛	万吨	14.81
硫磺	万吨	2.67
硅	万吨	3.01
合成氨(无水氨)	万吨	123.20

2-1　续表2

产品名称	计量单位	产品产量
化学农药原药(折有效成分100%)	万吨	3.50
杀虫剂(杀螨剂)原药	万吨	0.12
除草剂原药	万吨	3.09
涂料	万吨	0.16
初级形态塑料	万吨	724.00
低密度聚乙烯树脂(LDPE)	万吨	111.08
聚丙烯树脂	万吨	149.51
聚氯乙烯树脂	万吨	404.44
合成纤维单体	万吨	8.55
乙二醇	万吨	43.96
化学药品原药	万吨	4.68
中成药	万吨	3.18
化学纤维	万吨	0.55
合成纤维	万吨	0.55
塑料制品	万吨	6.66
#塑料薄膜	万吨	0.21
硅酸盐水泥熟料	万吨	2860.19
#窑外分解窑水泥熟料	万吨	2860.19
水泥	万吨	3131.60
商品混凝土	万立方米	746.48
水泥混凝土压力管	千米	34.04
水泥混凝土电杆	万根	3.85
石膏板	万平方米	2170.39
陶质砖	万平方米	139.38
天然大理石建筑板材	万平方米	63.57
平板玻璃	万重量箱	1037.70
钢化玻璃	万平方米	4.66
夹层玻璃	万平方米	4.19
中空玻璃	万平方米	37.58
玻璃包装容器	万吨	6.76
耐火材料制品	万吨	25.21

2-1　续表 3

产品名称	计量单位	产品产量
生铁	万吨	1862.42
粗钢	万吨	2428.87
钢材	万吨	2270.57
#铁道用钢材	万吨	99.43
重轨	万吨	94.64
棒材	万吨	87.83
钢筋	万吨	421.87
线材盘条	万吨	115.81
特厚板	万吨	17.91
厚钢板	万吨	52.63
中板	万吨	82.19
冷轧薄板	万吨	2.81
中厚宽钢带	万吨	367.04
热轧薄宽钢带	万吨	299.70
冷轧薄宽钢带	万吨	168.33
热轧窄钢带	万吨	10.46
镀层板带	万吨	104.45
无缝钢管	万吨	164.98
焊接钢管	万吨	11.86
铁合金	万吨	748.96
#电炉硅铁折合含硅 75%	万吨	138.13
锰硅合金折合含锰硅量合计 82%	万吨	199.45
氧化铝	万吨	38.34
十种有色金属	万吨	539.73
#精炼铜电解铜	万吨	30.83
铅	万吨	20.91
锌	万吨	54.28
锡	万吨	1.24
原铝电解铝	万吨	431.24
镁	万吨	1.24
铝合金	万吨	21.14
铜材	万吨	3.38
铝材	万吨	186.01
金属丝	万吨	0.53

2-1 续表 4

产品名称	计量单位	产品产量
钢丝	万吨	0.53
钢绞线	万吨	0.39
工业锅炉	蒸发量吨	326.40
发动机	万千瓦	5.63
电梯、自动扶梯及升降机	万台	0.03
泵	万台	0.97
阀门	万吨	0.20
液压元件	万件	0.47
工业电炉	台	12.00
风机	万台	0.07
铸铁件	万吨	2.51
矿山专用设备	万吨	1.11
铁路货车	辆	2773.00
汽车	万辆	10.03
基本型乘用车(轿车)	万辆	10.03
轿车(1 升 < 排量≤1.6 升)	万辆	8.88
新能源汽车	万辆	1.15
改装汽车	万辆	0.14
发电机组(发电设备)	万千瓦	3.54
风力发电机组	万千瓦	3.54
电力电缆	万千米	0.03
物理电池	万千瓦	42.77
#太阳能电池(光伏电池)	万千瓦	42.77
光电子器件	亿只片、套	1.00
液晶显示屏	万片	6476.00
液晶显示模组	万套	3526.46
电子元件	亿只	4.56
彩色电视机	万台	82.31
自来水生产量	亿立方米	10.54

2-2 2018 年分地区

地　区	铁矿石原矿（万吨）	铅金属含量（万吨）	锌金属含量（万吨）	硫铁矿石（折含硫35%）（万吨）	原盐（万吨）	精制食用植物油（万吨）
总　计	**3224.65**	**16.59**	**60.01**	**76.67**	**121.52**	**5.62**
呼和浩特市						0.10
包 头 市	2491.96					0.86
呼伦贝尔市		5.28	16.36			1.57
兴 安 盟		0.57	1.34			1.39
通 辽 市			0.13			1.24
赤 峰 市	105.20	3.73	12.75			
锡林郭勒盟	3.05	2.97	10.23			0.39
乌兰察布市		0.24	0.21			
鄂尔多斯市						
巴彦淖尔市	610.51	3.80	18.99	76.67		0.05
乌 海 市						
阿 拉 善 盟	13.94				121.52	

2-2 续表 1

地　区	机制纸及纸板（外购原纸加工除外）（万吨）	硫酸（折100%）（万吨）	盐酸（氯化氢，含量31%）（万吨）	烧碱（折100%）（万吨）	纯碱（碳酸钠）（万吨）	碳化钙（电石，折300升/千克）（万吨）
总　计	**12.26**	**313.22**	**45.65**	**325.28**	**55.35**	**992.69**
呼和浩特市	5.92		2.53	26.06		5.89
包 头 市				23.77		
呼伦贝尔市	6.34					
兴 安 盟						
通 辽 市						
赤 峰 市		193.49	1.61			
锡林郭勒盟		20.86			13.56	1.28
乌兰察布市			14.36	32.75		256.73
鄂尔多斯市			4.04	126.45	3.75	444.20
巴彦淖尔市		98.87				
乌 海 市			7.58	70.96		219.42
阿 拉 善 盟			15.53	45.28	38.04	65.18

工业主要产品产量

成品糖（万吨）	乳制品（万吨）	罐头（万吨）	饮料酒（万千升）	#啤酒（万千升）	饮料（万吨）	卷烟（亿支）
35.95	254.96	3.30	74.08	68.81	60.21	262.60
	124.26		4.12	4.12	51.37	135.00
0.00	25.24		8.34	7.74	1.29	
	1.57		16.04	16.01		
4.66	8.19	0.43	7.11	7.04	1.30	127.60
	16.20		3.73	3.00	0.40	
11.63	10.08	1.32	22.45	22.05	1.18	
4.91	6.33		2.34			
14.19	23.17		3.93	3.71		
			0.15		0.85	
0.56	39.90	1.55	5.87	5.14	3.83	

合成氨（无水氨）（万吨）	化学农药原药（折有效成分100%）（万吨）	初级形态塑料（万吨）	化学药品原药（万吨）
123.20	3.50	724.00	4.68
25.89		44.47	0.63
		91.75	
21.96			0.09
2.19	0.12		0.50
		6.14	
		55.69	
73.16		381.74	
			3.45
	2.96	90.67	
	0.43	53.53	

2-2 续表2

地　　区	中成药（万吨）	化学纤维（万吨）	塑料制品（万吨）	硅酸盐水泥熟料（万吨）	水泥（万吨）	平板玻璃（万重量箱）
总　　计	**3.18**	**0.55**	**6.66**	**2860.19**	**3131.60**	**1037.70**
呼和浩特市	0.04		0.59	333.84	394.30	
包　头　市	0.03			164.83	331.13	
呼伦贝尔市	0.03		1.22	231.50	188.07	
兴　安　盟	0.01		0.14	105.55	155.87	
通　辽　市	0.05		0.29	321.46	462.78	601.54
赤　峰　市	1.17		0.56	397.63	431.68	
锡林郭勒盟				97.00	178.90	
乌兰察布市	0.55			434.34	268.66	
鄂尔多斯市	1.23	0.55	2.83	310.59	395.37	
巴彦淖尔市	0.07		0.49	65.63	112.75	
乌　海　市				287.37	152.01	436.16
阿 拉 善 盟			0.55	110.44	60.09	

2-2 续表3

地　　区	无缝钢管（万吨）	焊接钢管（万吨）	铁合金（万吨）	氧化铝（万吨）	十种有色金属（万吨）	#精炼铜（电解铜）（万吨）
总　　计	**164.98**	**11.86**	**748.96**	**38.34**	**539.73**	**30.83**
呼和浩特市			1.83		28.35	
包　头　市	164.98	11.86	31.42		197.69	2.63
呼伦贝尔市					10.01	
兴　安　盟			0.43			
通　辽　市					197.51	
赤　峰　市			2.88		55.89	23.02
锡林郭勒盟			23.72		13.21	
乌兰察布市			452.78			
鄂尔多斯市			137.83	38.34	13.37	
巴彦淖尔市			45.12		23.70	5.18
乌　海　市			35.17			
阿 拉 善 盟			17.77			

生铁（万吨）	粗钢（万吨）	钢材（万吨）	线材（盘条）（万吨）	中厚宽钢带（万吨）	热轧薄宽钢带（万吨）	冷轧薄宽钢带（万吨）
1862.42	2428.87	2270.57	115.81	367.04	299.70	168.33
1675.74	1911.45	1726.99	91.60	367.04	35.11	168.33
127.12	124.14	121.01				
	337.32	270.88	3.57		264.59	
1.37	17.43	117.23				
5.60		8.12	8.12			
49.31	38.54	26.35	12.52			
3.28						

原铝（电解铝）（万吨）	铜材（万吨）	发动机（万千瓦）	汽车（万辆）	#基本型乘用车（轿车）（万辆）	发电机组（发电设备）（万千瓦）	彩色电视机（万台）
431.24	3.38	5.63	10.03	10.03	3.54	82.3075
27.39						82.3075
194.79	2.60					
195.70	0.78					
13.37		5.63	10.03	10.03	3.54	

2-3　2018 年内蒙古规模以上工业主要产品生产能力

产品名称	计量单位	2018 年
天然原油	万吨	99.03
卷烟	亿支	544.60
原油加工能力	万吨	500.00
焦炭	万吨	4302.00
烧碱	万吨	394.00
碳化钙(电石,折 300 升/千克)	万吨	1131.80
农用氮、磷、钾化学肥料总计(折纯)	万吨	583.85
初级形态塑料	万吨	811.50
化学纤维	万吨	3.00
水泥	万吨	8321.40
平板玻璃	万重量箱	1047.94
粗钢	万吨	3017.00
钢材	万吨	2841.00
原铝(电解铝)	万吨	505.70
汽车	万辆	3.10
彩色电视机	万台	150.00
发电设备容量总计	万千瓦	11355.80
#火电设备容量	万千瓦	7934.69
水电设备容量	万千瓦	205.75
风电设备容量	万千瓦	2642.18

2-4　2018 年内蒙古主要能源产品产量

产品名称	计量单位	产品产量
原煤	万吨	99101.53
原油	万吨	120.29
天然气	亿立方米	16.07
液化天然气	万吨	218.39
原油加工量	万吨	357.37
汽油	万吨	151.70
煤油	万吨	13.03
柴油	万吨	159.46
燃料油	万吨	6.48
石脑油	万吨	35.75
液化石油气	万吨	42.17
焦炭	万吨	3423.00
发电量	亿千瓦小时	4955.16
火力发电量	亿千瓦小时	4164.48
水力发电量	亿千瓦小时	36.49
风力发电量	亿千瓦小时	628.85
太阳能发电量	亿千瓦小时	125.34
煤气	亿立方米	346.03

注:调查范围为全部有能源生产的法人单位。

2-5 2018 年分地区主要

地区	原煤（万吨）	原油（万吨）	天然气（亿立方米）	液化天然气（万吨）	原油加工量（万吨）	汽油（万吨）	煤油（万吨）	柴油（万吨）	燃料油（万吨）	石脑油（万吨）
总计	**99101.53**	**120.29**	**16.07**	**218.39**	**357.37**	**151.70**	**13.03**	**159.46**	**6.48**	**35.75**
呼和浩特市	747.68				357.37	151.54	13.03	122.25	6.48	
包头市	2362.61			6.27						
呼伦贝尔市	9504.93	35.75								
兴安盟	274.43									
通辽市	5198.43									
赤峰市	1698.95	2.69								
锡林郭勒盟	10579.21	81.85								1.52
乌兰察布市										
鄂尔多斯市	65419.99		15.90	189.96		0.17		37.21		34.24
巴彦淖尔市	26.37			12.99						
乌海市	2715.86		0.17							
阿拉善盟	573.08			9.17						

能源产品产量

液　化 石油气 （万吨）	焦炭 （万吨）	发电量 （亿千瓦 小时）						煤气 （亿立方米）
			#火力 发电量	#水力 发电量	#核能 发电量	#风力 发电量	#太阳能 发电量	
42.17	**3423.00**	**4955.16**	**4164.48**	**36.49**		**628.85**	**125.34**	**346.03**
27.61	18.15	583.21	547.88	7.18		13.07	15.08	0.36
	577.55	647.62	558.75			80.09	8.78	292.54
		367.52	352.18	0.09		12.78	2.46	
		84.88	55.21	0.31		24.74	4.62	22.72
		528.40	435.37			79.89	13.14	
	168.21	340.43	217.36	0.49		114.53	8.04	0.70
1.92		414.29	316.73	0.05		87.44	10.07	
		494.85	355.49			122.36	17.00	
12.65	598.76	978.48	936.10	21.73		6.68	13.97	3.43
	309.78	201.66	107.55	0.88		74.30	18.92	4.86
	1259.03	205.06	196.56	5.75			2.75	11.49
	491.52	108.77	85.30			12.97	10.50	9.94

附　录

主要指标解释

主要指标解释

资产总计 指企业过去的交易或者事项形成的、由企业拥有或者控制的、预期会给企业带来经济利益的资源。资产一般按流动性(资产的变现或耗用时间长短)分为流动资产和非流动资产。其中流动资产可分为货币资金、交易性金融资产、应收票据、应收账款、预付款项、其他应收款、存货等;非流动资产可分为长期股权投资、固定资产、无形资产及其他非流动资产等。根据会计"资产负债表"中"资产总计"项目的期末余额数填报。包括企业拥有的土地、办公楼、厂房、机器、运输工具、存货等实物资产和现金、存款、应收账款和预付账款等金融资产。

流动资产合计 资产满足以下条件之一应归为流动资产:(1)预计在一个正常营业周期中变现、出售或耗用,主要包括存货、应收账款等;(2)主要为交易目的而持有;(3)预计在资产负债表日起一年内(含一年)变现;(4)自资产负债日起一年内,交换其他资产或清偿负债的能力不受限制的现金或现金等价物。包括货币资金、应收票据、应收账款、存货等项目。根据会计"资产负债表"中"流动资产合计"项目的期末余额数填报。

应收账款 指企业因销售商品、提供劳务等经营活动所形成的债权,包括应向客户收取的货款、增值税款和为客户代垫的运杂费等。根据会计"资产负债表"中"应收账款"项目的期末余额数填报。

存货 指企业在日常活动中持有以备出售的产成品或商品、处在生产过程中的在产品、在生产过程或提供劳务过程中耗用的材料或物料等,通常包括原材料、在产品、半成品、产成品、商品以及周转材料等。根据会计"资产负债表"中"存货"项目的期末余额数填报。其中:"年初存货"根据会计"资产负债表"中"存货"项目的年初余额数填报。注意:"存货"具有实物形态,不属于无形资产,由于企业持有存货的最终目的是为了出售,所以房地产开发企业(单位)购置的土地、尚未销售的商品房等均计入"存货"。

产成品 指企业已经完成全部生产过程并验收入库,可以按照合同规定的条件送交订货单位,或者可以作为商品对外销售的产品。根据会计"产成品"科目的借方余额填报。

固定资产原价 指固定资产的成本,包括企业在购置、自行建造、安装、改建、扩建、技术改造某项固定资产时所发生的全部支出总额。根据会计"固定资产"科目的期末借方余额填报。

累计折旧 指企业在报告期末提取的历年固定资产折旧累计数。根据会计"累计折旧"科目的期末贷方余额填报。

固定资产净额 指固定资产原价减去累计折旧、固定资产减值准备后的金额。当会计"资产负债表"列示"固定资产净额"项目时,根据"固定资产净额"项目的期末余额数填报;当会计"资产负债表"列示"固定资产"项目,且含义及核算范围与本指标解释一致时,根据"固定资产"项目的期末余额数填报;其他情况,根据会计"固定资产"科目的期末余额,减去"累计折旧"和"固定资产减值准备"科目的期末余额后的金额填报。

负债合计 指企业过去的交易或者事项形成的,预期会导致经济利益流出企业的现时义务。负债一般按偿还期长短分为流动负债和非流动负债。根据会计资产负债表中"负债合计"项目的期末余额数填报。包括银行贷款、借款、应付账款、应付职工工资、应付职工福利费、应交税金等企业负有偿还责任的债务。

执行企业会计准则或《小企业会计准则》的企业:负债合计=流动负债合计+非流动负债合计;执行其他企业会计制度的企业负债包括流动负债和长期负债。

流动负债合计 负债满足下列条件之一的应归为流动负债:(1)预计在一个正常营业周期中清偿;(2)主要为交易目的而持有;(3)自资产负债表日起一年内到期应予清偿;(4)企业无权自主地将清偿推迟至资产负债表日后一年以上。包括短期借款、应付票据、应付账款、应付职工薪酬、应交税费等项目。根据会计资产负债表中"流动负债合计"项目的期末余额数填报。

应付账款 指企业因购买材料、商品和接受劳务供应等经营活动应支付的款项。根据会计资产负债表中"应付账款"项目的期末余额数填报。

所有者权益合计 指企业资产扣除负债后由所有者享有的剩余权益。公司的所有者权益又称股东权益。包括实收资本、资本公积、盈余公积、未分配利润等。根据会计资产负债表中"所有者权益合计"项目的期末余额数填报。

实收资本 指企业各投资者实际投入的资本(或股本)总额,包括货币、实物、无形资产等各种形式的投入。实收资本按投资主体可分为国家资本、集体资本、法人资本、个人资本、港澳台资本和外商资本。根据会计资产负债表中"所有者权益"项下"实收资本"的期末余额数填报。

国家资本 指有权代表国家投资的政府部门或机构、直属事业单位对企业形成的资本金。根据会计"实收资本"科目计算填报。

集体资本 指由本企业职工等自然人集体投资或各种机构对企业进行扶持形成的集体性质的资本金。根据会计"实收资本”科目计算填报。

法人资本 指其他法人单位以其依法可支配的资产投入企业形成的资本金。根据会计“实收资本”科目计算填报。

个人资本 指自然人实际投入企业的资本金。根据会计“实收资本”科目计算填报。

港澳台资本 指我国香港、澳门和台湾地区投资者实际投入企业的资本金。根据会计“实收资本”科目计算填报。

外商资本 指外国投资者实际投入企业的资本金。根据会计“实收资本”科目计算填报。

营业收入 指企业经营主要业务和其他业务所确认的收入总额。营业收入包括“主营业务收入”和“其他业务收入”。根据会计“利润表”中“营业收入”项目的本年累计数填报。

营业成本 指企业经营主要业务和其他业务所发生的成本总额。包括企业(单位)在报告期内从事销售商品、提供劳务等日常活动发生的各种耗费。包括“主营业务成本”和“其他业务成本”。根据会计“利润表”中“营业成本”项目的本年累计数填报。

销售费用 指企业在销售商品和材料、提供劳务的过程中发生的各种费用,包括保险费、包装费、展览费和广告费、商品维修费、预计产品质量保证损失、运输费、装卸费等以及为销售本企业商品而专设的销售机构(含销售网点、售后服务网点等)的职工薪酬、业务费、折旧费等经营费用。建筑业企业销售费用指企业从事施工生产活动过程中发生的各项费用,包括应由企业负担的运输费、装卸费、包装费、保险费、维修费、展览费、差旅费、广告费和其他经费。房地产企业销售费用指企业在从事主要经营业务过程中所发生的各项销售费用,包括转让、销售、结算和出租开发产品等。执行企业会计准则或《小企业会计准则》的企业,根据会计“利润表”中“销售费用”项目的本年累计数填报。执行其他企业会计制度的企业,根据会计“利润表”中“营业费用(或经营费用)”项目的本年累计数填报。

管理费用 指企业为组织和管理企业生产经营所发生的费用,包括企业在筹建期间内发生的开办费、董事会和行政管理部门在企业经营管理中发生的,或者应当由企业统一负担的公司经费等。根据会计“利润表”中“管理费用”项目的本年累计数填报。执行财政部《关于修订印发2018年度一般企业财务报表格式的通知》(财会〔2018〕15号)的企业,应把研发费用项目的本年累计数归并到管理费用项目中填报。

财务费用 指企业为筹集生产经营所需资金等而发生的筹资费用,包括企业生产经营期间发生的利息支出(减利息收入)、汇兑损失(减汇兑收益)以及相关的手续费等。根据会计“利润表”中“财务费用”项目的本年累计数填报。

利息收入 指非金融企业存款业务所确认的利息金额。根据企业“财务费用明细账”中“财务费用——利息收入”科目的本期发生额填报。如果未设置该科目,填“0”。

利息支出 指企业短期借款利息、长期借款利息、应付票据利息、票据贴现利息、应付债券利息、长期应付引进国外设备款利息等利息支出。根据企业“财务费用明细账”中“财务费用——利息支出”科目的本期发生额填报。如果企业没有单独设立“利息收入”科目,应填报利息支出减去银行存款等的利息收入后的净额。

投资收益 指企业确认的投资收益或投资损失,反映企业以各种方式对外投资所取得的收益。根据会计“利润表”中“投资收益”项目的本年累计数填报。如为投资损失以“-”号记。

营业利润 指企业从事生产经营活动所取得的利润。执行企业会计准则或《小企业会计准则》的企业,营业利润为营业收入减去营业成本、税金及附加、销售费用、管理费用、财务费用、资产减值损失,再加上公允价值变动收益、投资收益和其他收益后的金额,根据会计“利润表”中“营业利润”项目的本年累计数填报;执行其他企业会计制度的企业,营业利润为营业收入减去营业成本、税金及附加、销售费用、管理费用、财务费用,再加上投资收益后的金额,根据会计“损益表”中“营业利润”项目、“投资收益”项目的本年累计数之和填报。

利润总额 指企业在一定会计期间的经营成果,是生产经营过程中各种收入扣除各种耗费后的盈余,反映企业在报告期内实现的盈亏总额。利润总额为营业利润加上营业外收入,减去营业外支出后的金额,根据会计“利润表”中“利润总额”项目的本年累计数填报。

平均用工人数 指报告期企业平均实际拥有的、参与本企业生产经营活动的人员数。

原煤 指煤矿生产的、经过验收符合质量标准的原煤。即:从毛煤中选出规定粒度的矸石(包括黄铁矿等杂物)并且绝对干燥灰分在40%以下的原煤。绝对干燥灰分虽在40%以上,但经有关部门批准开采,并有消费需求的劣质煤,亦应计入原煤产量。原煤分为无烟煤、烟煤、褐煤,在烟煤中又分为炼焦烟煤和一般烟煤两种。原煤不包括石煤、泥煤(泥炭)和伴随原煤生产过程而采出的煤矸石。

原油 指各种碳氢化合物的复杂混合物,通常呈暗褐色或者黑色液态,少数呈黄色、淡红色、淡褐色。包括自油井开采的原油;因事故、自然灾害以及探井、未交采油单位或未具备生产条件的井中产生的落地油(产量按已销售、利用、回收的量计算);油(气)井井口直接回收和经处理装置回收的凝析油等。

天然气 指以气态碳氢化合物为主的各种气体的混合物,由有机物质经生物化学作用分解而成,或与石油共存于岩石的裂缝和空洞中,或以溶解状态存在于地下水中;主要成分为甲烷(约占85% -95%),还有乙烷、丙烷、丁烷等,是一种优质燃料和化工原料。天然气分为常规天然气和非常规天然气,常规天然气包括气田天然气、油田天然气(分为油田气层气、油田伴生溶解气),非常规天然气包括煤层气、页岩气、致密砂岩气等。天然气产量是指进入集输管网和就地利用的全部气量。

液化天然气 指液体状态的天然气,由气态天然气在一定温度和压力条件下液化而成,无毒、无色、无味,在-161℃下的密度约为425千克/立方米。天然气在常温、常压状态为气态,占有的体积大,不利于储存,液化后体积只有气态的1/600左右。天然气的主要成分——甲烷的临界温度为-82℃,故在常温下不可能通过压缩而将其液化。而当将甲烷冷却到-161℃以下时,在常压下即转化为液体,即液化天然气(LNG)。

原油加工量 指直接进入蒸馏装置及二次加工装置加工的原油量。该指标是衡量炼化企业生产规模、能力的一项基础指标,也是炼化企业计算各项技术经济指标的重要依据。因此,原油加工量作为一个特殊的指标在产品产量中统计。

汽油 指直馏汽油和二次加工(如催化裂化、加氢裂化,催化重整和经精制的热裂化、焦化等)汽油,按不同比例调和,加入适量抗氧防胶剂及金属钝化剂,必要时加入适量的抗爆剂(如加入抗爆剂还要加入着色剂)而制成。本品为易燃、易挥发液体,具有良好的抗爆性能和燃烧性能,其蒸发性好,燃烧完全,积炭少,对发动机部件及储油容器无腐蚀性,由于加有抗氧剂,产品具有较好的安定性,不易过早氧化。包括航空汽油和车用汽油。

煤油 是一种精制的燃料,挥发度在车用汽油和轻柴油之间,不含诸如粗柴油、润滑油之类的重碳氢化合物。包括灯用煤油、航空煤油。

柴油 指直馏柴油和经过精制的二次加工(如催化裂化、加氢裂化、热裂化、加氢精制的焦化的柴油等),以不同比例调和而成的成品油。柴油分为轻柴油、重柴油。

燃料油 包括船用燃料油、重油或其他燃料油。燃料油分为商品燃料油和自用燃料油。商品燃料油指企业作为商品销售的燃料油;自用燃料油指本企业用作燃料和化肥、化工原料的自用油。

石脑油 属一部分石油轻馏分的泛称;用途不同,各种馏程亦不同。馏程自初馏点至220℃左右,主要用作重整和化工原料;70-145℃馏分,称轻石脑油,生产芳烃的重整原料;70-180℃馏分,称重石脑油,用作生产高辛烷值汽油。用作溶剂时,称作溶剂石脑油;来自煤焦油的芳香族溶剂油也称作重石脑油或溶剂石脑油。

液化石油气 亦称液化气或压缩汽油,是炼油精制过程中产生并回收的气体在常温下经加压而成的液态产品。主要成分是丙烷、丁烷、丙烯、丁烯,主要用作石油化工原料,脱硫后可直接用作燃料。

石油焦 指以原油经常减压装置蒸馏所得的渣油或以重油为原料,经焦化装置生产。产品按用途分为三个牌号,每个牌号按质量分为A、B两类,牌号有1#A、1#B、2#A、2#B、3#A、3#B石油焦等。主要用于制造石墨电极、碳素、碳化硅、碳化钙等产品的原料,也可直接用于冶炼、铸煅工艺作燃料。

石油沥青 指由原油经常减压装置蒸馏直接获得的渣油制品,也可以用减压渣油为原料经氧化,溶剂脱出的沥青再经适度氧化或调合而成。是来自原油中的最重的组分,是高度缩合的多环烃类混合物,具有良好的粘结性、绝缘性、不渗水性,并能抵抗许多化学药物的侵蚀,广泛用于道路工程、建筑工程、水利工程、防护涂料以及保持水土、改良土壤等领域。沥青按用途可分为普通沥青、道路沥青、建筑沥青、专用沥青,其中以道路沥青的用量最大。

焦炭 指将各种经过洗选的煤炭按一定比例配合后,在隔绝空气的高温炭化室内经过热解、缩聚、固化、收缩等复杂的物理化学过程形成的固体燃料,呈黑灰色块状、有光泽,燃烧时烟气少,具有不粘结、不结块、低硫、低灰、坚硬、耐磨、耐压、富于气孔性等特点,主要用于冶金、化工、铸造等工艺的燃料和原料。它包括各种生产方式生产的焦炭,即包括机械化焦炉、简易焦炉、土焦炉、煤气发生炉等装置生产的所有焦炭和半焦炭。

发电量 指电厂(发电机组)在报告期内生产的电能量。它是发电机组经过对一次能源的加工转换而生产出的有功电能数量,即发电机实际发出的有功功率(千瓦)与发电机实际运行时间的乘积。发电量包括全部电力工业企业、自备电厂的产量。新装发电设备在未正式投入生产以前所发的电量以及发电设备大修或改进后试运转期间所发的电量,凡被本厂或用户利用的,均应计入发电量中,未被利用的,则不应计入。发电量中不包括电动的交直流变换、励磁机和周波变换的电量。

火力发电 指利用煤炭、燃油、燃气、生物质等燃料燃烧时产生的热能,通过火电动力装置转换成电能的发电方式,包括燃煤发电,燃气发电,燃油发电,余热、余压、余气发电,生物质发电等。

水力发电 指利用水位落差,配合水轮发电机产生电力的一种发电方式,也就是利用水的势能转为水轮机的机械能,再以机械能推动发电机产生电能,包括抽水蓄能发电。

核能发电 指利用原子反应堆中核燃料(例如铀)缓慢裂变所释放的热能产生蒸汽驱动汽轮机再带动发电机发电的一种发电方式。

风力发电 指把风的动能转变成机械动能,再把机械能转化为电力动能的发电方式。

太阳能发电 指先将太阳光或能转化为热能,再将热能转化成电能或者直接将太阳能转换成电能的发电方式,主要包括太阳能光伏发电和太阳能光热发电。

煤气 指煤、焦炭、半焦等固体燃料与燃料油等液体燃料干馏或气化所产生的可燃气体。包括焦炉煤气、高炉煤气、发生炉煤气和油煤气等。